‘Van Vroonhoven maakte haar overstap bekend in een tijd waarin de discussie over de maatschappelijke rol van topbestuurders op hoge toon werd gevoerd.’ – *NRC Handelsblad*

‘Het boek geeft een mooi – en bij tijd en wijle ontluisterend – inkijkje in de Nederlandse bestuurscultuur.’ – Pieter Klok, hoofdredacteur van *de Volkskrant*

‘Tijdens haar carrière heeft Merel moedige stappen genomen. Ze heeft ook de moed om daarover openhartig te schrijven.’ – Feike Sijbesma, voormalig CEO van Koninklijke DSM

‘Internet ontplofte dit voorjaar toen de bestuursvoorzitter van de Autoriteit Financiële Markten een carrièreswitch aankondigde. Ze werd juf.’ – *Libelle*

‘Topvrouw AFM stopt en gaat pabo doen: *Ik wil betekenis op individueel niveau.*’– *nos.nl*

Merel van Vroonhoven

De stap

Hoe mijn weg naar de top me naar het klaslokaal bracht

Ambo|Anthos
Amsterdam

De uitgever heeft ernaar gestreefd de rechten te regelen voor alle in dit boek opgenomen foto's. Degenen die desondanks menen zekere rechten te kunnen doen gelden, wordt verzocht zich alsnog tot de uitgever te wenden.

MIX
Papier van verantwoorde herkomst
FSC® C014496
FSC
www.fsc.org

De gecursiveerde stukken zijn eerder als column verschenen in *de Volkskrant*.

Eerste druk september 2021
Tweede druk oktober 2021
Derde druk oktober 2021

ISBN 978 90 263 5450 2

Omslagontwerp Nanja Toebak

Verspreiding voor België:
Veen Bosch & Keuning uitgevers nv, Antwerpen

Voor Frans, Job en Kik,
de liefdes van mijn leven

Life doesn't frighten me at all

– Maya Angelou

Inhoud

Proloog

'Het is tijd.' De stem van mijn trouwe secretaresse Christina. 'Je moet naar beneden.' Ik voelde een schokje door mijn lichaam gaan. Nu was het echt zover. Over minder dan tien minuten zou ik mijn stap wereldkundig maken. Ik had er al maanden, zelfs jaren naartoe geleefd en toch was ik opeens zenuwachtig. Alsof het pas definitief werd nu ik het ging vertellen aan mijn collega's. Al vroeg in de ochtend was naar alle AFM'ers een uitnodiging gestuurd voor een ingelaste bijeenkomst in het personeelsrestaurant. Talloze keren had ik er de afgelopen vijf jaar gestaan om mijn collega's toe te spreken. En nu zou ik er weer staan, waarschijnlijk voor de laatste keer. Vanmiddag werd de buitenwereld geïnformeerd met een persbericht en een interview in het *Financieele Dagblad*. Ik neem de trap, bedacht ik. Het was vol in het trappenhuis, de stroom mensen bewoog zich langzaam naar beneden. 'Sorry, mag ik er even langs,' verontschuldigde ik mijzelf. 'Gelukkig, net op tijd,' hoorde ik iemand fluisteren. 'De baas is er ook nog niet.'

Even later keken honderden nieuwsgierige mensen mijn kant op. Ik glimlachte, knikte naar al die bekende gezichten en dacht terug aan de eerste keer dat ik hier had gestaan. Nog voor ik officieel begon, in maart 2014. Ook toen stond het hutjemutje vol, iedereen wilde weleens zien wie de nieuwe bestuursvoorzitter was. Ik weet nog hoe onder de indruk ik was van de openheid en de verrassende en spontane vragen. Vanaf dat eerste moment voelde ik me thuis tussen al die bevlogen, jonge mensen, die zich elke dag opnieuw hard maakten voor een eerlijkere financiële sector.

Voorzichtig stapte ik via de smalle treden van het wankele houten trapje het podium op. Pal in het midden zag ik een tafeltje met daarop een grote kan water, een glas en een microfoon. Zonder erover na te denken pakte ik de microfoon op en schoof de tafel resoluut opzij. Met een gigantische knal klapte het ding in elkaar en viel alles op de grond. Het glaswerk spatte in duizenden kleine stukjes uiteen en een zaal verschrikte ogen staarde me aan. Het was muisstil.

Bezorgd keek ik naar diegenen die vlak bij het podium stonden. 'Gelukkig, de enige schade is een kapotte kan en een gebroken glas,' constateerde ik.

Een collega snelde naar me toe. 'Gaat het, heb je je ergens gesneden?'

'Nee hoor, scherven brengen geluk!' riep ik en opgelucht gelach vulde de zaal. Ook het ijs was gebroken.

'Lieve collega's, jullie zullen wel denken: dat zal wel een heel ernstige boodschap zijn als je hem inluidt met zoveel kabaal. Dat klopt, want wat ik jullie wil zeggen is: ik ga de AFM verlaten.'

Met een brok in mijn keel vertelde ik dat ik na meer dan twintig jaar in bestuursfuncties te hebben gewerkt een meer concrete bijdrage aan de maatschappij wilde leveren. Dichter bij mensen die dat het meest nodig hebben. Dat ik steeds meer besefte hoe bevoorrecht ik was geweest in mijn leven, te midden van de kansrijken, ten opzichte van mensen voor wie volwaardig meedoen in onze prestatiemaatschappij niet vanzelfsprekend is. Dat ik me meer wilde inzetten voor het vergroten van kansengelijkheid en het verkleinen van de kloof tussen individu en systeem.

'Ik maak me ernstig zorgen over het toenemende lerarentekort en de negatieve consequenties daarvan voor een hele generatie kinderen,' legde ik uit. 'In het bijzonder voor kinderen die niet opgroeien in gezinnen zoals die van ons hier allemaal of bijvoorbeeld kwetsbare kinderen met een beperking.' Ik vertelde ook over de leraren van mijn kinderen en die van mijn zoon Job, die autisme heeft. Zij hadden me in laten zien hoe belangrijk een leraar is in het leven van een mens. 'Ik ga de AFM verlaten,' rondde ik af. 'Want ik wil leraar worden, in het speciaal onderwijs.'

Het voelde alsof iedereen zijn adem inhield, een nanoseconde. Toen barstte er een daverend applaus los. Steeds harder, steeds luider. Beduusd stond ik daar en keek naar al die mensen die me zo dierbaar waren geworden. Mijn ogen schoten vol en ik voelde alleen nog maar intense dankbaarheid. Toen het stil was geworden, stapte ik het podium af. Paul Rosenmöller, voorzitter van de raad van toezicht, nam de microfoon, maar veel van zijn aardige woorden gingen langs me heen. Net als die van alle collega's die na afloop op me afkwamen om me te feliciteren, te bedanken, te zeggen hoe jammer ze het vonden dat ik wegging, maar ook hoe bijzonder mooi ze mijn besluit vonden. Ik onderging het allemaal in een soort trance.

Tot ik in de betraande ogen van Joep keek, een getalenteerd speechschrijver met wie ik de afgelopen jaren veel had samengewerkt. Een jaar eerder had hij ontdekt dat hij een vorm van autisme heeft. Een leven lang had hij geworsteld met zijn anders-zijn, met onbegrip, en inmiddels was alles op zijn plaats gevallen.

'Dank je wel,' zei hij zacht, terwijl hij zijn lange slungelige armen stevig om me heen klemde. 'Dit is een grote erkenning. Je laat zien wat werkelijk belangrijk is.'

◆

Help, wie ben ik nog?

Voor het eerst in lange tijd kwam er weer een brief met de post. Dit keer niet in een vertrouwde blauwe envelop of van geschept papier met een zwarte rand eromheen, maar een witte met het logo van de Autoriteit Financiële Markten erop. Twee kantjes met daarop nauwkeurig vermeld wat ik nog verplicht ben te doen nu ik de deur van het pand aan de Amsterdamse Vijzelgracht definitief achter me dichttrek. Het doet me even slikken.

Saldo resterende vakantiedagen doorgeven, mijn kast op kantoor leegmaken, de toegangspas inleveren en mijn laptop, iPad en telefoon. Mijn telefoonnummer mag ik meenemen.

O ja, of ik ook het exitformulier wil invullen en de functietitel 'voorzitter van het bestuur van de AFM' van mijn LinkedInprofiel wil verwijderen. Welke functietitel er dan moet komen, daar rept de brief niet over.

Hoe noem ik mezelf daar dan? Zij-instromer? Wat is dat in vredesnaam voor beroep? Pabostudent dan? Ze zien me aankomen, een vrouw van middelbare leeftijd die een leesbril nodig heeft om de lesstof te kunnen lezen. Meld ik erbij dat ik in mijn vorige leven een hele mevrouw was, met een auto met chauffeur en andere privileges? Moet ik zeggen dat ik geen secretaresse meer heb via wie ze me kunnen bereiken? Dat ik nu zelf mijn agenda bijhoud, die dus vol staat met dubbele en verkeerd geplande afspraken? Is het überhaupt nog relevant om te vermelden wat ik hiervoor deed? Resultaten uit het verleden bieden immers geen garantie voor de toekomst. Help, wie ben ik nog?

Als zij-instromer is je grootste worsteling dat je van de ene op de andere dag voor je gevoel niets meer voorstelt en nergens meer bij hoort. Je bent een beginneling, die struikelend en fouten makend probeert zich het vak van leraar eigen te maken. Daar sta je dan, in een klas vol verwachtingsvolle kinderen die heel goed doorhebben dat je geen doorgewinterde meester of juf bent en daar dankbaar gebruik van maken. Niet het feit dat je een nieuw vak moet leren of tig jaar werkervaring aan de wilgen hebt gehangen, niet het verlies van inkomen maar dat van professionele identiteit ervaart de zij-instromer als grootste obstakel. Het ontbreken van een antwoord op de vraag: Wie ben ik nog? Dat is doodeng, in een tijd waarin ons werk een groot deel van onze identiteit bepaalt.

Ik ben niet de enige zij-instromer met deze worsteling. Bij de Engelse organisatie Now Teach, die ik onlangs bezocht, hebben ze dat haarfijn in de gaten. Zij-instromers kunnen daar hun dilemma's en ervaringen delen. Zo voelt de voormalige dokter, advocaat of bankdirecteur zich weer onderdeel van een groep. Samen met al die andere 'ervaren beginners' vindt hij een nieuwe identiteit. Hierdoor loopt hij niet gillend weg als het tegenzit, maar gaat door en wordt succesvol in zijn nieuwe vak.

Terwijl ik mijn AFM-spullen in een doos stop en het exitformulier invul denk ik terug aan dat bezoek. Met hernieuwd zelfvertrouwen typ ik in het vakje 'functietitel' op mijn LinkedInprofiel: 'Ik ben Merel, een ervaren beginner.'

1

Spring nou maar

'Daar achterin zit jouw cluppie.' Arie wees naar een hoek ergens achter lange rijen grijze kasten. Overal stonden bureaus waaraan mensen werkten, in groepjes bij elkaar. Het deed me eerlijk gezegd denken aan een fabriekshal. Terwijl hij me over de schijnbaar oneindige verdieping naar mijn nieuwe werkplek loodste legde hij uit waar ik de wc's kon vinden, de kopieermachine en natuurlijk 'het allerbelangrijkste op kantoor: het koffieapparaat'. Arie noemde het kantoor van de RVS een kantoortuin. Een tuin met één plastic kamerplant.

Het was voorjaar 1994.

Arie was mijn nieuwe baas. Hij werkte al meer dan dertig jaar bij de verzekeringsmaatschappij en was een doorgewinterde verzekeringsman, afdelingsleider van de afdeling autoverzekeringen. Ik startte die dag als teamleider van Verkeersschadeteam-2, een van de vier teams waar klanten na een botsing of het schampen van hun auto hun schade konden melden in afwachting van een financiële compensatie voor het herstel. Tenminste, als de schade onder de dekking viel. Na een halfjaar kennismakingsstages en projecten bij verschillende bedrijfsonderdelen van ING zat het introductiedeel van mijn traineeprogramma erop. Ik kon eindelijk aan het werk in een echte baan. Het zou mijn eerste officiële baan als leidinggevende zijn. En alhoewel ik niet kon wachten om te beginnen, vond ik het ook best spannend. Hoe zouden de mensen reageren op hun nieuwe baas? Ik was pas vijfentwintig en de meeste schadeverzekeringsexperts en administrateurs werkten er al jaren. Ze waren zoveel ouder dan ik, sommigen zo oud als mijn ouders. Zouden ze me accepteren? Mij serieus nemen, ondanks mijn gebrek aan kennis en werkervaring? Was ik überhaupt geschikt als leidinggevende?

Zeven jaar eerder had ik, als oudste van drie kinderen, het veilige Brabantse dorp Haaren verlaten om aan de TU Delft te gaan studeren. 'Mijnbouwkunde, hoe kom je daar in vredesnaam bij?' Wat had ik die vraag vaak gekregen en wat zou ik die nog vaak horen. Toeval was het. Puur toeval. Een oudere huisgenoot studeerde mijnbouwkunde en was enthousiast over de specialisatie geofysica. Het leek me wel interessant, het concrete van de aardrijkskunde en het abstracte van natuurkunde, waar ik vroeger op school goed in was. Met in die jaren nog geen 10 procent vrouwen in de studentenpopulatie was ik als meisje op de TU een paradijsvogel. Althans, zo voelde ik dat zelf. Het gold voor mijn studie, maar ook voor het Delfts Studenten Corps, de studentenvereniging waar ik lid van was. Ik voelde me er als een vis in het water. De ideale plek om mijn wilde haren kwijt te raken. Ook sloot ik er dierbare vriendschappen, ontmoette er mijn vriend Rein én leerde er organiseren, samenwerken, lef tonen en voor mezelf opkomen. En vooral niet onder de indruk te zijn van vrouwonvriendelijk studentengebral en haantjesgedrag. Daar zou ik in mijn latere leven nog veel profijt van hebben.

Mijnbouwkunde was dan een toevallige keuze geweest, ik sloeg mij er – na in de eerste jaren meer tijd in de studentensociëteit te hebben doorgebracht dan in de collegebanken – met veel inzet doorheen. Op mijn afstudeerprofessor Fokkema had ik blijkbaar indruk gemaakt, want aan het eind van mijn studie verraste hij mij met de vraag of ik bij hem wilde promoveren. Ik, promoveren? Daar moest ik wel even over nadenken en hoewel ik zeer vereerd was, zag ik er toch van af. 'Ik wil in verschillende werelden leven en verschillende soorten mensen ontmoeten,' gaf ik Fokkema als reden. 'Er is zoveel meer op aarde. Mensen boeien me het meest. Werken in teams en samen iets voor elkaar krijgen.' De nestor van de universiteit begreep het wel.

Nog voor mijn afstuderen solliciteerde ik al een paar keer, wat weinig succesvol was. Wat wist ik eigenlijk weinig van het bedrijfsleven! Ik moest mij beter voorbereiden en trok de stoute schoenen aan. Ewald Kist, een oud-teamgenoot van mijn vader uit het Nederlands hockeyelftal, werkte bij ING en kon mij vast voorlichten. Dat hij mij alleen maar kende uit mijn kindertijd weerhield me er niet van hem te benaderen. Hij suggereerde dat ik moest gaan solliciteren bij ING. En van het een kwam het ander: het werd het traineeprogramma bij ING. En nu zat ik hier bij de RVS, bij Arie.

'Wij van RVS zitten in Rotterdam en zij van Victoria-Vesta in Ede,' legde Arie uit. 'Echt twee compleet andere werelden, hoor.' De Rotterdamse verzekeraar met het oer-Hollandse logo van de man met hoge hoed, de vrouw met paraplu en het hondje was gefuseerd met Victoria-Vesta. Sinds de vorming van de ING Groep in 1991 was het doel van het financiële conglomeraat om niet alleen in Nederland maar ook internationaal een leidende speler te worden in bankverzekeren: een bedrijfsmodel waarbij banken verzekeringsproducten verkopen en verzekeraars bankproducten. Hiervoor moesten de Nederlandse ING-bedrijven als voorbeeld dienen. Maar voor het zover was moest de organisatie eerst worden gestroomlijnd door vergelijkbare activiteiten samen te voegen. De recente fusie tussen RVS en Victoria-Vesta was daar een voorbeeld van.

Ik dacht terug aan een van mijn kennismakingsgesprekken in Ede. Een oudere man vertelde, zichtbaar getergd: 'Alweer een fusie, ik word er doodmoe van, al die fusies. Moet alles weer anders.' Ik vroeg hem op welke eerdere fusie hij doelde. 'Die van de Victoria en de Vesta in 1971,' verzuchtte hij. 'Maar dat is al bijna drieëntwintig jaar geleden,' bracht ik in. De man keek me niet-begrijpend aan. 'Dat zeg ik toch, weer een fusie.'

Later in mijn carrière zou het gesprek nog weleens in mijn gedachten komen. Het maakte me bewust van de diepgewortelde aversie van verreweg de meeste mensen tegen verandering. Zeker in mijn beginjaren vertaalde ik weerstand tegen veranderingen zoals reorganisaties nog weleens als onwil en tegenstand, en soms vatte ik het ook persoonlijk op. Pas later zou ik begrijpen dat achter weerstand vaak een legitieme reden zit, bijvoorbeeld de angst voor verlies. Verlies van wat wel goed werkt of verlies van zekerheden. Vasthouden aan wat je kent helpt ons om te gaan met de onzekerheid en onvoorspelbaarheid die het leven onherroepelijk met zich meebrengt. Een gewillig oor en oprechte interesse voor waar de weerstand zijn oorsprong vindt, hielp mij mijn plannen beter te doordenken en met grotere betrokkenheid en kans van slagen door te voeren.

Dat betekende overigens niet dat dit zonder slag of stoot ging. Met vallen en opstaan zou ik leren dat organisatieveranderingen vaak weerbarstiger en complexer zijn dan je vooraf inschat en hoopt.

◆

'Nou, dit is ze dan, jullie nieuwe chef,' zei Arie. Vierentwintig hoofden draaiden subiet mijn kant op. Half verstopt achter langwerpige bakken vol dossiermappen keken mijn nieuwe teamleden me nieuwsgierig aan. Op de bakken waren witte stickers geplakt met grote letters die allerlei gradaties van 'spoed' leken te suggereren. Opvallend, want van haast en stress leek op de afdeling weinig sprake. In de loop van de tijd kwam ik erachter dat de achterstanden op de afdeling zo groot waren dat elke nieuwe schademelding linea recta in een van de grijze verzamelkasten in de hoek van de zaal verdween. Alleen wanneer een klant ongeduldig werd, na enkele weken of zelfs maanden wachten, kwam daar verandering in. Na één keer bellen gebeurde er niets, maar na meerdere keren belandde een klantdossier vanzelf voor verdere afhandeling in een van de bakken van de schadecorrespondenten; eerst in het bakje 'spoed', bij toenemend ongeduld in 'superspoed' en voor de klanten die dreigden een klacht naar de directie te sturen was het bakje 'supersuperspoed'. 'Voor de klanten die niet bellen betekent het dat het soms wel meer dan een jaar kan duren voordat ze iets van ons horen,' vertelde Tiny, een van de oudere teamleden. 'Wie het hardst schreeuwt, krijgt zijn zin.'

Na een kennismakingsrondje stelde Arie me voor aan Anton, een verlegen, slungelige man met vlassig blond haar. Hij zat apart aan een blok met twee bureaus, waarvan een het mijne bleek te zijn. Verlegen staarde hij naar de grond. 'Welkom bij Verkeersschadeteam-2,' mompelde hij. Anton was mijn voorganger, jarenlang was hij de beste schadebehandelaar van het team. Een jaar eerder was hij gepromoveerd maar al snel werd hij doodongelukkig in zijn rol. Na lang wikken en wegen vroeg hij om demotie en hij zou me later toevertrouwen: 'Ik wilde niets liever dan gewoon weer senior schadebehandelaar zijn.' Hij had last van het Petersprincipe, een fenomeen dat vaker voorkomt in hiërarchische organisaties: hij was bevorderd naar een managementplek waar hij eigenlijk niet geschikt voor was.

'Jij zit hier naast Anton,' zei Arie. 'Dat is fijn. Zo kan hij je goed begeleiden in de eerste weken.' Inderdaad fijn, dacht ik. Tot ik het na een week of twee wel gezien had. Alle teamleden liepen steevast naar Anton toe als ze vragen hadden en niet naar mij. Ik zat er als baas voor spek en bonen bij en met de dag voelde ik me kleiner worden. Het werd tijd om de piketpaaltjes te verzetten en dus besloot ik, na weer een slapeloze nacht, dat hij gewoon met de andere teamleden aan het 'blok' moest gaan zitten. De volgende dag lichtte ik Anton in. Hoewel hij zelf had besloten het teamleiderschap vaarwel te zeggen, had hij het er zichtbaar moeilijk mee. Toch schoof hij even later zijn bureau weg en het leek bijna meteen te werken. De plaats van een bureau schiep blijkbaar helderheid over de rolverdeling.

Ik vond het opvallend en leerzaam om te zien hoe, net als in andere 'stammen' en groepen waarin mensen samenleven, statussymbolen ook in de corporate wereld ongeschreven je positie bepalen en je macht verlenen. De plaats van je bureau, wel of geen eigen kamer, de grootte van je leaseauto, de salarisschaal van je secretaresse of de kleding die je draagt. Ik zou nog vaker versteld staan van de rol van (status)symbolen en rituelen. En van hoe deze trouwens ook gedomineerd worden door het traditionele beeld van 'de mannelijke leider'.

Dat het team intussen naar mij toe kwam betekende overigens niet dat het leidinggeven mij vanaf het begin gemakkelijk afging. Regelmatig merkte ik hoe moeilijk het was om manager te zijn. Vooral mijn verlangen om aardig gevonden te worden zat me nogal eens in de weg. Het vinden van de balans tussen in nauwe verbinding staan met mijn teamgenoten en toch degene zijn die kaders en richting geeft, moeilijke knopen doorhakt en waar nodig disciplineert en conflicten slecht, vond ik in die tijd nog best lastig. Amerikanen noemen dat het dilemma van de *buddy or the boss.* Veel nieuwbakken leidinggevenden worstelen ermee. Ook ik wilde er te graag bij horen. Maar je hebt nu eenmaal een andere rol. En of je nu leidinggevende in een groot bedrijf bent of leraar van groep 6 op de basisschool, het principe is hetzelfde. Ik zou het *the hard way* leren.

◆

Ik was net een paar maanden teamleider en begon eindelijk een beetje te geloven dat ik het onder de knie kreeg. 'Ik heb hier een gevalletje coulance.' Anja gooide een bruine dossiermap op mijn tafel. Het was een casus waarbij de klant in principe geen recht had op een uitkering, maar waar we er wat Anja betreft wel toe moesten overgaan. Ze had de klant al een aantal keer gesproken en uitgelegd dat zijn schade niet onder de verzekeringsdekking viel. Maar hij was het daar niet mee eens en bleef maar bellen. Anja was het zat en vond dat we hem dan toch maar een deel van zijn uitkering moesten geven.

Ik wilde weten wat deze casus zo bijzonder maakte dat we een uitzondering moesten maken. 'Hij heeft zo lang op antwoord moeten wachten,' voerde zij aan. Dat vond ik geen overtuigende reden en ik vroeg om nog andere gezichtspunten in te brengen. Het bleef even stil. 'Nee,' bromde ze, 'dat doe ik niet. Ik vind dit overtuigend genoeg.' Ik probeerde haar er nog een keer vriendelijk toe te bewegen met andere argumenten te komen, maar ze bleef weigeren. Dus besloot ik haar verzoek om de klagende man zijn zin te geven af te wijzen. Voor ik het wist barstte ze in tranen uit en ze schreeuwde boos: 'Hadden we Anton nog maar als baas. Wat weet jij er nou eigenlijk van? Je werkt hier pas net. Ik bel die man niet hoor, dat doe je dan mooi zelf maar.' Ze draaide zich om en rende hevig verontwaardigd, huilend de afdeling af.

Ik keek om me heen. Het hele team staarde mij aan. Iedereen had het tafereel live kunnen volgen, ik kon wel door de grond zakken. Ik sprak haar later die dag onder vier ogen met een kopje koffie en terwijl ik erg met het incident in mijn maag zat, bleek Anja alweer bedaard. 'Ik zit niet zo lekker in mijn vel,' legde ze me uit. 'Gedoe thuis, mijn man zonder werk en ons jongste kind ziek. Ik meende niet wat ik zei. Sorry, dat ik zo uitviel.' Voor niets had ik me haar huilbui persoonlijk aangetrokken en de schuld voor de ontstane situatie totaal bij mezelf gelegd.

En hoewel ik in de loop der jaren steeds beter leerde omgaan met kritiek en mijn huid dikker werd, zou ik nooit een 'mevrouw Teflon' worden. Mijn innerlijke criticus bleef op gezette tijden de kop opsteken. Wanneer zou ik door de mand vallen? Wanneer zouden ze zien dat ik eigenlijk helemaal niet zo goed was? Net als bij veel vrouwen was ook mij het 'bedriegerssyndroom' niet vreemd.

Toch heeft zelftwijfel me niet alleen maar ellende opgeleverd. Het was een belangrijke drijfveer om me te blijven ontwikkelen. Ook zorgde het ervoor dat ik me gemakkelijker kon verplaatsen in anderen, wat me in mijn leidinggevende rollen geholpen heeft om een betekenisvolle relatie op te bouwen. Op verschillende momenten in mijn carrière heb ik ervaren dat wie zijn zwaktes kent en om hulp durft te vragen, zich nooit alleen hoeft te voelen. Want leidinggeven is bij tijd en wijle een eenzaam beroep. In onze kritische, antiautoritaire Nederlandse cultuur doe je het niet snel goed als 'baas'. Je hebt per definitie een status aparte en moet zelf voor je hulptroepen zorgen. Waar topsporters vaak een heel team van trainers, mental coaches en andere persoonlijke adviseurs om zich heen hebben, is dat in het bedrijfsleven nog niet zo gebruikelijk. Hulp vragen wordt nog steeds vaak als zwaktebod gezien. Heel dom, want niemand kan zonder een liefdevol luisterend oor, een goede mentor, intervisie met collega's en regelmatige bijscholing. Schroom om hulp te vragen heb ik gelukkig nooit gevoeld. Of het nu ging om een gesprek met een coach of om de wijze raad van dierbaren. Zo hebben mijn ouders bijvoorbeeld ook een belangrijke plek in mijn 'hulptroepenteam'. Waarom zelf blijven aanmodderen als een ander je net dat zetje in je rug kan geven dat je nodig hebt?

Na een jaar bij RVS ging ik langs voor een bijpraatgesprek. Jan Douwes, een personeelsman in hart en nieren, was verantwoordelijk voor de werving en leiderschapsontwikkeling van de managementtrainees. Hij hield de vinger aan de pols en steunde zijn ambitieuze jongelingen. Hij moedigde ons aan wanneer onze onzekerheid opspeelde en hij remde ons af wanneer we te snel wilden en overmoedig werden. Ook was hij vaak genoeg een steun en toeverlaat als we het even zwaar hadden in het soms wel erg trage bureaucratische bedrijf.

Nadat ik hem had verteld over mijn ervaringen in het schadeteam, vertelde Jan dat ING samen met het Engelse telecombedrijf Vodafone de licentie had gewonnen voor een mobiel telefoonnetwerk in Nederland. Ze zochten mensen die mee konden helpen in een paar maanden tijd het netwerk onder de naam Libertel aan te leggen. In het hoofdkantoor van de Postbank in Amsterdam werkte een projectteam achter gesloten deuren in het geheim aan het project.

'Geweldig lijkt me dat. Ik wil daar wel aan meedoen,' flapte ik eruit. 'Dat is dan geregeld,' zei Jan. 'Je kunt je maandag melden in Amsterdam.' Een beetje overrompeld vroeg ik: 'Maar hoe moet het dan met mijn team?' 'Ach, dat is geen probleem,' zo wuifde hij mijn zorgen weg. 'Ik regel dat wel met de directie daar.'

Niet alleen dit keer, maar nog vele malen zou ik in mijn carrière bij ING voortijdig van functie veranderen. Soms op eigen initiatief, maar meestal op verzoek van het management. Het was een van de pijlers van het ING-talentontwikkelingsbeleid, jonge mensen zo snel mogelijk zo veel mogelijk verschillende ervaringen laten opdoen. Zo snel mogelijk leidinggevende verantwoordelijkheid en vooral 'in het diepe gooien': wie blijft drijven maakt carrière.

'Dat klinkt als een mooie kans,' zei Rein, toen ik hem die avond vertelde over het Libertel-project. Rein en ik kenden elkaar van onze studie mijnbouwkunde in Delft, waar we geliefden werden. Sinds kort woonden we samen. Rein was een goede luisteraar en hielp me vaak zaken in perspectief te zien, vooral wanneer ik me weer eens te druk maakte. Daarnaast was hij altijd geïnteresseerd in wat me bezighield, hoewel hij een totaal ander leven had dan ik. Hij had zijn studie mijnbouwkunde voortijdig afgebroken en was die zomer begonnen aan het conservatorium in Den Haag, waar hij muziekregistratie studeerde. In het weekend ging hij met zijn band op pad en ik kwam dan vaak bij zijn optredens kijken. Ik genoot ervan om op die momenten even in een totaal andere omgeving te zijn, met al die creatieve muzikanten, die vol passie samen muziek maakten.

Op de afgesproken maandag meldde ik me bij de ingang van een hermetisch afgesloten verdieping in het kantoor van de Postbank bij het Amstelstation. Ik maakte deel uit van het operationsteam onder leiding van Nick, een Engelsman van Vodafone-huize.

Eerder al was vanuit Engeland – op basis van de kaart van Nederland – door de Vodafone-ingenieurs een kaart gemaakt met de plaatsen waar zendmasten moesten komen. Onze taak was die zendmasten op gebouwen te krijgen. Met een standaardcontract, een onderhandelingsmandaat en een lijst vol adressen ging ik vol goede moed aan de slag. Maar mijn opdracht bleek in de praktijk allesbehalve eenvoudig. Veel van de uitverkoren gebouwen waren onvindbaar; de Engelsen noteerden – omdat ze geen Nederlands spraken – vaak onvolledige of niet-bestaande adressen. Ook stonden er monumenten en kerken op de lijst, waarop je onmogelijk een antenne kon plaatsen. De standaardcontracten waarmee we op pad waren gestuurd bleken bovendien halve wurgcontracten, die heel onaantrekkelijk waren voor de eigenaren. Ook was de financiële vergoeding veel te laag, bij lange na niet genoeg om iemand ervan te overtuigen zijn pand beschikbaar te stellen voor zo'n ontsierende antenne.

Intussen tikte de tijd door. We verhoogden de prijs, het modelcontract werd versoepeld, alles werd uit de kast getrokken om de klus te klaren. Dagelijks kwamen er meer mensen bij om te helpen bij de onderhandelingen; en elke week werd er zowat een nieuwe verdieping in gebruik genomen. We knapten bijna uit ons jasje en het werd steeds duidelijker dat er op deze manier nooit een netwerk beschikbaar zou zijn op de afgesproken datum. Niet op tijd klaar betekende dat de licentie zou vervallen en dat al het werk voor niets was geweest. Vanuit de raad van bestuur kwamen de bazen steeds vaker langs, niet per se altijd even bevorderlijk, maar een gebruikelijke reflex bij problemen. Alsof het project sneller zou gaan onder het controlerend oog van de baas. Kortom, de spanning liep hoog op. Zo hoog dat de directeur die verantwoordelijk was voor het project met een burn-out thuis kwam te zitten.

Linksom of rechtsom moest het netwerk er komen. Maar hoe? En toen zei een van de projectleden: 'Laten we in plaats van uitgaan van het technisch meest ideale netwerk en daar gebouwen bij zoeken, uitgaan van de gebouwen die we al hebben en daar een zo goed mogelijk netwerk bij ontwerpen.' Het was een briljant idee. ING had met de enorme vastgoedportefeuille van Nationale-Nederlanden talloze gebouwen in bezit door heel Nederland. Door die te gebruiken hoefden we maar één keer een contract af te sluiten. Na wat licht gesputter van de netwerkontwerpers werd het plan aanvaard en op de valreep, net voor de uiterste startdatum, ging Libertel live.

Om de goede afloop te vieren was er een groot feest in Maastricht. En de week ervoor aten we met de jonge garde van het onderhandelteam bij ons thuis, voor de gezelligheid, maar ook om samen een cabaret voor te bereiden voor het feest. Samen met Rein bereidde ik een groot diner en na afloop schreven we met een aantal collega's verschillende sketches en liedjes. Rein hielp ons met muzikale tips en het cabaret werd een groot succes. Een fantastische manier om de hectische periode van de afgelopen maanden af te sluiten.

◆

Na het Libertel-avontuur keerde ik definitief niet meer terug naar mijn RVS-team. In het najaar van 1995 werd ik gevraagd projectmanager te worden van een innovatieproject gericht op het langer thuis laten wonen van senioren. In plaats van financiële producten waarmee je voor je oude dag kunt sparen of zorg inkopen, wilde ING diensten in natura gaan aanbieden om zo mensen te ontzorgen. Kon ik dit wel, zo'n groot project aansturen? Ik besprak mijn twijfels met RVS-directeur Hugo Smid en Hans Zwarts, bestuurslid bij ING Nederland, maar zij overtuigden me ervan dat ik deze kans moest aangrijpen. 'En als je steun of hulp nodig hebt dan zijn wij er.' Dus zei ik direct 'ja', zonder verder na te denken. Een project waarbij er iets heel nieuws uit de grond moest worden gestampt, dat trok me ontzettend en ik had het halfjaar daarvoor ervaren hoeveel energie ik daarvan kreeg.

‘Maar toch, toen was ik “slechts” een van de teamleden,’ zei ik tegen mijn vader, toen ik later die dag met hem sprak over mijn misschien wel al te spontane toezegging op de projectmanagersbaan. Een project zelf leiden, dat was toch andere koek. Hij lachte. Hij kende mij per slot van rekening goed, als trouwe raadgever in mijn leven. ‘Het past juist bij jou, om naar je gevoel te luisteren en gewoon in het diepe te springen,’ zei hij. ‘Net zoals het bij je past om je daarna weer af te vragen of je het echt wel kunt. Uiteindelijk lukt het je steeds, dus spring nou maar!’

En zo werd ik van de ene dag op de andere manager van een groot project, met een ambitieuze opdracht voor iets wat vooralsnog niet meer was dan een innovatief maar weinig concreet idee. Eerst maar eens zorgen voor een goed team, in mijn eentje zou ik niet ver komen. Gelukkig bleek het niet moeilijk om een groep gemotiveerde mensen om me heen te verzamelen. Aan zo’n prestigieus project wilde iedereen wel meedoen. En om mezelf te behoeden voor onaangename verrassingen had ik Kees. Een oudere, ervaren en tamelijk introverte man die op veel vlakken mijn tegenpool was. Hij had jarenlang als projectleider bij een consultancybedrijf gewerkt en kende alle kneepjes van het vak. Kees werd mijn steun en toeverlaat en bovendien mijn leermeester. Wanneer ik het even niet meer wist, streek ik bij hem neer en altijd kwam ik met hernieuwd vertrouwen én een oplossing weer naar buiten.

Eind 1996 presenteerden we ons eindresultaat aan de raad van bestuur van ING tijdens een van hun retraites op het chique landgoed Lauswolt in Friesland. Ze waren enthousiast. ‘Goed gedaan, kleine!’ zei Hugo Smid toen we na afloop van de presentatie naar huis reden. In gedachten liet ik het afgelopen jaar de revue passeren. Het was intensief geweest en ik had me uit de naad gewerkt. Ook in de weekenden en tot diep in de nacht. De momenten van rust vond ik thuis, wanneer Rein en ik samen aten of naar de film of een concert gingen. We hadden allebei ons eigen, drukke leven, maar we zorgden er ook voor dat we tijd maakten voor elkaar.

Daarnaast gaf wat ik allemaal deed me veel plezier en energie. Het enthousiasme onder mijn teamleden, de voldoening van het met elkaar een heel nieuwe vorm van dienstverlening ontwikkelen en er samen vol voor gaan stuwden me voort. Alles leek vanzelf te gaan. Dankbaar keek ik naar Hugo. Ik besefte maar al te goed dat de kans die hij me had gegeven me niet alleen een leerzame, mooie ervaring had opgeleverd. Ik wist nu ook zeker wat ik wilde bereiken tijdens mijn loopbaan: leidinggeven. Maar verder komen binnen ING, betekende ook dat ik meer ervaring zou moeten opdoen binnen de kernactiviteiten van het bedrijf. Het was drie jaar na mijn start bij ING en de eerste keer dat mijn ambitie om in de top te komen zich zo duidelijk manifesteerde.

Ik maakte weer een afspraak met Jan Douwes en vertelde hem dat ik vastbesloten was om te gaan leidinggeven en dat ik dat wilde doen in het pensioenbedrijf van Nationale-Nederlanden. Daar zat Jan Nijssen, een bevlogen directeur die bekendstond om de ruimte die hij gaf aan jonge mensen, en zijn tomeloze toewijding en vernieuwingsdrift. Daar wilde ik deel van uitmaken. Niet lang daarna werd ik 'een van zijn jongens' zoals Jan Nijssen zijn clubje jonge, gretige managers noemde.

◆

Het was druk op de weg toen ik naar het kantoor van het Amerikaanse pensioenadviesbureau Mercer in Rotterdam reed. Het was mijn eerste klantbespreking sinds ik manager was geworden van het corporate accountteam Pensioenen van Nationale-Nederlanden. We waren marktleider op het gebied van pensioenen voor grote bedrijven en ik gaf leiding aan een van de vier teams. Miljoenen euro's aan pensioenpremie waren ermee gemoeid. Ik was best zenuwachtig voor deze bespreking met een grote bierbrouwerij uit het zuiden van het land. Gelukkig zou ik met Miranda gaan, die de offerte had opgesteld. Zij was als senior pensioenadviseur gepokt en gemazeld en van alle ins en outs op de hoogte. Een dag eerder hadden we onze offerte en de presentatie nog een keer samen doorgenomen. Zij zou de inhoudelijke, technische vragen beantwoorden, ik zou me richten op de hoofdlijnen en het bewaken van de marge.

Ik meldde me tien minuten voor de afgesproken tijd bij de receptie. Een vriendelijke receptioniste vroeg of ik al naar de vergaderzaal wilde. 'Ik wacht nog even op een collega,' antwoordde ik. Maar twintig minuten later was Miranda er nog steeds niet. De adviseur van Mercer begon ongeduldig te worden en stelde voor om toch maar van start te gaan. In een bedompt zaaltje zaten vijf andere mannen te wachten, keurig op een rijtje aan een lange tafel. De adviseur wees me mijn plaats tegenover het gezelschap en nam vervolgens naast hen plaats. Daar zat ik dan. In mijn eentje tegenover zes grijze pakken. 'Kopje koffie, Merel?' vroeg de adviseur, overduidelijk geamuseerd over de setting. Om tijd te rekken besloot ik tijdens de kennismakingsronde veel vragen aan mijn gesprekspartners te stellen.

Maar toen Miranda er na een paar minuten nog steeds niet was, moest ik er toch aan geloven. Ik trapte af met de hoofdlijnen van het voorstel en vroeg hun of ze nog vragen hadden. 'Dank je wel, de offerte ziet er goed uit,' zei de adviseur. 'We hebben nog wel wat kleine vragen. Niets groots hoor.' Ik vertrouwde zijn geruststellende woorden allerminst, want Miranda had me gewaarschuwd: 'Pas op voor de salami-tactiek! Ik ken ze langer dan vandaag.' En ja hoor, punt voor punt nam de man onze offerte door. Bij elk element, klein of groot, legde hij uit waarom het voor zijn klant niet klopte of passend was en dat we voor dat deel van de offerte toch echt iets aan de prijs moesten doen. Ook refereerde hij regelmatig aan de 'uitstekende, jarenlange relatie' die hij met mijn voorganger en mijn baas had en hoe zij het uiteraard roerend met hem eens zouden zijn. Intussen knikten de zwijgzame mannen instemmend. Ik voelde mijn hart steeds sneller kloppen. Hoe redde ik me hier in vredesnaam uit? De deur ging open. Eindelijk. Ik voelde de opluchting door mijn lijf gaan. Maar het was de receptioniste, die ons vertelde dat ze zojuist was gebeld door Miranda. Ze had autopech en kon helaas niet meer op tijd komen.

Na afloop reed ik naar kantoor. Ik was het liefst linea recta naar huis gereden om me in een donker hol op te sluiten en er de komende maand niet meer uit te komen. Ik wilde Rein bellen, maar bedacht dat hij les had. Ook mijn moeder nam de telefoon niet op. Mijn broers wilde ik er niet mee lastigvallen. Taco was ook aan het werk en Daan, de jongste, studeerde nog, dus voor hem was het allemaal wel een erg-ver-van-zijn-bed-show. Dus belde ik naar mijn meest ervaren collega-manager Bram, die al bijna dertig jaar in het pensioenbedrijf werkte en voor mijn komst zakendeed met deze adviseur. Ik kreeg zijn secretaresse aan de telefoon. 'Kan ik Bram zo even spreken, ik heb hem echt nodig,' vroeg ik. 'Ik heb het verpest en alles weggegeven. De onderhandeling is helemaal misgegaan.' Ik ratelde maar door en ze luisterde geduldig tot ik stil was. 'Weet je, kom als je terug bent op kantoor maar even langs, hij is in overleg maar vindt het vast geen probleem dat je even binnenwipt.'

Niet veel later stapte ik zijn kamer binnen. Naast hem zat Jaap, mijn baas. Ook dat nog. In mijn hoofd speelden zich de meest verschrikkelijke scenario's af. 'Ik heb met man en macht geprobeerd de onderhandelingen zo goed mogelijk te laten verlopen,' begon ik. 'Maar ik heb, vrees ik, toch op een aantal punten te veel toegegeven.' 'Ach, dat zal wel meevallen,' zei Bram. 'Wat heb je precies toegezegd?' vroeg Jaap. Hoe meer ik vertelde, hoe meer zijn gezicht verstrakte. 'Poeh,' onderbrak hij mij. 'Dat is inderdaad geen goede zaak. Hiermee heb je een precedent geschapen dat ons miljoenen gaat kosten. Hoe heb je dat kunnen doen?' Ik keek verslagen voor me uit. Waarom hadden ze me dan ook op deze moeilijke klant afgestuurd, terwijl ik nog maar zo kort op deze plek zat? Het huilen stond me nader dan het lachen. Tot ze plotseling in lachen uitbarstten. 'Nee joh, je hebt het prima gedaan,' schaterde Jaap. De adviseur had hem direct na de bespreking gebeld. 'Wat een taaie, die "nieuwe" van jou, geen millimeter heeft ze toegegeven,' had hij gemopperd.

In de periode na mijn vuurdoop groeide ik steeds meer in mijn rol. Het zakendoen met grote klanten, het geven van presentaties, het sluiten van deals, netwerken en relaties aangaan en onderhouden: het bleek me op het lijf geschreven. Ook het leidinggeven kreeg ik steeds meer in de vingers. Al werd ik me wel steeds bewuster van mijn uitzonderlijke positie als vrouwelijke manager. Zowel van de positieve kanten als de schaduwkanten. De combinatie van 'vrouwelijke' charme en empathie met inhoudelijke scherpte hielp me vaak om mensen mee te krijgen en te motiveren. Om lastige onderhandelingen vlot te trekken, ontevreden klanten gerust te stellen en ons als bedrijf bij veel van de pitches te onderscheiden van andere pensioenaanbieders. Anderzijds kreeg ik ook steeds meer inzicht in de vooroordelen: de oudere mannen zagen me toch nogal eens als 'een vrouwtje' dat hun vaderlijke adviezen goed kon gebruiken. Of ze hadden de neiging mij in eerste instantie te onderschatten of me te kleineren, zoals de adviseur van Mercer. Of erger nog, ze overschreden – in een enkel geval – mijn persoonlijke grenzen.

Zoals die keer tijdens een lunch. Na het afsluiten van een pensioencontract werd volgens goed gebruik de klant uitgenodigd voor een uitgebreide warme maaltijd op de zevenendertigste etage in een van de directiezalen. Ik zat als verantwoordelijke manager naast de hoofdgast, de voorzitter van het pensioenfonds. Mijn baas zat tegenover hem. Verder aten mijn collega en nog iemand van de klant mee. Obers in keurige zwarte pakken met witte handschoenen vroegen wat we wilden drinken. Er werd geproost en de stemming was opgewekt, de onderhandelingen waren moeizaam geweest – ondanks het feit dat het fonds bij een van de eigen ING-onderdelen hoorde. De hoofdgast liet zich veelvuldig bijschenken en boog zich telkens dichter naar mij toe. Ik voelde me steeds onbehaaglijker, maar niemand leek het op te vallen. Langzaam schoof ik mijn stoel beetje bij beetje verder van hem af. Aan het eind van de lunch stond iedereen op en schudde elkaar de hand. De man kwam op mij af. Hij keek me glazig aan en zei: 'Jou, Merel, wil ik graag speciaal bedanken.' En op het moment dat ik mijn hand uitstak trok hij me naar zich toe en gaf me een natte, kleverige zoen vol op mijn mond. Ik verstijfde en het voelde alsof ik daar minutenlang stond. Toen trok ik me los. Iedereen zag het, mijn baas, mijn collega, de andere man, maar niemand zei iets.

Alsof er niets was gebeurd werden de gasten uitgelaten. Ik liep direct naar mijn kamer en smeet de deur dicht en toen ik daar in mijn eentje achter mijn bureau zat drong het pas echt tot me door. Ik trilde van woede. Geëmotioneerd liep ik naar de kamer van Jaap. 'Jij moet hier iets aan doen,' drong ik aan. 'Dit kan niet.' Nerveus draaide hij op zijn stoel. 'Tja. Je hebt gelijk, dat was niet fris,' zei hij schoorvoetend. 'Maar het is wel een klant, weet je.'

Razend sloeg ik de deur dicht. Ik wist genoeg. Mijn baas was een aardige man, maar het conflict aangaan was het laatste wat hij zou doen. Ook hier niet. Ik voelde me in de steek gelaten en smerig.

's Avonds besprak ik het met Rein, die me aanraadde Hugo te bellen. Moest ik dat wel doen? Was het echt wel zo erg, of verbeeldde ik het me maar? Kreeg ik hier geen last mee? De verbijstering en woede van die middag hadden plaatsgemaakt voor twijfel. Zouden ze bij ING niet denken dat ik het zelf had uitgelokt? Maar Rein drong aan: 'Toe nou maar, bel hem.'

Hugo reageerde gelukkig zoals ik hoopte. Hij was woest en belde nog dezelfde avond met Jan Nijssen, die inmiddels was gepromoveerd naar het bestuur van ING in Nederland en de baas was van de man die zijn handen niet thuis kon houden. Ook Jan vond het volstrekt onaanvaardbaar en besloot hem een schriftelijke berisping te geven, wat betekende dat als ooit nog zoiets gebeurde, hij direct zou worden ontslagen. Ik voelde me opgelucht. Mede dankzij het kordate optreden van Hugo en Jan kon ik de ellendige gebeurtenis achter me laten.

◆

In mijn nieuwe rol leerde ik veel over pensioenen en levensverzekeringen. Ik volgde opleidingen, deed praktijkervaring op en was verantwoordelijk voor grote contractonderhandelingen. Ik leerde over leidinggeven, het motiveren van mensen, kaders en doelen stellen, functioneringsgesprekken voeren, werk organiseren en prioriteren. En ik leerde ook dat de keuzes soms door anderen worden gemaakt, door de leiding. Als afdelingsmanager zit je vaak tussen twee vuren: je medewerkers, die soms niet begrijpen waarom er bepaalde keuzes worden gemaakt en je bazen, die weer aan de verwachtingen van hun bazen willen voldoen. Ik besefte steeds meer dat de ruimte die ik in mijn team had maar zeer beperkt was: of het nu ging om het type producten en diensten dat we verkochten, ons personeelsbeleid, de automatiseringssystemen die we gebruikten, de financiële parameters of de budgetten waarbinnen ik met mijn team moest opereren. De meeste strategische en beleidsmatige keuzes werden op andere plekken in de organisatie gemaakt. Ik mocht ze uitvoeren, weliswaar binnen kaders en ook mocht ik met mijn team zeer grote contracten afsluiten. Maar waarom sommige keuzes werden gemaakt wist ik niet. Ik wist ook niet hoe de strategie tot stand kwam. In tegenstelling tot een aantal van mijn collega-trainees, die bedrijfskunde of economie studeerden, had ik daar in Delft ook niets over geleerd. Wilde ik met meer verstand van zaken leiding kunnen geven, dan zou ik meer bedrijfskundige kennis moeten opdoen, concludeerde ik in het voorjaar van 1998. Zeker als ik hogerop wilde komen.

Vanzelfsprekend in overleg met Jan Douwes schreef ik me in voor een tweejarige MBA in Rotterdam, die ik in deeltijd naast mijn huidige werk zou gaan volgen. Maar eerst mocht ik nog drie weken naar het Young Managers Programma op INSEAD, een vooraanstaande internationale businessschool in Fontainebleau, ongeveer een uur onder Parijs. Samen met drie andere ING'ers vertoefde ik in een zeer divers gezelschap van vijfenzeventig jonge managers van verschillende soorten bedrijven uit de hele wereld.

Het werd een geweldig inspirerende ervaring. Professoren waren er geboren performers, hun colleges een soort theatershows. Ademloos zoog ik de nieuwe lesstof op en er was ook groepswerk. We werkten samen aan praktijkcasussen uit het bedrijfsleven en leerden over groepsdynamiek, reflecteerden op ons eigen handelen en onze rol in een team. Wat een stimulerende omgeving, concludeerde ik toen ik in de trein terug naar huis uit het raam staarde. Zo bruisend en vol energie en inspiratie om nieuwe dingen te leren. Als ik dan toch een MBA ging doen, waarom koos ik dan niet gewoon voor INSEAD, een van de beste universiteiten ter wereld? Dat zou bovendien een prima voorbereiding zijn op een volgende baan in het buitenland en dat wilde ik graag. Toen ik later samen met Rein een wandeling maakte in de Scheveningse Bosjes, legde ik het hem voor. INSEAD zou betekenen dat we naar Frankrijk moesten verhuizen en daarna naar een van de landen waar ING een vestiging had. Hij zag het meteen zitten. 'Muziek maken ze overal,' zei hij. 'Ik ga gewoon mee als jouw partner.'

'Wat geweldig!' zei ik. 'En wat vind je ervan als je niet als mijn partner meegaat maar als mijn echtgenoot?', waarop ik een fles champagne uit mijn rugzak haalde: 'Wil je met me trouwen?'

Een week later belde ik Jan Douwes om hem te vertellen over mijn plan. Ik had me voorgenomen dat het INSEAD werd of anders niets. Dat ik eerst nog door de strenge selectie moest zien te komen nam ik maar even voor lief. Toch voelde ik schroom, hoe zou Jan reageren? Het eerste deel van het collegegeld voor de MBA in Rotterdam was al door ING overgemaakt en een jaar fulltime studeren aan INSEAD was veel duurder en een grote investering voor het bedrijf, zonder dat er werk tegenover stond. Maar Jan leek niet verbaasd over mijn wens. Hij gaf aan dat hij mij steunde, maar dat hij dit niet zelf kon beslissen. Daarvoor verwees hij me door naar Philip de Koning Gans, de directeur Management Development van ING.

'Zo Merel, ik begrijp dat je naar INSEAD wil,' zei Philip, 'en daarna naar het buitenland?' Hij keek me onderzoekend aan. Ik zat klaar om mijn tot in de puntjes voorbereide pitch te houden, maar voordat ik een woord kon uitbrengen zei hij: 'Nou, ik begrijp het eigenlijk wel. Het lijkt me een prima plan. Maar onder één voorwaarde: dat we daarna kunnen profiteren van al jouw opgedane kennis en ervaring. Oftewel, dat je na je MBA inderdaad naar het buitenland gaat voor ons.'

'Natuurlijk,' zei ik ietwat overdonderd. 'Waar kan ik tekenen?'

'Nergens,' zei Philip, 'Dat is niet nodig. Aan je woord heb ik genoeg.'

We schudden elkaar de hand en daarmee was de zaak beklonken.

2

Eindelijk thuis

In de sneeuw samen met onze dierbaren ons huwelijk vieren, dat was wat ik al sinds mijn studententijd het liefst wilde. Bij het corps organiseerde ik een keer met een aantal medestudenten de 'WinterAC', een skiweekend voor studenten uit heel Nederland. Drie dagen vol slalomwedstrijden, grappa drinken in een berghut, nachtelijke fakkeltochten op de piste en in de avond aan lange tafels eten en eindeloos praten. En na afloop dansen tot in de late uurtjes.

Dus daar gingen we. Mijn lieve grootmoeder zat voor in de bus, naast de chauffeur, vijfentachtig jaar en nog altijd bruisend, vol levenslust en energie. Er werd gezongen en Omi zong uit volle borst mee. Samen met mijn moeder was ze die ochtend mijn getuige geweest toen Rein en ik elkaar het jawoord gaven in het stadhuis van Den Haag. Negen maanden nadat ik hem ten huwelijk had gevraagd. Nu waren we met familie en vrienden op weg naar Dimaro, een piepklein Italiaans dorp waar we van een jong Nederlands stel voor een prikje een oud, vervallen hotel huurden. Het was geweldig.

Na het voortijdig overlijden van mijn grootvader was mijn oma alleen in hun huis in Blaricum blijven wonen. Het huis waar mijn moeder en haar zussen opgroeiden en waar mijn grootvader zijn tandartspraktijk had. Ik vroeg me weleens af of ze niet verlangde naar een nieuwe man. 'Zo lang in je eentje, je kunt wel honderd worden,' riep ik dan. 'Nee hoor kind, geen denken aan,' antwoordde ze resoluut. 'Opa was mijn ware liefde. Genoeg voor een heel leven.' En hoe oud mijn grootmoeder ook was, ze bleef bij de tijd. Ik hoorde collega's of vrienden nog weleens zuchten over hun grootouders, die niets anders meer deden dan praten over vroeger en terugverlangden naar de tijd 'toen alles beter was'. Maar mijn grootmoeder, die met grote genegenheid over haar eigen jeugd sprak, klaagde nooit over de jeugd van tegenwoordig of over haar ouderdomskwalen. Ze hield van elke nieuwe dag en al helemaal van jonge mensen. Ze was op de hoogte van het wel en wee van haar kleinkinderen en achterkleinkinderen én van hun vrienden. 'Wat bijzonder toch, dat jouw oma dat nog weet,' hoorde ik regelmatig van vriendinnen, wanneer zij hun had gevraagd naar 'dat ene vriendje' of 'die nieuwe baan'.

Mijn oma had een feilloos geheugen. Ze was breed geïnteresseerd en begaan met wat er in de samenleving speelde en als fervent boeken- en krantenlezer volgde ze de politieke ontwikkelingen en het laatste nieuws tot op het laatst. Voor mij zou mijn bijzondere grootmoeder mijn hele leven lang een rolmodel zijn. Haar optimisme, onafhankelijkheid en liefde voor mensen en het leven gaven mij op belangrijke momenten steun en houvast. Zelfs nu ze overleden is, zoek ik haar in gedachten nog vaak op voor advies of wijze raad.

Een halfjaar na onze huwelijksreis verhuisden Rein en ik naar Frankrijk. Een uurtje rijden van Parijs, in het dorpje Bourron-Marlotte, vonden we een prachtig onderkomen: een typisch Frans huisje, met houten luiken en dikke kalkstenen muren, verstopt onder een paar eeuwenoude eiken in de achtertuin van een kunstenaarsfamilie. Het was er heerlijk rustig en aangenaam; in de zomer hielden dikke muren het binnen koel, in de winter warm. De ideale condities om te studeren en als pasgetrouwd stel te genieten van ons eerste buitenlandse avontuur. Elke ochtend ontbeten we samen met vers brood en lekkere kaasjes en fruit van de plaatselijke markt en daarna reed ik in ons autootje in tien minuten naar de campus van INSEAD om college te volgen en groepswerk te doen met mijn medestudenten.

Hoewel ik de afgelopen jaren regelmatig in de praktijk in aanraking kwam met de onderwerpen waarover ik nu college kreeg, ontbeerde ik de onderliggende theoretische kennis. Corporate finance, accounting, marketing, technologie en organisatiekunde, het was allemaal nieuw voor me. Behalve het doorrekenen van oliewinningsprojecten had ik in Delft niets meegekregen over financiële zaken. Laat staan dat ik iets had geleerd over het financiële reilen en zeilen van een heel bedrijf of over de economische theorie van perfect werkende markten, rationeel denkende mensen en de beloftes van economische voorspoed bij het vrijemarktkapitalisme.

Het was daar in de zomer van 1999 in Frankrijk, dat ik voor het eerst in aanraking kwam met het zogenaamde (neo)liberale denken uit Engeland en de VS. En hoewel ik me al die nieuwe kennis gretig eigen maakte, bekroop me op sommige momenten ook een gevoel van twijfel. Waren deze denkbeelden, die in de jaren tachtig onder aanvoering van Reagan en Thatcher waren ontstaan en inmiddels ook steeds meer navolging kregen in Europa, wel de mijne? Competitie en marktwerking als belangrijkste drijvers voor welzijn en welvaart, individuele verantwoordelijkheid en zelfredzaamheid als uitgangspunt en de rol van de overheid klein? Een overheid die zich bovendien meer richt op het wegnemen van barrières die marktwerking kunnen belemmeren dan op bescherming van zwakkeren?

Ik herinner me nog goed dat ik tijdens een college macro-economie mijn twijfels uitte. 'Er zijn toch ook enorme schaduwkanten aan het model waarbij we alles aan de markt en bedrijven overlaten?' zei ik tegen de docent, toen hij klaar was met zijn introductie. 'Zeker als die bedrijven zich daarbij ook nog eens puur richten op zo veel mogelijk winst maken voor hun aandeelhouders en zich van de rest van de samenleving niets aantrekken. Wie beschermt medewerkers tegen armoede in geval van arbeidsongeschiktheid en ziekte? Wie dwingt bedrijven tot investeringen tegen schadelijke effecten van hun handelen op het milieu, ook als het ten koste gaat van de winst voor aandeelhouders?'

Even was het stil. 'Dank, Merel, voor jouw passievolle betoog,' zei de docent. 'Ik ben benieuwd wat anderen ervan vinden.' Een Israëlische een paar bankjes verderop stak haar vinger op. 'Merel, je lijkt wel een communist.' De rest van de klas begon te lachen. 'De markt heeft altijd gelijk. Mensen moeten worden aangespoord verantwoordelijkheid te nemen voor hun leven. Anders kweek je luiheid en inefficiëntie.'

'Onzin,' reageerde ik fel. 'Alsof niet mee kunnen doen altijd terug te voeren is op je eigen verantwoordelijkheid. Alsof ongeluk in je leven allemaal eigen schuld, dikke bult is.'

Niet veel later ging de bel en was het college voorbij. Tot veel meer dan een verhit debat in de collegezaal zou het voorlopig niet komen. Mijn verontwaardiging zakte weg, verdrongen door mijn prioriteiten van het hier en nu: mijn examens halen. Daar had ik mijn handen meer dan vol aan.

Waar mijn verhalen thuis aan de eettafel hoofdzakelijk gingen over wat er zich zoal afspeelde tijdens mijn colleges en werkgroepen, vertelde Rein in geuren en kleuren over zijn belevenissen. Hij was de enige man in een groep met veel vrouwelijke partners van mijn jaargenoten. We moesten er vaak om lachen. Voor velen bleef het toch vreemd, een man die zijn vrouw volgde. En al helemaal als hij ook nog eens huisman bleek te zijn en zich zonder blikken of blozen aansloot bij een van de 'partneractiviteiten', zoals de koffiekring, de boekenclub, de vrijwilligerscommunity of de kookclub.

Ik moest vaak denken aan mijn gesprek met een directielid op mijn laatste werkdag, vlak voor de zomer. 'Spannend voor je, om naar Frankrijk te gaan,' zei hij. 'Zal best nog wel eenzaam zijn om als pasgetrouwd stel zo lang uit elkaar te zijn.' Ik had hem vragend aangekeken. 'Hoezo, uit elkaar?' zei ik. 'We gaan samen hoor.'

'Gaat je man ook een MBA doen?' Ik moest lachen. 'Rein? Nee, joh, die gaat gewoon mee. Hij ziet daar wel wat hij gaat doen. Bovendien, voor een muzikant is overal in de wereld wel iemand te vinden om samen muziek mee te maken.'

Mijn collega kon zijn ongeloof nauwelijks onderdrukken.

Gelukkig deerde het ons allebei niet wat mensen dachten en zeiden, Rein al helemaal niet. Eenmaal gesetteld in Frankrijk genoot ook hij van ons nieuwe leven en van de vele ontmoetingen met mensen uit de hele wereld. Zoals verwacht leerde hij al snel een aantal muzikanten kennen, met wie hij een band begon die in korte tijd succesvol werd. Vaak speelden ze op de talrijke studentenfeesten rondom Fontainebleau en op de campus.

'Work hard, play hard' was het adagium onder de INSEAD-populatie. Nog niet eerder had ik zo hard gewerkt en was ik omringd door zoveel slimme, ambitieuze mensen. Dat maakte me soms onzeker. Het leek wel of elk bedrijf zijn raspaardjes naar Fontainebleau had gestuurd. De hoge toelatingseisen en de ijzersterke internationale reputatie van de businessschool vormden een magneet voor talent uit de hele wereld. 'Wat doet het ertoe hoe je je verhoudt tot die anderen?' zei Rein wanneer ik mijn aarzelingen met hem deelde. 'Het gaat er toch om dat je er zelf plezier in hebt en veel leert?' Maar zo eenvoudig was dat helaas niet. INSEAD hanteerde *Forced Ranking*, een uit Amerika overgewaaid systeem dat wordt gebruikt om de prestatiedrang van toch al overambitieuze studenten aan te wakkeren door concurrentie. Je cijfer wordt niet bepaald door hoeveel vragen je goed hebt, maar hoeveel vragen jij goed hebt ten opzichte van je medestudenten. De scores van alle studenten worden met elkaar vergeleken en vervolgens wordt er een normaalverdeling toegepast. De beste 16 procent krijgt een *goed*, de volgende 68 procent een *voldoende* en de 16 procent met de minste resultaten een *onvoldoende*. Heb je dus heel slimme medestudenten (die had ik), die ook nog eens heel hard hun best hebben gedaan (dat deden ze), dan kan het zomaar gebeuren dat je je examen normaal gesproken gehaald zou hebben maar toch onder aan het lijstje komt. Niemand wilde bij de onderste 16 procent horen: twee keer een onvoldoende voor een kernvak en je moest alsnog vertrekken.

Deze competitieve omgeving wakkerde mijn aangeboren gedrevenheid verder aan, waarbij mijn zelftwijfel en perfectionisme het vuurtje nog eens extra opstookten. Ik stortte me volop op mijn studie. En op sommige momenten sloeg de stress ongenadig toe, dan werd ik zwetend wakker. Dus toen na het eerste semester bleek dat ik voor alle examens goede cijfers had gehaald en ook niet onderdeed voor mijn medestudenten, besefte ik dat ik me opnieuw onterecht zorgen had gemaakt. De druk gleed van me af, ik durfde meer uit te gaan van mijn talenten. Hierdoor kon ik ook veel meer genieten van de unieke ervaring en het voorrecht om me een vol jaar te kunnen ontwikkelen. En dan al die nieuwe, bijzondere mensen die ik ontmoette. Of het nu de jongste telg uit een Indiaas familie-imperium was, een Russische bankier, een Israëlische viroloog, een Algerijnse geoloog of een Braziliaanse consultant, ze hadden allemaal een eigen, interessante levensgeschiedenis en achtergrond. Het voelde als een grote wereldreis. Een groep ambitieuze mensen met meer dan tachtig nationaliteiten bij elkaar, in de bossen van Frankrijk. Het was een uitzonderlijke situatie op een uitzonderlijke plek.

◆

In de zomer voor we naar Frankrijk verhuisden hadden Rein en ik besloten dat we graag kinderen wilden. Veel van mijn vriendinnen hadden al kinderen en steeds als ik bij hen was en die kleine mensjes met hun eigen eigenwijze willetje zag rondstruinen, merkte ik hoe leuk ik ze vond. In november bleek dat ik in verwachting was en we konden ons geluk niet op. Ik werd moeder, van een meisje! Loulou zou ze gaan heten, naar mijn twee grote vrouwelijke voorbeelden: mijn moeder (Lousje) en mijn grootmoeder (Louise).

Ook Rein hield van kinderen. Hij had zelf op zijn zestiende nog een zusje gekregen en later nog een broertje, waar hij dol op was. Als we meer dan één kind wilden moesten we niet te lang wachten, vonden we. Ik was net eenendertig, jong genoeg, maar je moest natuurlijk nog maar zien of het ook zou lukken. Zes weken na de uitreiking van mijn diploma in juni was ik uitgerekend. Een betere timing kon ik me niet wensen. 'Hoe gaan jullie dat doen, met een kind?' werd ons vaak gevraagd. 'Nou, gewoon,' antwoordden we dan. 'We zorgen samen voor ons kind. Rein is alleen wat vaker overdag thuis, als Merel werkt.' Onze rolverdeling thuis was nooit een twistpunt. Net zomin als de vraag of ik fulltime zou blijven werken als er kinderen kwamen.

Was het anders geweest als Rein geen muzikant was geweest en ik niet de hoofdkostwinner? Ik denk het niet. Voor mij was fulltime werken én kinderen hebben vanzelfsprekend, toen al. Hoewel ik toen wel besefte dat dit nog lang niet voor iedereen gold. Zo denk ik nog weleens terug aan het sollicitatiegesprek bij ING zes jaar daarvoor, waar de directeur me op de man af vroeg of ik kinderen wilde. Wat ik toen antwoordde staat me niet meer bij, maar wel dat ik raar opkeek. Wat een impertinente vraag. Alsof ik als vrouw die carrière wilde maken geen kinderen kon hebben.

DOCTEUR JEAN-MARC LAURENT stond er in sierlijke zwarte letters op het marmeren bord naast de deur. Na drie eerdere controles kende ik de weg. Een zachte, vriendelijke stem heette me welkom. Of het kwam door zijn beperkte Engelse woordenschat of door zijn introverte karakter weet ik niet, maar dokter Laurent was een man van weinig woorden. Het was me al opgevallen tijdens mijn eerdere bezoekjes. Ook dit keer beperkte het gesprek zich tot het uiterst noodzakelijke 'Gaat u even liggen', 'Ja, zo' en 'Ik ga een echo maken, de gel kan koud zijn'. Ik kende het ritueel inmiddels. Maar de stiltes tussen de schaarse woorden leken vandaag langer te duren. Of verbeeldde ik het me maar? Dokter Laurent keek in opperste concentratie naar het schermpje terwijl hij het echoapparaat soepel over mijn buik heen en weer bewoog. Ik probeerde in de vage, voorbijflitsende beelden iets te herkennen wat op een baby leek. Al snel concludeerde ik dat dit zonder toelichting een onmogelijke opgave was, dus richtte ik me op het ritmisch kloppen van het hartje van mijn baby: *boem-keboem, boem-keboem, boem-keboem.* Wat een wonder was het toch. Onvoorstelbaar dat in mijn buik een nieuw mens groeide. Een meisje dat over een paar maanden ter wereld zou komen en zou uitgroeien tot een jonge, zelfstandige vrouw en voor altijd met ons verbonden zou zijn. Een dochter van wie we met hart en ziel zouden houden. Dat ik ooit een gelukkig leven had zonder kinderen, ik kon het me al bijna niet meer voorstellen. Ik voelde mijn ogen vochtig worden en in gedachten hoorde ik Rein lachend zeggen 'Ach, sterk spul hè, die hormonen', zoals hij altijd deed als ik opeens vanuit het niets in snikken uitbarstte bij een sentimenteel liedje of een blauw-wit gestreept Petit Bateau-rompertje in een van de peperdure winkels in het dorp.

Plots werd de stilte onderbroken door een zorgelijk 'hmm'. Het leek wel of de frons in het voorhoofd van dokter Laurent dieper was dan normaal, zijn blik donkerder. Mijn voorgevoel bleek te kloppen. Even later legde hij in eenvoudige bewoordingen uit dat de baby niet goed was gegroeid en ik in het plaatselijke ziekenhuis moest worden opgenomen. Mijn adem stokte. Nu meteen? Naar het ziekenhuis hier in Fontainebleau? Dokter Laurent knikte. Ik kon nog even langs huis om mijn pyjama en toiletspullen op te halen, maar moest er daarna direct naartoe. Toen ik buiten stond belde ik eerst Rein. En daarna mijn vader, die arts is. Dit was niet zijn vakgebied, hij was chirurg, maar hij kende vast een goede gynaecoloog, 'Doe maar even niets,' zei hij toen ik uitverteld was. 'Ik zal dokter Christiaens even bellen. Zij is een heel goede dokter en als Belgische spreekt ze vloeiend Frans. Zij wil vast wel even contact opnemen met jouw dokter daar.'

Nog diezelfde avond belde dokter Christiaens met mijn Franse dokter. Het bleek inderdaad goed mis en ze vroeg me onmiddellijk naar Nederland te komen. De volgende ochtend zou zij de baby direct onderzoeken. Toen ik thuiskwam had Rein onze koffers al gepakt. We vertrokken naar Nederland. Niet naar ons eigen huis, dat was verhuurd, maar naar mijn ouders in Utrecht. We zouden er een halfjaar blijven.

In het huis in Bourron-Marlotte zou ik nog één keer terugkeren, in de zomer, om de rest van onze spullen weg te halen. Twee maanden lang reisde ik meerdere keren per week naar het Wilhelmina Kinderziekenhuis in Utrecht voor controle. Intussen hield ik zo veel mogelijk rust. Ik lag veel, las en wandelde wat. En ik bleef hoopvol, hoewel het kindje nauwelijks groeide.

Tot op zaterdag 13 mei in één klap onze wereld instortte. Op de dag dat zich in Enschede een vuurwerkramp voltrok, stopte in mijn buik het hartje van ons kindje met kloppen. Zomaar opeens. Nooit zou ik mijn dochter in mijn armen kunnen houden, haar haren strelen of met haar spelen en lachen. Nooit zou ik haar gelukzalige blik zien als ze haar eerste zwemdiploma haalde of haar eerste verliefdheid meemaken, met haar lachen of haar troosten. Ik zou haar nooit zien opgroeien, want ons meisje was dood.

Ik was verslagen en ontroostbaar en wilde maar één ding: deze nachtmerrie achter me laten. 'Snij me open en haal haar zo snel mogelijk weg uit mijn buik,' drong ik aan. 'Mijn kind is dood, ik wil niet ook nog eens de lijdensweg van een urenlange bevalling doormaken. Dat kan ik niet aan.' Dokter Christiaens luisterde naar me en begripvol en vastberaden legde ze me uit dat ze dat niet kon doen. 'Het is belangrijk dat je gewoon bevalt. Behalve dat een keizersnede een ingrijpende operatie is die we niet zonder medische reden uitvoeren, is het ook veel beter voor je rouwproces als je op natuurlijke wijze van je dochter bevalt.' Ze keek me vol compassie aan. 'Ik beloof je, we zullen goed voor jou en je kindje zorgen. We zullen wel je weeën moeten opwekken. Dat kan gepaard gaan met behoorlijke pijn, maar als het te pijnlijk wordt kun je om een ruggenprik vragen.'

Een paar dagen later werd ik ingeleid. De pijn van de bevalling was bijna ondraaglijk. Het was alsof al mijn verdriet zich samenbalde in één grote, afgrijselijke wee. Ik wilde geen ruggenprik. Ik wilde deze helse pijn voelen. Tot ik er niet meer tegen kon vechten. Ik schreeuwde het uit, als een gewond dier. Om kwart over zes 's ochtends beviel ik van een piepklein meisje. Hoewel ik voor de bevalling had gezworen dat ik haar niet wilde zien, knikte ik toen dokter Christiaens vroeg of ik dat nu wél wilde. 'Het is een prachtig meiske,' zei ze en ze legde haar op een witte doek op mijn buik.

En dat was ze, een prachtig compleet mensje. Tien slanke, dunne vingertjes, tien puntgave teentjes, een prachtig wipneusje; alles zat erop en eraan. Loulou, mijn Loulou. Tranen stroomden over mijn wangen. Voor het eerst in maanden huilde ik. Net zo lang tot ik geen tranen meer over had. In de middag ging ik naar huis. Ik was moeder, zonder kind. Het zou nog maanden duren voor ik het ergste verdriet had verwerkt, maar tot op de dag van vandaag ben ik mijn dokter dankbaar dat ze niet meeging in mijn wens om per keizersnede te bevallen en mijn dochter niet te willen zien en aanraken. Want hierdoor heb ik afscheid kunnen nemen van Loulou en – na een pijnlijk maar gezond rouwproces – het verlies van mijn dochter een plek kunnen geven in mijn leven.

Door ons plotselinge vertrek miste ik het laatste semester van mijn studie en na de zomer teruggaan naar Frankrijk om dat alsnog in te halen zag ik niet zitten. Het verdriet over het verlies van Loulou was nog te rauw. Regelmatig barstte ik plotseling in een onbedaarlijk huilen uit. Achter het stuur in de auto, wanneer ik een liedje hoorde dat me aan haar deed denken of als ik een klein meisje zag dartelen in het speelweitje bij ons om de hoek. Het leek wel of overal in de stad moeders met kinderwagens en zwangere vrouwen waren. Ook kwamen mijn tranen vaak gewoon uit het niets. Wonen in hetzelfde huis, rondlopen op dezelfde campus waar we destijds vol liefde ons eerste kind hadden verwacht zou de wonden alleen maar verder openrijten, vreesde ik. Daarom stelde ik voor dat ik mijn studie op de INSEAD-campus in Singapore zou afmaken. De volstrekt andere context van een welvarende, centraal geleide Aziatische stadstaat aan de andere kant van de wereld zou ons vast helpen het leven weer op te pakken.

Zowel ING als INSEAD steunde mijn voorstel. Ook Rein zag het wel zitten en na de zomer vertrokken we naar Singapore. Het verblijf daar deed ons goed. We zochten allebei op onze eigen manier naar verwerking. Rein luisterde veel naar muziek en ik verslond elk boek dat ik kon vinden over een doodgeboren kindje. Daarnaast hielp de bruisende stad met zijn foodmarkets, de tropische parken, azuurblauwe zee en het zonnige weer natuurlijk ook. En we konden door de optimistische, ondernemende, internationale mentaliteit van 'maakbaarheid' de wereld weer wat vrolijker tegemoetzien. Ik volgde interessante keuzevakken en zwom elke dag. Ook maakten we verschillende reizen in de omgeving. In Hongkong zochten we Hugo Smid en zijn vrouw op, die daar intussen waren neergestreken.

Ik was erg blij om mijn oude baas en mentor weer te kunnen zien. 'Mijn wens is verhoord,' vertelde ik hem opgetogen toen we op een terrasje een glas wijn dronken. 'Ik ga naar Polen!' Vlak voor de zomer had ik te horen gekregen dat er een directieplek vacant kwam bij Nationale-Nederlanden in Polen en dat ik daarvoor op de nominatie stond. Ik hoefde niet lang na te denken. Mijn wens om in het buitenland te werken was het afgelopen jaar alleen maar sterker geworden. Zodra ik klaar was met mijn MBA zou ik er beginnen.

Hugo en ik praatten uitgebreid over wat het betekende om leiding te geven aan een bedrijf in het buitenland en over hoe ik mijn nieuwe baan het beste kon aanpakken. 'Verdiep je niet alleen in je eigen taak, maar juist ook in de cultuur van het land,' drukte hij me op het hart. Te vaak had hij gezien dat buitenlandse avonturen van expats op een mislukking uitdraaiden door onvoldoende voorbereiding, miscommunicatie en een gebrek aan aanpassingsvermogen. '*When in Rome, do as Romans do!*' Een advies dat ik goed in mijn oren knoopte.

◆

In de zomer was ik al met wat eerste lessen begonnen. Drie keer per week reisde ik, vanaf ons tijdelijk onderkomen bij mijn ouders in Utrecht, naar Amsterdam. Daar kreeg ik les van Hanna, een hartelijke Poolse vrouw, die tijdens haar studie in Nederland voor een Nederlandse man was gevallen en nu Pools en Russisch gaf. Het bleek een vorm van therapie. Zo kon ik mijn verdriet omzetten in iets opbouwends. Hanna was niet alleen een uitstekende lerares, maar bovenal een bijzonder geestige en lieve vrouw. Ze zou een dierbare vriendin worden.

In het najaar van 2000 vertrok ik alvast naar Warschau voor Poolse les. Ik wilde de taal vloeiend leren spreken, zodat ik zonder tussenkomst van een tolk met mijn Poolse collega's zou kunnen praten. Ongetwijfeld zouden zij mij zien als een passant, zoals elke expat, maar hopelijk wel eentje die echt moeite deed om zich te verdiepen in en aan te passen aan de gebruiken van het land. Alleen: de taal vloeiend leren spreken zou geen eenvoudige opgave zijn. Het Pools is een Slavische taal met zeven naamvallen, waardoor elk zelfstandig naamwoord verandert met de functie van het woord. Ook eigennamen veranderen en werkwoorden kennen onherkenbare vormen, afhankelijk van de tijd die ze aanduiden. En dan het oneindig aantal tongtwisters, die je horendol maken. Door de vele sisklanken en onbekende medeklinkercombinaties – zoals *cześć*, dat simpelweg 'hallo' betekent – is de verleiding groot om er meteen weer mee op te houden. En alle lessen van Hanna die ik in de zomer volgde ten spijt, ik kon me nog nergens verstaanbaar maken. Daarom had ik met ING afgesproken om, voor ik begon met mijn baan, eerst nog een volle maand Poolse les te volgen bij een taleninstituut in Warschau. Niet één of twee keer per week een uurtje, maar volledig ondergedompeld worden in een omgeving waar je uitsluitend Pools hoort.

'*Dzień dobry! Witam Panią* Van Vroonhoven,' verwelkomde een oudere grijzende man me, toen ik me meldde bij de balie van het taleninstituut in een vervallen kantoorgebouw. '*Dzień dobry*,' antwoordde ik opgewekt. Ik had me verheugd op vandaag. Pools leren in Polen zou toch echter zijn, vermoedde ik. Maar nog voor ik de man kon vragen hoe het lesprogramma eruitzag ging hij verder: '*Dziś nauczysz się kupować znaczki na poczcie i zamawiać kawę u kelnera w restauracji za rogiem.*' Hij keek me verwachtingsvol aan. '*Czy Pani uważa, że to dobry plan?*'

Help, dit ging veel te snel. Wat had hij allemaal gezegd? Naarstig zocht ik naar woorden die ik kende. *Pani* betekent mevrouw, *dobry* plan, een goed plan. Maar wat was een *dobry plan*? *Kawa* was koffie, in het restaurant. Ja, want *restauracija* betekent restaurant. Gingen we soms koffiedrinken in een restaurant? Maar wat hadden postzegels daar dan weer mee te maken? Hij zei toch *znaczki*? Of had ik dat verkeerd gehoord? Ik voelde mijn handen zweterig worden. Had ik maar nooit gezegd dat ik al een maand Poolse les had gehad. '*Could you please help me a little bit?*' vroeg ik nederig. Maar de man bleef vastbesloten: '*Niestety, rozmawiamy tylko z polski przez cały dzień.*' Dit werd geen langzaam opstarten in het Engels in een veilig klaslokaal.

Ik besloot me eraan over te geven. Al zou het hakkelend en met handen en voeten zijn, ik ging die dag op pad om postzegels te kopen, boodschappen te doen en koffie te bestellen in een restaurant. De man was erbij en babbelde de hele dag vrolijk door. In het Pools. Afgepeigerd plofte ik die avond op mijn bed. Dit was pas dag één, en ik moest nog een hele maand. Hoe kreeg ik deze onmogelijke taal ooit onder de knie?

Gelukkig bleek in de daaropvolgende weken dat de strategie van de totale onderdompeling haar vruchten begon af te werpen en ik kreeg er steeds meer lol in. Na een maand voelde ik me zelfverzekerd genoeg om mijn collega's te vragen alleen in het Pools met mij te spreken. Dat, in combinatie met elke dag een uur les en veel Poolse soaps kijken, zou ervoor zorgen dat ik na verloop van tijd vrijwel vloeiend Pools sprak, wat me hielp in mijn rol als directielid. Ik kweekte er veel goodwill mee en het maakte het makkelijker om echt verbinding te maken met mijn collega's uit deze zo andere cultuur.

Begin december 2000 kwam Rein, met visum, verhuiswagen en al onze spullen naar Polen en na een paar weken in een hotel trokken we in ons nieuwe huis. We kozen ervoor om in een volksbuurt midden in het centrum van Warschau te gaan wonen en niet in een van de met hekken omheinde expatreservaten ten zuiden van de stad. Om ons heen geen hoge bomen en zwembaden, maar sovjetblokken en kleine stadswinkeltjes. Onze buren spraken geen Engels maar Pools. Ik moest er stiekem wel om lachen. Ik was meer op mijn ouders gaan lijken dan ik in mijn puberteit had kunnen vermoeden. Als zestienjarige had ik vaak gemopperd: 'Waarom moeten wij zo nodig in een piepklein boerendorp wonen en niet gewoon in Vught, bij mijn vriendinnen?' Mijn ouders hadden er bewust voor gekozen om niet in een enclave van hoogopgeleiden te gaan wonen, in een chique wijk waar veel collega's van mijn vader een huis hadden. We zouden er socialer en gelukkiger van worden, was hun idee.

Rein ging op zoek naar muzikanten om mee te spelen en ontmoette nieuwe mensen in de kleine maar hechte internationale gemeenschap in Warschau. Ik stortte me vol overgave op mijn nieuwe baan. Ik prees me gelukkig met de kans die ik had gekregen en was commercieel directeur geworden. Ik zou er kennismaken met een nieuwe cultuur en expertise kunnen opbouwen in een nieuw vakgebied: levensverzekeringen voor particulieren. Bovendien zou een baan in Polen, een van de belangrijkste markten voor ING, een goede voorbereiding zijn op een toekomstige, nog grotere verantwoordelijkheid in Nederland. Als directielid kreeg ik de leiding over marketing, maar later ook over alle verkoop- en promotieactiviteiten en voor drieduizend verzekeringsagenten door heel Polen. Een grote verantwoordelijkheid, zeker gezien mijn leeftijd, ik was pas tweeëndertig. Maar meer nog vanwege de complexe tweeledige opdracht die ik had meegekregen. Enerzijds het professionaliseren van de marketing- en salesorganisatie, inclusief een nieuw beloningsmodel voor de verzekeringsagenten, anderzijds zorgen dat alle dertien dochterbedrijven, met elk een eigen merknaam, overgingen naar het ING-merk.

Beide opdrachten zouden de nodige weerstand opleveren, merkte ik al snel. De marketingafdelingen ervaarden het verdwijnen van hun eigen campagnes en huisstijl als een regelrechte inperking van hun werk. Niet iedereen keek ernaar uit om op te gaan in één ING-merk. En ook de directies van de verschillende dochterbedrijven zagen er weinig heil in hun autonomie in te leveren.

Een van de meest invloedrijke personen in Polen, Marian Czakański, liet zich niets vertellen, zeker niet door een jonge vrouw uit Nederland. Hij was de baas van Bank Śląski, de voormalige staatsbank, en ING was grootaandeelhouder. Czakański, econoom en voormalig ambtenaar en minister, had na de val van het communisme zoals zovelen meegelift op de nieuwe, kapitalistische wind. Toch zou ik hem moeten overtuigen van de noodzaak zijn merk op te geven in het grotere belang van de ING-familie. Nadat hij eerdere afspraken met mij steeds weer had afgezegd, werd ik eindelijk ontvangen. Ik was al gewaarschuwd voor de dominante man die dacht dat hij god zelf was. Zijn eigen mensen hadden mij via mails laten weten dat Mr. Czakański niets zag in een oranje leeuw op zijn bankgebouw.

'*Sit down, please,*' zei hij, zijn minachting nauwelijks onderdrukkend terwijl hij mij een stoel wees aan een lange, antieke, eikenhouten vergadertafel. Zijn kamer deed me eerder denken aan een koninklijke balzaal dan aan een bankkantoor. Hij ging tegenover me zitten. Naast hem zat zijn mededirecteur en protegé, een jonge Pool die nooit van zijn zijde leek te wijken. '*So tell us about your plans to kill our strong and beautiful brand.*' IJzig keek hij me aan, ik kreeg er kippenvel van. Opgejaagd door zijn merkbare ongeduld lichtte ik kort het hoe en waarom van mijn plannen toe. Maar nog voordat ik mijn laatste zin had uitgesproken onderbrak hij me en zei: '*I'm sorry, but I cannot support your plans, since this is not allowed according to Polish Law,*' waarop hij fluisterde tegen zijn buurman: '*Obstawiam, że to ją zatrzyma.*' Er verscheen een akelig lachje op zijn gezicht. Onder de tafel voelde ik mijn benen onrustig heen en weer bewegen. Toen rechtte ik mijn rug en zei: '*No sir, I do not think that this will stop me.*' Niet alleen had ik zijn Poolse onderonsje letterlijk verstaan – hij zei zoiets als 'Dat houdt haar wel tegen' –, ook was ik gelukkig voorbereid geweest op zijn 'excuus' dat de Poolse wet mijn plannen niet zou toestaan. '*I have checked the Law, and there's no problem,*' liet ik hem weten, terwijl ik in stilte mijn collega Cok den Boer bedankte, die als CEO van onze organisatie al langer in Polen verbleef. Hij had me gewaarschuwd dat het schermen met de wet een veelgebruikte truc was om plannen van het buitenlandse hoofdkantoor te blokkeren of naïeve expats om de tuin te leiden. Czakański keek me aan. Dat had hij niet verwacht. Na het voorval zou hij in alle volgende besprekingen zijn Poolse onderonsjes achterwege laten, maar het zou nog de nodige stuurmanskunst vereisen hem mee te krijgen in mijn plannen.

Terwijl de voorbereidingen voor de naamsverandering in volle gang waren, had ik ook mijn handen vol aan mijn andere opdracht: het hervormen van de marketing- en verkooporganisatie, en in het bijzonder het aanpassen van het beloningssysteem voor die drieduizend verzekeringsagenten. Na de privatisering van de verzekeringsmarkt in Polen, vlak na de val van de Sovjet-Unie, was het heel goed gegaan met Nationale-Nederlanden. Om snel te kunnen groeien in de pas geopende Poolse markt en om de concurrentie voor te blijven kregen de verzekeringsagenten van het bedrijf als verkoopstimulans een forse aanbrengpremie voor elke verkochte polis. Dat pakte in eerste instantie heel goed uit, het bedrijf werd in een mum van tijd een van de grootste verzekeraars van het land. Maar na zes zeer succesvolle jaren stagneerde de economische groei in Polen en daarmee de groei van het verzekeringsbedrijf. Niet alleen liep de verkoop van levensverzekeringen terug, het regende ook klachten. Veel klanten zaten in geldnood en wilden hun geld uit de polis terug. Maar omdat in de eerste jaren het grootste deel van de premie was uitbetaald aan provisie voor de verzekeringsagent, was de waarde van de polis heel gering.

'Ik wil graag zelf een aantal brieven van klanten lezen,' zei ik tegen mijn secretaresse toen ik hoorde van al die klachten. Zo zou ik de negatieve ervaringen uit de eerste hand vernemen. Een van de brieven was afkomstig van een vader van een gezin met vijf kinderen. Ze hadden het niet breed, maar het lukte net om alle eindjes aan elkaar te knopen. Tot voor kort. De man was metaalbewerker maar was onlangs zijn baan kwijtgeraakt. Gelukkig had hij gespaard, dacht hij, door een polis af te sluiten bij Nationale-Nederlanden. Toen hij ontdekte dat van zijn premie niets over was, was hij ten einde raad. 'Waar is al mijn geld gebleven?' schreef hij radeloos. 'Hoe moet ik nu mijn kinderen te eten geven?' De wanhoop en verbijstering van de man zijn me altijd bijgebleven. En ik voelde ook iets van schaamte, voor mijn eigen bedrijf. Hoe had het zover kunnen komen? Zolang de bomen tot aan de hemel groeiden was er schijnbaar niets aan de hand geweest, maar toen de economie verslechterde en de groei afnam, werd opeens pijnlijk zichtbaar dat dit systeem niet klopte. Daar, in Polen, werd ik voor het eerst geconfronteerd met de gevolgen van deze levensverzekeringsproducten, van het type dat enkele jaren later in Nederland de naam woekerpolis kreeg.

'Hoe pak ik dit in vredesnaam aan?' zei ik tegen Cok, toen ik weer eens aan het eind van de middag bij hem op de kamer kwam zitten. Ik vertelde hem over de weerstand die ik verwachtte, vooral bij de agenten, die aantasting van hun provisies vreesden. Cok begreep mijn zorg, het raakte hen immers rechtstreeks in hun portemonnee. Hij stelde voor om samen het land in te gaan. 'Dan krijgen we ook een beeld van welke mensen in de verkooporganisatie onze plannen zien zitten.'

Cok gaf me veel vertrouwen en had de gave om voor elk probleem een oplossing te zien. Tijdens onze bezoeken leerde ik veel over wat er onder de agenten speelde en waar hun zorgen zaten, terecht en onterecht. Het hielp me om mijn plannen zo vorm te geven dat ik op draagvlak kon rekenen. Vanzelfsprekend zonder concessies te doen. Het gaf me ook een goed beeld van de mensen: wie waren de informele leiders, wie waren de medestanders en wie zag het totaal niet zitten?

Ik besloot een Pool te benoemen als nieuwe verkoopdirecteur en een jonge, slimme vrouw die ik al eerder had aangetrokken van Procter & Gamble, als marketingdirecteur. En nog een vrouwelijke leider van buiten de verzekeringsindustrie. Zij werd verantwoordelijk voor de ondersteuning vanuit het hoofdkantoor in Warschau. En ik kan niet anders zeggen: ze vormden een geweldig team. Alle drie anders, ieder met hun eigen kwaliteiten, ervaring en persoonlijkheid. Met hun inzet en ambitie zouden we er in anderhalf jaar in slagen de gewenste professionalisering succesvol door te voeren. Ik geloof sterk in diversiteit in een team. Hoewel het niet altijd gemakkelijk is om met iemand samen te werken die anders is dan jij, leidt het vaak wel tot betere resultaten.

Ondertussen werden Rein en ik in het voorjaar van 2001 verblijd met goed nieuws: ik was weer zwanger. Na onze tijd in Singapore, waar de scherpste randjes van ons verdriet waren weggesleten, verdwenen ze hier in Polen nog meer naar de achtergrond. Verdriet maakte plaats voor berusting en hoop. Voorzichtig durfden we na te denken over een nieuwe zwangerschap. Onze kinderwens was na het verlies van Loulou eerder groter dan kleiner geworden. Dat ik net een nieuwe baan had in een nieuw land zag ik daarbij niet als een beperking. Natuurlijk zou ik met zwangerschapsverlof moeten, maar mijn team zou mij kunnen vervangen en ik was er zeker van dat Cok bereid was om een deel van mijn taken tijdelijk over te nemen. Ik was wel bang voor eventuele complicaties. Uit het uitgebreide medische onderzoek dat ik had gehad na mijn eerste zwangerschap was gebleken dat ik een zeldzame auto-immuunafwijking had die niet te genezen was. Het was niet gezegd dat die dit keer ook zou opspelen en bovendien kon het gebruik van medicatie mogelijk helpen. In overleg met mijn arts besloten we het dus toch weer te proberen. Dezelfde dokter Christiaens zou mijn zwangerschap nauwlettend in de gaten houden. Hoewel me op sommige momenten nog steeds de angst bekroop dat het ook dit keer weer mis zou gaan, was ik de meeste tijd vol goede moed. Elke maand vloog ik terug naar Nederland voor controles en alles liep goed.

Tenminste, als ik het ongemak van de dagelijkse injecties met bloedverdunner die ik op doktersadvies in mijn been spoot buiten beschouwing liet. Inmiddels waren we de kritische grens van zes maanden gepasseerd. Nog twee weken, dan zou mijn zwangerschapsverlof beginnen. Zouden we dan echt binnenkort een wiegje en andere spulletjes kunnen kopen voor de kinderkamer? Ik durfde het bijna niet te hopen.

◆

Toen ik tijdens een van de laatste controles met een geoefend oog naar het scherm van het echoapparaat tuurde, werd duidelijk dat er toch iets mis was. De afgelopen maand was ons kindje nauwelijks gegroeid en hij was in een slechte conditie. 'Het is beter als hij nu snel geboren wordt,' zei dokter Christiaens. Ze klonk ernstig. 'We zullen je eerst nog een cortisolprik geven, zodat zijn longen nog kunnen rijpen de komende dagen, maar daarna is buiten de baarmoeder verder groeien echt beter dan erin.' Dit keer zou ik wel een keizersnede krijgen. Ze wilde geen enkel risico nemen. Na afloop van de controle belde ik Rein, die nog in Warschau was. 'Je moet snel naar Nederland komen,' zei ik. 'Het is weer fout.' Daarna belde ik Cok. 'Geen zorgen over ons,' stelde hij me gerust. 'Wij zorgen dat alles doorgaat, zorg jij nu maar dat je een gezonde baby op de wereld zet.' Ook nu trokken we in bij mijn ouders, die ons met liefde omringden en nog geen week later werd op 13 december 2001 onze zoon Job geboren. Een piepkleine, maar gezonde baby van 1642 gram. Mijn geluk kon niet op. Ik was moeder van een zoon! Hij was al na tweeëndertig weken zwangerschap geboren en zou helaas nog een tijdje in de couveuse moeten blijven tot hij genoeg gegroeid was om mee naar huis te kunnen. Twee keer per dag gingen Rein en ik naar het ziekenhuis en daar hield ik mijn kleine mannetje met zijn zachte blote lijfje tegen mijn huid. Zo zou hij zich beter ontwikkelen en goed groeien. Via de sonde kreeg hij moedermelk, die ik braaf kolfde en voor hem meenam. Niet ideaal, maar godzijdank ging alles goed met ons kind.

En toen belde het ziekenhuis. 'Spreek ik met de moeder van Job? Kunt u naar het ziekenhuis komen, uw zoon is opgenomen op de intensive care.' Ik was verstijfd van angst. 'Mijn kind op de intensive care?' Halsoverkop reden we naar het ziekenhuis, mijn vader ging mee. Daar vertelde een dokter dat Job een darminfectie had opgelopen. De situatie was levensbedreigend. De artsen twijfelden, wel of niet opereren. Als hij een darmperforatie zou krijgen was de ellende niet te overzien. Maar zo'n klein kind opereren is ook heel risicovol. Als verdoofd hoorde ik het aan en het meeste ging langs me heen. 'Ze geven hem nog een nacht de tijd om te zien of een stevige antibioticakuur aanslaat, anders moet hij onder het mes,' vertelde mijn vader toen de dokter weer verdwenen was.

Even later mochten we heel even bij Job langs. Inmiddels was hij fors afgevallen. Zo'n klein mensje en er zat geen spekje aan. Zelfs de miniluier, speciaal voor te vroeg geboren baby's, kwam tot aan zijn oksels. En wat als hij onder narcose moest? Zou hij dat overleven? Even later werd een infuus aangebracht, via een dun slangetje tot vlak bij zijn hartje werden er antibiotica in zijn piepkleine lijfje gespoten. Ik kon het bijna niet aanzien. Mijn lieve, kleine Jobje, helemaal vol met sensoren en draden in een afgesloten glazen bak. Na de aanvankelijk voorzichtige roze wolk waren we toch nog in een grote, donkere nachtmerrie beland. In de dagen die volgden leefden we tussen hoop en vrees. Alle herinneringen aan de pijnlijke tijd voorafgaand aan de doodgeboorte van Loulou kwamen in één klap terug.

Maar gelukkig bleek al snel dat de kuur aansloeg. Job herstelde van zijn darminfectie en vijf weken later mocht hij mee naar huis. Eindelijk konden we geboortekaartjes versturen met daarop 'Job is thuis!' Ik kon wel huilen van geluk.

In het dagboekje dat ik voor hem bijhield schreef ik op 17 januari 2002:

Lieve Job,

Wat zijn we blij! Wat een vreugde, want jij bent thuis. Je bent ontslagen uit het ziekenhuis, na vijf weken goede zorg door de vele lieve dokters en zusters in het Wilhelmina Kinderziekenhuis. We zijn best een beetje zenuwachtig hoor, of je het wel fijn vindt bij ons en wij alles wel goed doen, hopelijk heb je wat geduld met ons. We zullen met al onze liefde voor jou in ieder geval heel erg ons best doen.

Je ligt nu te slapen in het kinderbedje van jouw overgrootmoeder Omi. Daar heb ik als baby'tje ook nog in gelegen, net als mijn moeder, jouw grootmoeder. Je wieg staat vol met knuffels want hij is nog wel een beetje groot. Maar dat zal vast snel anders zijn, want je groeit heel hard.

Allerliefste zoon van mij, slaap zacht en onthoud dat je ons met jouw komst het mooiste cadeau van ons leven hebt gegeven.

Welkom lieverd. Jij bent eindelijk thuis!

Liefs van mama

De weken daarna werd ik steeds meer moeder. Eerst onwennig, later steeds zelfverzekerder. Mijn broers en hun partners kwamen langs om Job te bewonderen. Net als Omi en ook mijn vriendinnen. Nu we onverwacht voor langere tijd in Nederland waren, was er weer alle gelegenheid om elkaar te zien en te spreken. Dankbaar voor de steun die mijn ouders ons ook nu weer boden besefte ik weer hoe bevoorrecht ik was en hoe liefdevol en uniek onze onderlinge band was.

Ook uit Polen kwamen stapels lieve kaarten en bossen prachtige bloemen. 'Denk niet aan ons en neem je tijd!' drukte Cok me op het hart toen hij me belde om ons te feliciteren. Zonder aarzeling gaf ik gehoor aan zijn oproep en ik koesterde elk moment met Job: luiers verwisselen, badjes geven, voeden, ommetjes doen met de wandelwagen, uren naar hem kijken. Alle zorgen van de afgelopen weken waren verdwenen. Ik was vermoeid maar tegelijkertijd vol energie door het oneindige geluksgevoel dat zo'n perfect kindje me gaf. Alles al aanwezig, helemaal mens. Tegelijkertijd volstrekt afhankelijk van de liefde en zorg van een ander. Een wonder waar geen woorden voor waren. Dat kleine, lieve mensje dat opeens in ons leven was gekomen deed alles wat eerder zo belangrijk had geleken naar de achtergrond verdwijnen. De tijd vloog voorbij en werk was heel ver weg.

◆

Eind februari 2002 keerden we toch terug naar Polen. Ik zette de knop om en ging weer aan het werk. In Polen leek niemand dat vreemd te vinden. Alle moeders werkten daar fulltime. Maar in Nederland kreeg ik regelmatig de vraag of ik me niet schuldig voelde dat ik mijn pasgeboren kind achterliet. Eerlijk gezegd vond ik die vraag om twee redenen nogal kwetsend. Alsof een kind uitsluitend liefdevol kon worden opgevoed door een moeder en alsof ik nu ik werkte niets meer met Job te maken wilde hebben! En niemand die zo'n vraag aan de kersverse vader stelde bovendien. Ik wist dat Job bij Rein in goede handen was wanneer ik overdag op kantoor was of zelfs een aantal dagen weg moest voor een werkbezoek. En als ik wel thuis was, 's avonds of in het weekend, dan probeerde ik er voor de volle 100 procent te zijn. Dat dat niet altijd lukte omdat ik soms mijn werk 'emotioneel mee naar huis nam' en er dan met mijn gedachten niet bij was, daar voelde ik me natuurlijk weleens schuldig over. Maar welke werkende ouder had dat nou niet?

Terwijl Rein overdag voor Job zorgde, reisde ik heel Polen rond voor werkbezoek aan de verschillende regiokantoren. Na de invoering van alle veranderingen vond ik het belangrijk om te weten of het in de praktijk ook werkte zoals we bedoeld hadden. Polen is een groot land en vanuit het hoofdkantoor in verbinding blijven met de rest van de organisatie is onmogelijk zonder regelmatig je neus te laten zien. Elke avond belde ik om even te horen hoe het met mijn twee mannen was. 'De vriezer zit nog vol moedermelk, dus blijf gerust nog even weg,' grapte Rein dan. 'Wij mannen redden ons wel!'

Vanwege de vroeggeboorte van Job had ik besloten om ten minste een halfjaar borstvoeding te geven. Normaal kolfde ik meerdere keren per dag in een apart kamertje op kantoor. 's Avonds deed ik de melk in de vriezer zodat Rein die op een later moment met de fles aan Job kon geven. Maar als ik voor enkele dagen aan de andere kant van Polen verbleef, was dat een stuk ingewikkelder. Op de regiokantoren was lang niet altijd een aparte kolfruimte beschikbaar, dus dat werd dan kolven in de bezemkast of op de wc, of tussendoor even snel naar mijn hotelkamer.

Op een van de werkbezoeken in Wrocław, in het zuidwesten van Polen, gingen we met de leiding in een of andere kroeg doorzakken. Geen fancy presentaties meer, het officiële gedeelte was voorbij en wanneer de wodka eenmaal rijkelijk vloeit komen de echte verhalen. Voor mij waren dat soort wodka-avonden in de bar de meest leerzame momenten van een werkbezoek. Maar wodka verhoudt zich slecht tot moedermelk. 'Hoe doe jij dat?' vroeg ik aan een collega. 'Wil je dat echt weten?' Ze lachte geheimzinnig. 'Gewoon bij het proosten een klein slokje nemen en daarna, als niemand kijkt, de rest van je glas in de dichtstbijzijnde plantenbak gieten. En zo doe je dat bij elke ronde. Op den duur hoef je niet eens meer een slokje te nemen. Het zicht van mensen om je heen is dan zo vertroebeld dat het niet meer opvalt dat jij niet meedrinkt.' *Na zdrowie* (proost!).

Een paar weken later was er een jaarlijkse salesconferentie voor de duizend best presterende verzekeringsagenten. Een gigantische zaal, grote, gekleurde lichten en een spot aan het plafond. Gericht op de plek waar ik over twintig minuten mijn toespraak zou houden. Ik was een beetje zenuwachtig. Nog niet eerder had ik zo'n groot gezelschap in het Pools toegesproken. En daar was de wodka weer: 'Neem een klein glaasje,' raadde mijn secretaresse me aan. Voor deze ene keer dan. Niet dat het echt hielp overigens. Toen ik even later het podium op stapte voelde ik mijn hart zo hard bonken dat ik bang was dat de hele zaal het kon horen. Ik haalde diep adem en begon: 'Welkom, beste collega's! Het was een geweldig jaar.' Toen ging de rest vanzelf.

Een halfuur later zat het erop en kwam in de coulissen mijn vorige leidinggevende Jan Nijssen (voor wie ik 'een van de jongens' was) naar me toe. 'Fantastisch gedaan, Merel, dat wilde ik je even persoonlijk zeggen. Jammer dat je niet langer van je succes zult kunnen genieten.'

Ik keek hem verwonderd aan.

'Ik ben niet alleen hier om prijzen uit te reiken, maar ook om je te vertellen dat je terug moet naar Nederland.'

Jan legde uit dat de raad van bestuur van ING graag wilde dat ik lid werd van de directie van Nationale-Nederlanden in Nederland, om het pensioenbedrijf te gaan leiden. De directeur die daar zat ging het bedrijf verlaten. Toen ik even later samen met Jan en Cok het glas hief op de prijswinnende agenten, was ik verdoofd. Ik in de directie van Nationale-Nederlanden? De grootste verzekeraar van Nederland, het vlaggenschip van ING? En als eerste vrouw nog wel. Ik was pas drieëndertig.

Rein reageerde al net zo verrast als ik over de gewijzigde plannen vanuit het hoofdkantoor. Hij vond het best jammer om weer zo snel te gaan, maar teruggaan naar Nederland betekende ook weer spelen in zijn oude band en zijn vrienden zien. Hij liet het aan mij. 'Als het voor jou een mooie kans is en jij het graag wilt, dan gaan we terug.'

Mijn vader was niet zo overtuigd. 'Is het niet wat snel, Merel? Je zit pas anderhalf jaar in Polen. Moet je niet eerst meer ervaring opdoen voordat je weer een grotere verantwoordelijkheid op je neemt?'

Diep vanbinnen voelde ik dat hij gelijk had. Bovendien, we hadden het toch enorm naar ons zin in Polen. Vanwaar die haast? *'Cream rises to the top!'* zei mijn vader. 'Als je goed bent, komt die grotere verantwoordelijkheid je vanzelf toe. Denk hier nog maar eens goed over na.'

Met wie kon ik verder nog bespreken wat te doen? Geen van mijn vriendinnen had een vergelijkbare carrière en bovendien sprak ik ze in die tijd niet zoveel. Als we belden, dan sprak ik liever over hoe het met hen was, dan over mijn werk. Ik wilde niet pochen of doen alsof het allemaal zo belangrijk was. Het zou toch echt mijn eigen besluit moeten zijn.

Was het inderdaad zo dat mijn tijd heus nog wel zou komen? Juist deze baan was een uitgelezen mogelijkheid om te laten zien wat ik in me had. Alles wat ik hier in Polen had geleerd plus mijn eerdere pensioenervaring in Nederland kwam samen.

Een paar dagen later hakte ik de knoop door. Mijn ambitie had het gewonnen van mijn twijfel.

3
De Titanic

Zeven, zes, vijf... Ongeduldig staarde ik naar de nummers boven de lift. Eindelijk, daar was-ie. Ik stapte in en drukte op het knopje voor de achtste verdieping, waar de directie zat. En ik vanaf nu dus ook. Het was 1 augustus 2002, mijn eerste werkdag. Die zomer waren we vanuit Polen terugverhuisd naar Nederland. Tijdelijk huurden we een appartement vlak om de hoek bij kantoor, vijf minuten lopen. Tot we een nieuw huis hadden. Hoe zou het zijn, vroeg ik me af terwijl ik naar mezelf in de liftspiegel keek. Drie jaar geleden was uitstappen op deze etage voor mij nog omgeven met spanning en mythe. Wat keek ik toen op tegen de mannen die in de directie van Nationale-Nederlanden zaten. Alleen al wanneer ik hun auto's in de parkeergarage zag staan liep er een lichte rilling over mijn rug. Vanwaar toen toch die gevoeligheid voor hiërarchie?

Was het soms de bedrijfscultuur van Nationale-Nederlanden, waarin veel waarde werd gehecht aan positie en status? Ik wist het niet precies. In ieder geval was het niet mijn opvoeding. Mijn ouders hadden mijn broers en mij geleerd dat we ons nooit voor onszelf moesten schamen of ons minder moesten voelen dan een ander. Ook niet meer trouwens. 'Of je nu boer, postbode of minister-president bent, rijk of arm, wit of zwart, klein of groot, elk mens is gelijk. Het gaat er niet om wat je bent, maar wie je bent,' zeiden ze vaak. 'En vergeet nooit, jij bent, zoals je bent, helemaal goed. Laat niemand je ooit iets anders wijsmaken.' Nu ik zelf directeur was nam ik me voor er alles aan te doen om de drempel naar de directievleugel zo laag mogelijk te maken.

Terwijl de lift omhoogzoefde, dacht ik aan de verwachtingen. Omdat ik nog erg jong was en als eerste vrouw op deze directieplek zat, maakte ik me zorgen over wat ik waar zou kunnen maken. Een bekende stem in mijn hoofd, die eeuwige twijfel aan mezelf. Gelukkig liet ik me er nooit door weerhouden om toch mijn dromen na te jagen. Niet in Polen en ook nu niet.

De lift stopte en er stapte een man in van een jaar of zestig. Hij had een wat gedateerd bruin pak aan, keek mij ernstig aan, groette me en noemde zijn naam, die ik niet verstond. 'Ik weet het, mevrouw Van Vroonhoven, het is uw eerste werkdag en u moet zo weer de lift uit, dus ik houd het kort.' Hij kwam direct ter zake. 'Miljoenen euro's heeft u nodig om de IT-problemen in het pensioenbedrijf op te lossen. En snel ook. Want de problemen worden met de dag groter.' 'Problemen? Miljoenen?' 'Ja,' antwoordde de man gedecideerd. 'En als u niet snel acteert, wordt het elke dag meer.'

Toen stopte de lift weer, nu op de achtste. Ik moest eruit. Nog voor ik een vervolgvraag kon stellen of naar zijn naam kon vragen sloot de liftdeur zich achter mij en verdween de man uit zicht. Ik zou hem nooit meer zien, noch zou ik kunnen achterhalen wie hij was.

De onheilspellende verwijzing naar de IT-problemen en de miljoenen waren niet het enige signaal dat er iets goed mis was bij het bedrijf waar ik net begon. Er volgden er al snel meer.

◆

Bij mijn aantreden vroeg ik mijn secretaresse een introductieprogramma te maken zodat ik kon kennismaken met klanten en personeel bij het bedrijfsonderdeel waarvoor ik verantwoordelijk was:

het collectieve pensioenbedrijf. Daar werden alle grote en middelgrote bedrijven bediend die het pensioen voor hun werknemers bij Nationale-Nederlanden hadden verzekerd. Er werkten destijds ongeveer twaalfhonderd medewerkers en het was met 35 miljard aan pensioengelden het grootste en meest winstgevende bedrijfsonderdeel. Alle reden dus om te zorgen dat ik, nu ik nog onbevangen was, snel een goed beeld kreeg van de stand van zaken.

Na een week vroeg ik mijn secretaresse hoe het stond met de bezoeken aan klanten. 'Het spijt me, Merel, maar het lukt me niet om afspraken te maken. Ze willen je niet ontvangen.'

Ongelovig staarde ik haar aan. Ik herinnerde me van toen ik zelf accountmanager was hoe gevoelig klanten waren voor een bezoek van een directielid. 'Laat me ze anders zelf bellen?' stelde ik voor. Met de adreslijst in de hand belde ik een voor een de grootste klanten. Steeds kreeg ik eenzelfde antwoord: 'We hebben niets persoonlijks tegen u hoor, maar we hebben hier al te veel van uw voorgangers langs gehad de afgelopen jaren. Met mooie beloftes over hoe de problemen opgelost gaan worden. En vervolgens gebeurde er helemaal niets!' Ze konden hun frustratie nauwelijks onderdrukken.

'Wij zitten hier met woedende werknemers die nog wachten op hun pensioenopgave en een accountant die geen goedkeurende verklaring voor onze jaarrekening wil afgeven omdat we geen goed beeld hebben van onze pensioenverplichtingen,' brieste de financieel directeur van een groot bouwbedrijf. 'En dat allemaal omdat u uw administratie al jaren niet op orde heeft.' Een directeur van een pensioenfonds vertelde me dat 'zijn' gepensioneerden regelmatig hun pensioen verkeerd of te laat door ons kregen overgemaakt. 'Zorgt u dat die problemen worden opgelost en dan ontvangen wij u graag,' zei hij, zonder enige poging zijn ergernis te verbergen.

Niet alleen klanten waren unaniem in hun onvrede over de gang van zaken en de belabberde staat van de dienstverlening. Hetzelfde geluid hoorde ik in mijn eigen organisatie toen ik een rondje maakte langs de afdelingen. 'We lopen bijna drie jaar achter,' verzuchtte een medewerker toen ik haar vroeg naar de problemen. 'Bovendien moeten we alles regelmatig opnieuw doen, omdat er veel foute polissen tussen zitten.' Ze wees naar een torenhoge stapel dozen. 'Bedrijven sturen ze linea recta terug als blijkt dat ze weer een lading met foute polissen van ons hebben gekregen.'

De afgelopen jaren was er vanuit de politiek veel nieuwe, complexe wetgeving gekomen, onder meer om werknemers te stimuleren eerder met pensioen te gaan. Ons bedrijf wilde hoe dan ook de grootste zijn en blijven. Nee verkopen was daarbij geen optie en dus werden er hordes nieuwe pensioencontracten verkocht, zonder dat we er echt bij stilstonden of deze wel uitvoerbaar waren. Daarnaast had de leiding de noodzakelijke investeringen in informatiesystemen om al die verschillende contracten op de juiste wijze te kunnen administreren achterwege gelaten. Dat zou te hoge kosten met zich meebrengen – en dus minder winst – voor het bedrijf en daarmee de aandeelhouders. Niet goed voor je carrière in een cultuur waar je voornamelijk op commercieel succes en winstgroei wordt afgerekend. Dus werd alles handmatig en in spreadsheets bijgehouden. Tot het zo complex werd dat ook dit niet meer werkte.

En zo stapelden de problemen zich in sneltreinvaart op. Dit was dus het probleem waar de onbekende man in het gedateerde pak in de lift het over had. En intussen rinkelde de telefoon aan één stuk door. Toen ik diezelfde medewerker vroeg waarom niemand opnam, zei ze: 'Wat moet ik dan zeggen? Dat het goedkomt? De directie heeft al zo vaak gezegd dat het opgelost zou worden. Maar we zien ze nooit. Ze zitten daar in hun ivoren toren en wij? Wij moeten alle ellende oplossen.'

◆

Het werd me zo al heel snel duidelijk dat er zowel bij klanten als in mijn organisatie geen greintje vertrouwen meer was in een oplossing. Ik vroeg ze mij het voordeel van de twijfel te geven en met mij in gesprek te gaan over wat er in hun ogen concreet moest gebeuren. En een aantal weken en vele gesprekken met klanten en medewerkers later deed ik verslag van mijn bevindingen in de directievergadering. Ook presenteerde ik een voorstel voor een aanpak. Mijn collega's luisterden beleefd en stelden een of twee vragen. Daarna zei Bert Richaers, de CEO: 'Merel, goed dat je overal je licht hebt opgestoken en voortvarend aan de slag wilt. Maar mag ik je een vaderlijk advies geven: je moet niet alles geloven wat je hoort. Voor medewerkers is het vaak rupsje-nooit-genoeg en klanten hebben altijd wel iets te klagen.'

Ik kon er niet over uit. Wat een arrogantie om zo laatdunkend te denken over medewerkers en klanten. Ongelooflijk. Het was het begin van de avond, ik rende door de duinen en speelde de directievergadering van die dag nog eens in mijn hoofd af. Was het de zelfgenoegzaamheid van een marktleider? *Wij zijn Nationale-Nederlanden, sinds jaar en dag de grootste verzekeraar van Nederland, dus wij weten heus wel wat goed is voor de klant.*

En ik zag het op meerdere plekken in het bedrijf. Dat én de neiging om eigen belangen te laten prevaleren boven die van klanten. Helaas zou ik in de loop der jaren beseffen en ervaren dat het niet uniek voor Nationale-Nederlanden was. Het gebrek aan kennis en ervaring bij klanten, het ontbreken van toezicht en door de overheid ruimhartig gefaciliteerde belastingvoordelen maakte het voor verzekeraars en tussenpersonen wel erg gemakkelijk hun financiële producten te slijten, zonder dat zij zich hoefden af te vragen of producten wel echt in het belang waren van hun klanten. Ik dacht weer aan mijn pijnlijke ervaring in Polen met de metaalbewerker en zijn vijf kinderen. Pas in 2006, vlak voor de kredietcrisis, zou er in Nederland een zorgplicht voor aanbieders en tussenpersonen naar consumenten komen en nog veel later, in 2013, een verbod op provisies. Eindelijk.

Bij bedrijven speelde het probleem van schadelijke producten die de klant niet kon overzien minder dan bij consumenten. Bedrijfsklanten van NN konden financiële experts inhuren, openheid afdwingen over de kosten en informatie opvragen over andere ins en outs van zo'n product. Hier speelden dan juist weer meer het gedoe en de complexiteit. Dat weerhield aanvankelijk veel zakelijke klanten ervan om naar een andere verzekeraar te gaan. Maar niet voor lang.

Zou Richaers nou echt niet doorhebben dat hordes klanten op het punt stonden om op te stappen en naar de concurrentie te gaan, bedacht ik al rennend. Waar was ik in beland? Ik miste Cok en mijn collega's in Polen. Misschien had mijn vader gelijk, waarom had ik ook zo'n haast gehad om de volgende carrièrestap te nemen? Ik ging sneller lopen. Op een gegeven moment zou de endorfine in mijn bloed mijn negatieve gedachten verjagen. Zoals altijd. Geen betere remedie tegen stress en zorgen dan een flink stuk hardlopen. Toen ik een halfuur later met een leeg hoofd en een bezweet lijf thuiskwam, voelde ik me stukken beter. Snel douchen. Job stond trappelend aan de rand van het vollopende bad. Hij kirde het uit van de pret. Een voor een liet hij de badeendjes in het water plonzen. Dankbaar kuste ik zijn zachte blonde haartjes. Wat hield ik toch oneindig veel van dit mannetje en van elke minuut dat ik bij hem was.

◆

Niet lang na die bewuste vergadering zou hetzelfde surrealistische toneelstukje zich nog in verschillende vormen herhalen, zoals tijdens een directievergadering in het najaar van 2002. Op de agenda stond het klanttevredenheidsonderzoek onder tussenpersonen dat een week later bekend werd gemaakt op een bijeenkomst voor alle Nederlandse verzekeraars. Uit het onderzoek bleek dat Nationale-Nederlanden over de hele linie de laagste klanttevredenheidscore had van alle verzekeraars. Gemiddeld tussen een 1,7 en een 2,3 op een schaal van 5: een dikke onvoldoende. De vraag was hoe we de pers en de aanwezigen in de zaal te woord moesten staan.

Richaers deed het onderzoek af als ondeugdelijk, zonder veel aandacht te besteden aan de argumenten van de overige directieleden, die zeiden dat we juist wél naar de bijeenkomst moesten gaan en de uitkomsten van het onderzoek serieus moesten nemen. Hij besloot dat we uit protest niet aanwezig zouden zijn bij de openbare bekendmaking. Daarna ging hij over naar het volgende punt op de agenda: de directielunches en de koekjes bij de koffie. Waarom zegt niemand hier iets van, vroeg ik me in stilte af. Zelf voelde ik me op dat moment nog niet in de positie om zijn besluit ter discussie te stellen. Of miste ik de moed om me uit te spreken? Ik was er pas drie maanden. En ik had nu al het gevoel dat ik zo vaak kritisch was over de gang van zaken. Intussen was ik voortvarend begonnen met een grootscheepse reddingsoperatie van mijn eigen bedrijfsonderdeel. Ik had een team samengesteld van ervaren rotten in het vak en een paar ambitieuze nieuwelingen op wie ik kon bouwen. Dat was geen overbodige luxe, want de administratieve problemen waren nog maar het topje van de ijsberg. Er vielen geregeld nieuwe lijken uit de kast, zoals hordes verlieslatende contracten. Ook kwam er nieuwe wetgeving aan, waardoor we noodzakelijke aanpassingen zouden moeten doen in onze producten. Dat zou ongetwijfeld leiden tot extra nieuwe achterstanden en nog meer fouten.

Richaers liet me begaan. Zolang ik me met mijn eigen club bezighield vond hij het best. Hij leek allang blij te zijn dat ik zo slagvaardig van start was gegaan en hem niet te veel lastigviel. Aanvankelijk vond ik het best fijn om mijn eigen plan te kunnen trekken, maar ik realiseerde me al snel dat ik niet alle problemen alleen kon oplossen. Los van meer geld, dat nodig was voor uitzendkrachten om achterstanden weg te werken, moesten er ook prioriteiten gesteld worden waar ik niet zelf over kon beslissen. Zoals de keuze om automatiseringsprojecten voor mijn organisatieonderdeel voorrang te geven boven die van andere. Het vroeg om afwegingen tussen bedrijfsonderdelen en dus bemoeienis en leiderschap van hem. Daarnaast vond ik dat ik nog veel tijd kwijt was aan allerlei projecten die vanuit ING-groep kwamen en daar wilde ik vanaf. Richaers hoorde me aan en suste me met de belofte er iets aan te gaan doen, maar deed vervolgens niets. Hij maakte geen keuzes, wilde het gevecht niet aangaan. Pappen en nathouden.

Toen een van mijn vriendinnen uit Delft tijdens ons zeswekelijkse etentje vroeg hoe het op mijn werk ging, kon ik mijn ongenoegen niet langer onderdrukken. 'Het gevoel dat me langzamerhand bekruipt doet me denken aan een scène uit *Titanic*. Op het voordek zitten mannen in pak, met een glas wijn en een dikke sigaar. Een strijkorkestje luistert het geheel op. Ik roep naar de mannen, onder wie mijn baas: "Het gaat niet goed. We zinken." Mijn baas kijkt me geërgerd aan en zegt: "Meisje, meisje doe eens rustig, je bent nu directeur." Ik roep, nog wanhopiger en luider dan de eerste keer: "Maar we zinken, het hele onderdek staat al onder water." Waarop hij verzucht: "Het onderdek? Maar meisje toch, daar hoor je helemaal niet te komen."'

Niet alleen de paternalistische houding van Richaers en zijn gebrek aan besef van urgentie gingen mij in toenemende mate storen. Ook zijn neiging om zich nauwelijks buiten de wereld van directeuren en bestuurders te begeven was mij een doorn in het oog. 'Neem onze directieverdieping,' zei ik tegen mijn vriendin. 'Het is er zo doods en afgesloten van de rest van het bedrijf dat het in de wandelgangen "het crematorium" wordt genoemd.' Zag hij niet dat de problemen juist alleen maar groter werden door de enorme afstand tussen de directie en de werknemers? Wat een verschil met mijn vorige bazen Cok den Boer en Jan Nijssen, die altijd door het bedrijf liepen. Jan kende iedereen bij naam. Hierdoor wist hij precies wat er speelde, iets wat ik herkende van mijn moeder en mijn grootmoeder. En hoewel ik lang niet zo goed ben als zij in het onthouden van namen en lang niet zo attent, vormden zij altijd een aansporing om oog te blijven houden voor de mens als individu. Door tijd te reserveren in mijn agenda voor een wandelingetje over de afdeling, gesprekken met klanten, een dagje mee op pad met een verzekeringsagent. Dat lukte niet altijd even goed natuurlijk. De mens in het systeem blijven zien gaat niet vanzelf als je een groot deel van je dagen doorbrengt met een beperkt aantal – vaak – gelijkgestemden in vergaderzalen. Met stukken lezen en besluiten nemen op een abstract niveau. Ook vond ik het lang niet altijd eenvoudig om me niet volledig in beslag te laten nemen door mijn dagelijkse, propvolle agenda vol verplichtingen, die op dat moment vaak urgenter leken dan een spontaan bezoekje aan een van de teams of een praatje bij het koffiezetapparaat. Toch ben ik er ten diepste van overtuigd dat het een van de belangrijkste taken van leiders is om zich vaker onder klanten, medewerkers en burgers te begeven en ze echt te betrekken bij hun plannen. Daarmee zouden veel problemen kunnen worden voorkomen. In de zomervakantie van 2003, een jaar na onze terugkomst uit Polen, concludeerde ik dat ik van Richaers niet veel hoefde te verwachten en ik vroeg me af of ik nog langer op dezelfde plek wilde blijven. We waren samen met mijn broer Taco en zijn vrouw met vakantie in Frankrijk. 'Waarom zou je er blijven zitten?' vroeg mijn broer. 'Het klinkt als dweilen met de kraan open. De wereld is zoveel groter dan Nationale-Nederlanden.' Inderdaad, waarom? Was het mijn eergevoel? Wilde ik bewijzen dat ik terecht op deze plek zat? Aan wie? Was ik soms huiverig omdat weggaan de cynici in het bedrijf in de kaart zou spelen: zie je wel, als het moeilijk wordt, haken vrouwen af, of 'gewogen en te licht bevonden'? Of wilde ik mezelf iets bewijzen? Ik was ervan overtuigd dat ik – hoewel het een grote stap was geweest en ik nog veel zou moeten leren – deze moeilijke opdracht tot een succes kon maken. Ik had een helder beeld van het probleem én van wat ik eraan wilde doen. Ik wilde de klus klaren, zelfs als er voorlopig weinig eer aan te behalen viel en het veel van mezelf zou vragen. In het gesprek met mijn broer kwam ik tot mijn besluit. Ik wilde het niet op deze manier en niet onder leiding van deze man. 'Een hoog afbreukrisico hoort bij dit soort banen,' zei ik. 'Maar zonder kans van slagen mijn hele ziel en zaligheid erin stoppen, daar pas ik voor.'

Ik vond wel dat ik eerst de problematische situatie bij Nationale-Nederlanden moest aankaarten bij de raad van bestuur van ING. Zij hadden mij tenslotte in de directie van Nationale-Nederlanden neergezet. Dus maakte ik een afspraak met Michel Tilmant, 'de Belg' die vijf jaar geleden naar ING was gekomen. Hij was verantwoordelijk voor het Europese deel van ING en ook voor Nationale-Nederlanden. Als ook hij de problemen onder het tapijt zou schuiven, dan stond mijn besluit vast, ongeacht de gevolgen voor mijn carrière. Dan hield ik het voor gezien.

◆

Ondertussen was ik ook bezig met een ander doel: de marathon van Berlijn. Over drie weken zou ik die samen met mijn vriendin en oud-huisgenote Nynke gaan lopen. We waren al maanden aan het trainen en vandaag was onze laatste lange trainingsloop van drieëndertig kilometer. Ik leek totaal niet vooruit te komen. 'Loop jij maar vast door,' zei ik tegen Nynke. 'Ik ga even wat langzamer lopen, het lijkt wel of ik lood in mijn benen heb.'

Ik had er al een tijdje last van, maar nu was het nog erger. Mijn lichaam voelde zwaar en traag en na twintig kilometer ging het helemaal niet meer. Ik werd overvallen door een vlaag van misselijkheid en even later stond ik in de berm over te geven. Ik besloot de rest van de route niet af te maken en vroeg Rein of hij me wilde ophalen.

Kort daarop bleek dat ik zwanger was. Tijdens de zomervakantie was ik gestopt met de pil, maar dat het zo snel zou gaan had ik niet verwacht. We wilden dolgraag nog een kind, dus het was geweldig nieuws. En op aanraden van dokter Christiaens zag ik af van de marathon. 'De temperatuur in je lichaam wordt dan zo hoog, dat is gevaarlijk voor het ongeboren kind,' legde ze uit. Op mijn werk en tegenover Nynke verzon ik een blessure, want ik wilde mijn zwangerschap in dit vroege stadium nog niet bekendmaken. Alleen mijn ouders namen we in vertrouwen. Zij hadden onze eerdere zwangerschappen van dichtbij meegemaakt. En zo begon er weer een spannende tijd van wekelijkse controles en dagelijkse antistollingsprikken, maar ik voelde dat dit keer alles zonder problemen zou verlopen.

◆

Het was kwart voor twee toen ik mij enkele weken later meldde bij de receptie in 'de schoen', zoals het spiksplinternieuwe, hypermoderne hoofdkantoor van ING in de volksmond werd genoemd. Hier zat de raad van bestuur van ING en de staf. Het opvallende gebouw aan de Amsterdamse Zuidas zag er inderdaad een beetje uit als een glazen schoen op aluminium poten en stond symbool voor de gewenste cultuur van vernieuwing, transparantie en toegankelijkheid. Het was een architectonisch hoogstandje en toen het in september 2002 werd geopend was het een van de eerste duurzame gebouwen van Nederland. Het had zes binnentuinen en hing vol met moderne kunst. Ook de inrichting was heel eigentijds: overal stond design.

'Goedemorgen!' Een jonge vrouw, met opgestoken blond haar in een elegant blauw uniform en met een oranje zijden sjaaltje om haar hals, knikte me vriendelijk toe toen ik de hal in stapte en verwees me naar een van de hippe zitjes. Even later bracht ze me naar de lift. 'U kunt hier naar boven. Daar wacht een bode u op.' Ze hield haar elektronische sleutel tegen een kastje. 'De raad van bestuurverdieping is alleen toegankelijk met een sleutel,' lichtte ze ongevraagd toe. Alsof ze mijn gedachten kon lezen.

Een bode in een grijs uniform stond me op te wachten en verzocht me plaats te nemen in weer een ander zitje. 'Wilt u alvast wat drinken voordat u bij de heer Tilmant naar binnen kunt?' vroeg hij bijna fluisterend. Het was doodstil in de minimalistisch modern ingerichte verdieping met gangen met glazen deuren en wit hoogpolig tapijt. 'Thee graag,' antwoordde ik. De man verdween verderop een kamertje in. Even geen koffie voor mij, daar kreeg ik maar trilhanden van. Ik besloot nog snel naar de wc te gaan om mijn handen onder de koude kraan te houden, mijn oude vertrouwde recept ter voorkoming van zweethanden. Toen ik terugkwam, arriveerde ook de man weer. Met zijn witte handschoenen zette hij een wit Wedgwood-kopje op het tafeltje voor me. Ik klemde het kopje stevig vast. Mijn zenuwen bleken toch groter dan ik had gehoopt.

Deed ik er goed aan, om buiten Richaers om, Tilmant te informeren? Als hij de problemen wegwuifde, zou ik mijn directiefunctie bij Nationale-Nederlanden 'teruggeven' had ik me voorgenomen. Iets waar ik op dit moment niet per se naar uitkeek, want het zou mijn carrière ongetwijfeld weinig goed doen. Daarnaast was ik kostwinner én ook nog eens zwanger. Maar goed, met mijn ervaring en opleiding zou ik altijd wel weer ergens werk vinden. Hoezeer ik rationeel wist dat dit waar was, voelde ik me er toch behoorlijk onzeker over.

Niet veel later kwam een secretaresse melden dat ik welkom was bij Tilmant. Ze deed de deur open. Een kleine, wat schuwe man, in een blauw pak met een wit overhemd en rood-wit gestreepte bretels wenkte me binnen. Hij was kleiner dan ik me had voorgesteld en deed me een beetje denken aan Napoleon. Een man van weinig woorden, die ondanks zijn zachte stem harde uitspraken niet schuwde. Met een Frans-Nederlands accent zei hij: 'Gaat u zitten. Waar kan ik u mee van dienst zijn?'

Net als vroeger in Haaren, toen ik als twaalfjarig meisje de piste in stapte van het jeugdcircus Il Grigio, waren mijn zenuwen plotsklaps verdwenen. Ik moest denken aan mijn voltige-oefeningen:

als een ware evenwichtskunstenaar balanceerde ik in opperste concentratie op de rug van een galopperend paard. Dit gesprek met Tilmant leek daar niet veel van te verschillen.

Rustig maar zelfverzekerd vertelde ik hem over de situatie bij Nationale-Nederlanden. Over de jarenlange achterstanden, de ontevreden klanten, de moedeloosheid onder het personeel en de noodzaak voor drastische veranderingen en forse investeringen om het tij te keren. Tilmant luisterde aandachtig. Onafgebroken keek hij me met zijn donkere, kleine ogen onderzoekend aan. Ik ging verder over de stelselmatige ontkenning van de omvang van de problemen, het gebrek aan leiderschap. 'Weet u,' eindigde ik mijn verhaal, 'ik voel me net een roepende op de *Titanic* en ik heb grote twijfels over of ik van dat team deel wil blijven uitmaken.' Zo, dat was eruit. Tilmant zweeg. Toen zei hij: 'Schrijf het allemaal op, Merel, wat je aantrof, zodat je altijd helder kunt maken dat jij het niet hebt veroorzaakt. En verder, blijf nog even, er is verandering op komst.'

Met gemengde gevoelens reed ik terug naar Den Haag. Vanwaar die boodschap dat ik alles op papier moest zetten? Tilmant wist toch dat ik hier pas een jaar zat? Waarom zou ik me dan moeten indekken? Aan de andere kant was ik opgelucht dat het eruit was. En ook dat hij mijn verhaal niet had afgedaan als gezeur, dat hij niet had gezegd dat het een kwestie was van gebrek aan ervaring en dat ik 'disloyaal' was. 'Er is verandering op komst', daar moest ik het mee doen.

Een aantal weken later, in het najaar van 2003, toen de klanttevredenheidsscores wederom bar slecht bleken en zelfs verder waren gedaald, werd het lot van Richaers bezegeld. Hij werd met vervroegd pensioen gestuurd en vervangen door een crisismanager die schoon schip moest maken: Postbank-baas Ludo Wijngaarden. Voor het eerst had ik te doen met de trotse Richaers. Hij had zich het einde van zijn jarenlange carrière bij de verzekeraar ongetwijfeld een stuk minder roemloos voorgesteld.

◆

Ludo was in alles de volstrekte tegenpool van zijn voorganger. De voormalige Postbank-bestuurder, opgeleid tot psycholoog, had er geen enkele moeite mee om ingrijpende keuzes te maken, ook als hij daarmee niet de populariteitsprijs won. Hij had sterke overtuigingen die hij niet onder stoelen of banken stak en hij was een fervent aanhanger van het behaviorisme. Het gedrag van mensen is in hoge mate te sturen als je maar de juiste prikkels gebruikt, vond hij. Zomaar samenwerken, zonder eigenbelang? Onmogelijk! Tijdens de eerste vergadering maakte hij direct duidelijk dat patiënt Nationale-Nederlanden om hard en snel ingrijpen vroeg. Er was voor de komende tijd maar één doelstelling: eind van het jaar moest de score voor klanttevredenheid 3,5 zijn en anders zou het hele management de beoordeling 'onvoldoende' krijgen. Twee jaar achter elkaar een onvoldoende en iedereen kon zijn biezen pakken. 'Ja maar,' sputterden wij, 'een 3,5 is onhaalbaar. We staan nu op 2,1.' Ludo was onverzettelijk: 'Alleen wanneer we allemaal hetzelfde belang hebben, krijgen we deze tent in beweging.' En daarmee was de discussie gesloten.

Ook maakte Ludo fijntjes duidelijk dat hij met Tilmant had afgesproken dat hij zijn eigen directie mocht samenstellen, ongeacht de directeuren die er nu zaten. We zouden allemaal een uitgebreid extern geschiktheidsonderzoek moeten ondergaan. Op grond daarvan zou hij zijn keuze voor het nieuwe directieteam baseren.

De raad van bestuur had het Zwitserse *executive search*-bureau Egon Zehnder – een gerenommeerde headhunter – in de arm genomen, dat ook de onderzoeken bij Nationale-Nederlanden zou uitvoeren. Vrijwel direct na onze vergadering meldde Hans Horn zich voor een afspraak, die vanuit Egon Zehnder de leiding had over het 'beoordelingsproces'. Ik wist niet wat me te wachten stond en soms vroeg ik me af of mijn zwangerschap niet als excuus gebruikt zou worden om me niet opnieuw te benoemen. Vlak na het aantreden van Ludo had ik hem verteld dat ik in verwachting was. Hij had er weinig over gezegd. Misschien was het voor hem gewoon een gegeven, maar voor hetzelfde geld kwam het hem goed uit. Het mocht officieel natuurlijk niet, maar toch was ik er allesbehalve gerust op.

'Onzin,' zei Rein. 'Dat kunnen ze niet maken.' Dat ik de baan die ik al had weer opnieuw moest bemachtigen vond hij überhaupt 'volstrekt bizar'. 'Nog geen achttien maanden geleden moesten we zo nodig – halsoverkop – terugkomen uit Polen,' riep hij verontwaardigd. 'Want jij moest hier in Nederland zijn. En nu moet je nog maar hopen dat je mag blijven? Zijn ze daar gek geworden?'

In februari 2004 had ik mijn afspraak met Hans Horn op zijn kantoor op de Amsterdamse Zuidas en dat gesprek was een belangrijk onderdeel van het geschiktheidsonderzoek. Naast allerlei psychologische tests en 360-graden feedback: een vragenlijst die je teamleden, directe en voormalige collega's moesten invullen over jouw functioneren.

Er zat niets anders op dan me eraan over te geven.

◆

Hans gaf me een stevige hand. Hij kwam opgewekt en joviaal op me over. Na een korte kennismaking stak hij van wal: 'Welke tegenvallers heb je in je leven meegemaakt, en hoe heb je die overwonnen?' Boem, direct *to the point*. Dat werd wat. De baby in mijn buik liet van zich horen, hij schopte er flink op los. Alsof-ie wilde protesteren. Even hapte ik naar adem, maar toen herpakte ik me.

'Mijn grootste verdriet in mijn leven tot nu toe,' zei ik, 'was de doodgeboorte van mijn dochter Loulou.' Het was de eerste keer in mijn leven geweest dat iets waarvan ik droomde niet lukte. De eerste keer dat ik besefte dat er dingen zijn waarvoor niet geldt dat als je maar je best doet en er hard genoeg voor werkt, ze ook bewaarheid worden. Ik had veel verdriet gehad over het verlies van onze dochter, vanzelfsprekend, en later was ik bang geweest dat ik niet alleen Loulou, maar ook Job nog eens zou kwijtraken. Dat was me niet in de koude kleren gaan zitten. Toch was ik er ook een sterker en rijker mens van geworden. Ik noemde het liedje dat de essentie van veerkracht wat mij betreft zo goed en krachtig uitdrukt: het nummer '(Something Inside) So Strong' van de Britse zanger Labi Siffre. Hij schreef het nummer in 1987 als protest tegen de apartheid in Zuid-Afrika, toen hij een documentaire zag waarin een witte soldaat zwarte kinderen neerschoot.

Dat nummer draai ik op de momenten in mijn leven dat ik er echt doorheen zit. Mijn persoonlijke leed staat natuurlijk niet in verhouding tot de systematische onderdrukking van het apartheidsregime, maar de prachtige tekst relativeert en geeft ook mij hoop en innerlijke kracht. Tegenspoed overkomt je. Het is niet de vraag óf maar wanneer. Of het nu op het werk is of privé, ook mij zou het niet sparen. Maar muziek, boeken en bovenal mensen om me heen die ik om hulp durfde en kon vragen, hielpen me te vertrouwen op mijn eigen veerkracht en de positieve kanten van het leven. Struikelen en opnieuw beginnen, ik zou er steeds beter in worden.

Het werd uiteindelijk een bijzonder gesprek over veel meer dan mijn zakelijke ervaringen en prestaties. Wie was de mens Merel? Wat dreef me en welke ervaringen hadden mij gevormd en gemaakt tot wie ik was en nog zou worden? Tweeënhalf uur later concludeerde ik – moe van het intensieve gesprek maar vol vertrouwen – dat hoe het ook zou uitpakken, dit een bijzondere ervaring was, en alleen al daarom de moeite waard.

◆

In maart bezocht Hans mij. Hij had alle geschiktheidsonderzoeken afgerond en hij lichtte de uitkomst graag persoonlijk toe aan elk directielid, voordat hij zijn bevindingen met Ludo en de raad van bestuur zou delen. Hij overhandigde me tijdens de lunch een mapje met daarin verschillende gekleurde grafiekjes en scores op een schaal van vijf. Er waren verschillende leiderschapskenmerken uitgewerkt zoals visie, implementatiekracht, teamleiderschap, veerkracht, stressbestendigheid. En hij lichtte pagina na pagina mijn scores toe. Het zag er prima uit, vond hij. Hij zou de raad van bestuur positief adviseren.

Ik wees op de aspecten in het rapport waar ik geen 5 op had gescoord. 'Wat kan ik doen om mezelf daarop te verbeteren, welke cursus kan ik volgen?' Hans vond het echter heel normaal dat ik me op sommige punten nog moest ontwikkelen. En nee, daar was geen cursus voor. Ik moest het de tijd geven.

Het was alsof ik mijn vader hoorde praten. Hij benadrukte altijd dat het leven meer is dan alleen presteren. Opgelegde prestatiedruk zou een kind onterecht het idee geven dat het behalen van diploma's, sportief of zakelijk succes vooral het gevolg was van eigen verdiensten, of van persoonlijk falen bij het ontbreken ervan. Terwijl talent of, belangrijker nog, de geluks-of toevalsfactor vaak een grote, zo niet beslissende rol speelt. Op de middelbare school leek ik een beetje op Hermelien Griffel uit de *Harry Potter*-boeken: altijd als eerste mijn vinger in de lucht om het goede antwoord te geven, altijd hoge cijfers. Toen ik aangaf een achtste examenvak te overwegen, moedigde mijn vader dat niet aan, maar stelde hij slechts één vraag: werd ik daardoor een leuker mens? Want daar ging het volgens hem in het leven om.

Niet veel later maakte Ludo bekend wie de nieuwe directieleden van Nationale-Nederlanden zouden zijn. Hij verving een groot deel van het team en benoemde nieuwe mensen. Aanpakkers, die niet bang waren om door te pakken. Ik was blij dat ik mocht blijven, in dit nieuwe directieteam voelde ik me niet meer de enige die urgentie zag. Ik had er vertrouwen in dat we onder leiding van Ludo de problemen in het bedrijf de baas zouden kunnen worden.

Al wist ik nog niet precies hoe ik me moest verhouden tot zijn bij vlagen nogal dominante stijl. Maar goed, dat zou de tijd wel leren. Het leidde in ieder geval tot noodzakelijke veranderingen in het bedrijf en daar was ik blij mee.

◆

'Een hapje voor mama.' Ik zwaaide met een stukje brood voor de neus van Job. 'En een hapje voor papa.' Intussen nam ik zelf ook snel een lepel yoghurt. Ik was al te laat. John, de chauffeur, stond voor de deur. Vandaag was mijn laatste werkdag, nog een klant bezoeken in het oosten van het land en dan had ik zwangerschapsverlof. Dan zou ik zestien weken lang elke dag samen met mijn gezin zijn, samen ontbijten, wandelen, naar het strand. En hoewel ik het best lastig vond om mijn werk zo'n tijd achter te laten, keek ik er ook erg naar uit om langere tijd thuis te zijn. De afgelopen maanden waren intensief geweest. Mijn team en ik hadden hard gewerkt en voor ik met verlof ging, wilde ik zo veel mogelijk op de rit hebben.

'Dag lieverds, tot vanavond!' riep ik terwijl ik met mijn dikke buik achter in de auto stapte. Ik glimlachte. Mijn grijze 'bolide' zorgde nog steeds regelmatig voor verbaasde blikken. Een directeur in zo'n kleine auto? Zeker met John achter het stuur. 'Valt niet mee, hè?' lachte hij. En John wist waarover hij sprak. Met zijn bijna twee meter lange lijf en zijn reusachtige buik paste hij maar net achter het stuur van mijn Mercedes A, ook wel bekend als 'Baby-Benz'. 'Voorlopig ons laatste ritje samen, John,' zei ik. 'Maar gelukkig wel een lang ritje.' John knikte: 'Zo is het, geniet er maar van!'

De weken voor de geboorte van ons tweede kind voelden als een zachte voorjaarsbries. Gewoon op een doordeweekse dag samen naar het strand om zandkastelen te bouwen met Job of overdag ijsjes eten bij de Italiaan in de stad. Ik genoot er zo van.

Dat vermogen om te genieten van 'spijbelmomenten' heb ik van mijn moeder. Zeker in mijn Brabantse brugklasjaren had ik de neiging school een tikkeltje te serieus te nemen en voor alles een 'tien' te willen halen. Dat leidde tot onnodige stress en regelmatig tot diep in de nacht doorleren. Vooral omdat ik ook nog aan toneel deed, gitaar speelde in een meidenbandje en fanatiek hockeyde. 'Het is tijd om weer te spijbelen,' riep mijn moeder dan. Waarop ze mij ziek meldde en we samen leuke dingen gingen doen, zoals een uitje naar Antwerpen, naar een museum of zomaar twee keer op één dag naar de film. Hoewel ik dat überstreberige nooit helemaal ben kwijtgeraakt, leerde mijn moeder mij wel het belang van op tijd loslaten en relativeren. Op tijd genieten van de andere kanten van het leven.

De dagen gleden voorbij. Ik leefde in een parallel universum, omlijst door bomen in bloei, kinderstemmetjes, de vele tinten groen, het luidkeelse, vrolijke gekwetter van vogels, de zachte lentezon waardoor je je winterkleren weer voor lange tijd kon opbergen. Ik hield zo van deze tijd van het jaar. En op 11 mei, op een schitterende voorjaarsdag, werd onze tweede zoon, Kik, geboren. Wat een oneindig geluk. Dit keer geen complicaties, we hoefden niet wekenlang op en neer naar het ziekenhuis. Hij mocht direct mee naar huis. Het was een kerngezonde baby, die vanaf het moment dat hij het levenslicht zag vol zelfvertrouwen de wereld in keek. Vanaf het eerste moment dat ik hem in mijn armen hield vulde mijn hart zich met liefde. Voor zijn geboorte had ik me weleens afgevraagd of ik evenveel kon houden van een tweede kind. En nu wist ik, het hart van een ouder is eindeloos groot, net als de onvoorwaardelijke liefde, voor elk kind weer opnieuw.

Job was apetrots op zijn kleine broertje. 'Kik, aaien?' vroeg hij steeds wanneer ik op de bank Kik de borst gaf, en dan kwam hij erbij zitten. Leunend tegen mijn arm streelde hij de zachte haartjes van zijn babybroertje, zo voorzichtig en liefdevol. Op die momenten leek alles om me heen stil te staan. Kantoor was heel ver weg.

Tot ik me halverwege mijn verlof in juni 2004 onwennig in mijn mantelpak hees. Ik moest naar kantoor voor een vergadering die ik niet kon missen. Na de selectie van de nieuwe directie was het tijd voor de volgende managementlaag, de leden van onze eigen teams. We zouden de uitkomsten bespreken en moesten beslissen wie wel en wie niet aan kon blijven. De vergadering was gepland van negen tot twaalf. Vlak voor ik vertrok gaf ik Kik nog even de borst. Als alles meezat was ik precies op tijd terug voor zijn volgende voeding. Toen ik op kantoor aankwam, bekroop me een wat onwennig gevoel. Het leek eeuwen geleden dat ik voor het toegangspoortje stond. Gelukkig, mijn pasje deed het nog. Ze waren me niet vergeten. Ook Theo van de beveiliging leek blij me weer te zien. 'Morgen!' riep hij, terwijl hij zijn hand opstak. 'Hoe gaat het met de kleine? Kunnen we hem binnenkort bezichtigen?' 'Tuurlijk,' lachte ik. Kleine rituelen, een kort praatje, ik was ze vergeten. Ze maakten het kantoorleven menselijk, gaven kleur aan de dag.

In de directievergaderzaal zaten vijftien mannen, allemaal met een ordner vol rapporten voor hun neus. Ludo, de voltallige nieuwe directie, een lid uit de raad van bestuur van ING, het hoofd personeelszaken en Hans Horn met twee collega's, die de onderzoeken hadden gedaan en de gesprekken hadden gevoerd, ze waren er allemaal. Ik moest wel weer even wennen aan zoveel mensen in één ruimte en het bijbehorende vergaderritueel. Een voor een namen we de resultaten door, en bespraken we de match tussen de persoon en de baan die hij of zij – meestal hij – vervulde.

Tot mijn blijdschap werd er met respect over iedere persoon gesproken en namen we er de tijd voor. Dat had ik onder Ludo's voorganger weleens anders meegemaakt. Wat waren zijn/haar sterke kanten? Wat had hij/zij nog nodig om die verder uit te bouwen? Pas daarna kwamen de minder sterke kanten aan bod. Het directielid dat de persoon in kwestie recent en het meest had meegemaakt gaf toelichting. Zo voorkwam je beelden vanuit het verleden of verhalen uit de tweede hand. Daarna vulden anderen aan. Ook stonden we uitgebreid stil bij het onderzoeksrapport.

In de meeste gevallen zaten we op één lijn, maar zo nu en dan liepen de beelden uit elkaar. Felle discussies soms. Ik keek naar de klok. Pfff, in een uur hadden we nog maar vier mensen besproken. We moesten er vijfendertig. Als dat zo doorging, haalden we het nooit. Ik bladerde door de ordner. Hopelijk ging het bij de volgende sneller. IJdele hoop. Vier uur later lag de afgesproken eindtijd al ver achter ons. Niemand verblikte of verbloosde. Blijkbaar was ik de enige die geen rekening had gehouden met een uitloop. Koffiejuffrouw Loes bracht de lunch binnen. De vergadering ging zonder pauze door. Ik deed mijn jasje uit. Wat was het hier warm. Ik kreeg het met de minuut benauwder en mijn borsten stonden op knappen. Had ik mijn kolfapparaat nu maar meegenomen. Ik kon me nauwelijks meer concentreren.

'Dan zijn we nu bij het collectief pensioenbedrijf,' hoorde ik Ludo zeggen. 'Merel, aan jou het woord.' Net toen ik mijn mond open wilde doen voelde ik een warm straaltje langs mijn buik lopen. Ik keek omlaag en tot mijn schrik zag ik ter hoogte van mijn borsten twee kletsnatte ronde plekken op mijn blouse zitten. Met een rode kop keek ik weer op. Vijftien paar ogen waren op mij gericht. Wat nu? Negeren kon onmogelijk meer. 'Ja heren,' zei ik net iets zelfverzekerder dan ik me voelde, 'dat krijg je ervan wanneer een kersverse moeder te lang van huis is door een uitgelopen vergadering.' Snel depte ik met mijn jasje de plekken een beetje droog, om vervolgens onverstoorbaar door te gaan. 'Ik begin met de eerste van het lijstje. Zijn sterke kanten zijn...'

◆

Na zestien weken verlof stortte ik me in augustus weer vol op mijn werk. Ludo zorgde voor focus en voor een grote hoeveelheid extra middelen om de grootschalige problemen bij NN aan te pakken. Hoewel ik erg blij was met zijn komst, kon ik maar moeilijk wennen aan zijn harde managementstijl. Zo had hij de gewoonte om regelmatig stellige uitspraken te doen zonder eerst vragen te stellen. Of je op een indringende manier te bevragen, op een manier waaruit vaak al een oordeel bleek. Het maakte me soms erg onzeker. Ook zijn opvatting dat een mens alleen met anderen samenwerkt als dat zijn eigen belang dient, en dat hij voornamelijk acteert op prikkels van straffen en belonen, vond ik nogal eenzijdig. Natuurlijk weet ik dat mensen gevoelig zijn voor gedrag in hun omgeving en zeker ook voor beloningen, maar ik ben ervan overtuigd dat een mens meer is dan een robot. Dat hij van nature intrinsiek gedreven is om onbaatzuchtig een bijdrage te leveren aan het geluk van een ander en niet alleen maar leeft voor zijn eigen belang. Geven zonder dat je er iets voor terugkrijgt, uit liefde voor de ander, ondanks de vele tegenvoorbeelden die ik in de loop van mijn carrière zou tegenkomen.

Toch stak ik veel op van Ludo's managementstijl, ook over mezelf. Wat wilde ik voor leider zijn? Wat waren mijn overtuigingen? Jezelf zijn en trouw blijven aan je principes was voor mij het allerbelangrijkste. Maar dat zoiets niet altijd gemakkelijk was had ik inmiddels ook ontdekt. Overigens drongen deze lessen pas jaren later echt tot me door, toen ik veel meer leiderschapservaring had. Ik zou inzien dat ik me als jonge directeur, om me te kunnen handhaven, soms stoerder had voorgedaan dan ik was en een stijl kopieerde die niet per se de mijne was. Maar in 2004 was ik me daar nog niet van bewust.

Ludo's militaire aanpak begon zijn eerste vruchten af te werpen. Door iedereen dezelfde ogenschijnlijk onhaalbare doelstelling van 3,5 te geven, zorgde hij ervoor dat mensen, na aanvankelijk verzet, buiten hun eigen vierkante stoeptegel gingen kijken en samen gingen werken om dat doel te bereiken. Dat betekende overigens niet dat alle problemen ineens waren opgelost. Het bleef voorlopig nog wel alle hens aan dek. Er liepen megaprojecten om de automatisering op orde te krijgen en de dienstverlening aan klanten te verbeteren. Elke dag kwamen er hordes uitzendkrachten binnen om de achterstanden weg te werken. Met strakke hand geleid werkten we als directie, ieder met de focus op zijn eigen bedrijfsonderdeel, samen aan een nieuw Nationale-Nederlanden. We zetten onze beste mensen in op de plekken waar de problemen het grootst waren en gaven ze alle ruimte en middelen om de crisis op te lossen: een belangrijke les in crisismanagement die ik nog veel vaker zou toepassen in mijn carrière. Ook implementeerden we bedrijfsbreed een nieuwe manier van werken, zoals dat in Japanse bedrijven al gemeengoed was. Alle wachttijden en verspilling in processen werden weggehaald en we stopten met activiteiten die voor ons te klein waren. *Back to basics*. Dat betekende uiteindelijk ook verlies van banen en dat gaf weer andere onrust in het bedrijf.

Het was de eerste keer dat ik op grote schaal mensen moest ontslaan. Op papier gemakkelijk, in de praktijk erg pijnlijk. Helemaal omdat de impact voor de meesten groot was, ondanks het goede sociale vangnet en de ondersteuning om mensen die hun baan dreigden te verliezen te begeleiden naar ander werk en waar nodig om te scholen. 'Mijn grootvader werkte al bij NN, mijn vader heeft meer dan veertig jaar van zijn werkende leven aan dit bedrijf gegeven en ik heb onlangs mijn speldje gekregen voor vijfentwintig jaar trouwe dienst,' vertelde een medewerker mij in tranen toen hij het nieuws hoorde. 'Wat moet ik nu? Ik werk hier sinds mijn achttiende. Ik kan niets anders dan het werk dat ik hier doe.'

Voor velen was het voor het eerst dat ze moesten nadenken over een toekomst buiten het bedrijf dat altijd voor hen had gezorgd. Al die emoties en woede van mensen die hun zekerheden zagen verdampen. Ze voelden zich onzeker en verraden en ik was als een van de boodschappers van het slechte nieuws de verpersoonlijking daarvan, dat begreep ik wel. Ik trok het me persoonlijk behoorlijk aan. Keer op keer vroeg ik me af of ik het had kunnen voorkomen. Ik kon me hun boosheid zo goed voorstellen. Sommigen voelden zich afgedaan, anderen waren bang niet meer aan het werk te komen. Natuurlijk had ieder mens zelf ook de verantwoordelijkheid om zich te blijven ontwikkelen, maar mij werd toen wel duidelijk dat ook de werkgever een grote verantwoordelijkheid heeft om zijn werknemers daarin te ondersteunen en aan te moedigen.

◆

Tienduizend uur, slechts

Ooit gehoord van de tienduizend-uren-regel van Malcolm Gladwell? Hij betoogt in zijn bestseller Uitblinkers *dat niet aanleg maar training bepalend is om expert te worden in een complexe vaardigheid. Minstens tienduizend uur training. Minder in de boeken dus, en meer voor de klas.*

Mijn aardrijkskundeles van vandaag begint goed. De quiz met leuke weetjes over Europa valt in de smaak. Ook de overgang naar het volgende lesonderdeel – zelfstandig werken met De Junior Bosatlas *– verloopt zonder al te veel brokken. De kinderen gaan ijverig aan de slag. Een hele opluchting. Vorige week was het lesuur al voorbij voordat ik aan de kern was toegekomen. Ik begin voorzichtig te geloven dat ik het leraarschap ooit onder de knie zal krijgen. Tot ik de ene vinger na de andere de lucht in zie gaan. Binnen de kortste keren is de hele klas gevuld met druk zwaaiende vingers. De aangename stilte van zonet is overgegaan in geroezemoes en een herhaald, steeds luider 'Juf Merel, ik snap het niet', 'Juf Merel, ik kan mijn land niet vinden op de kaart'.*

Ik snel van tafeltje naar tafeltje. 'Aisha, zoek je een land? Kijk achterin bij het register.' 'Zie je, Malgosia, een legenda werkt zo.' 'Jarek, draai je om, ga aan het werk.' 'Ik kom zo helpen, Yassim.' 'Achmed, houd op met je buurman lastig te vallen!' Binnen twintig minuten ben ik van een (enigszins) zelfverzekerde kapitein op een soepel varend cruiseschip veranderd in een wanhopig rondrennende matroos.

Ik kijk naar de klok voor redding. Nog zeker tien minuten tot de pauze. Help! Dan maar de laatste optie, de noodrem. Ik verhef mijn stem en sommeer iedereen te stoppen met wat-ie aan het doen is, zijn pen neer te leggen en stil te zijn. Het werkt. Ik slaak een zucht van verlichting. 'We gaan afronden,' zeg ik zo rustig mogelijk. Op mijn vraag wat ze hebben geleerd komt schoorvoetend een enkel antwoord. 'Iets met een atlas, juf. En rivieren in Europa.' 'En wat hadden jullie nog willen leren?' Weer vingers, dit keer veel meer. 'Eigenlijk alles, juf,' roept Jarek, 'ik vond het een leuke les, maar heb er niets van begrepen.'

Ik kan wel door de grond zakken.

Als de kinderen de klas uit gestommeld zijn, plof ik ontredderd neer op een van de lege stoeltjes. Seval, mijn stagebegeleidster, komt naast me zitten. Ze lacht vriendelijk: 'En, wat vond je ervan?' Ik kan alleen maar bedenken wat niet goed ging en wanneer ik aan mijn waslijst van verbeterpunten nog een hele trits wil toevoegen, zegt ze: 'Ik zie veel goede punten hoor, en veel wat je vorige week nog niet deed.' Ze somt op. Daarnaast geeft ze ook wat tips. 'Probeer het straks anders nog een keer.' Een koude rilling loopt over mijn rug.

Een ambacht leren, zo gaat dat dus. Niet één keer per jaar een beoordelingsgesprek of een managementtraining. Gewoon lik-op-stuk-feedback en direct weer doen. Niet één keer, maar wel tienduizend keer. Dat Malcolm Gladwells theorie intussen een fabeltje is gebleken kan mij niet deren. Na de pauze stap ik moedig weer de arena in. Nog negenduizendnegenhonderdtachtig uren te gaan.

4

Winnaars & verliezers

Hotel Grand Place stond er statig bij. Extra statig, leek het wel. Zou het zijn omdat Michel Tilmant vandaag zijn tweehonderd belangrijkste leiders ontving in het beroemde vijfsterrenhotel in Brussel? In zijn stad, zijn thuis. Zonnestralen schenen op de guirlandes en bordeauxrode luifels van het chique hotel aan de Grote Markt. Gouden deurknoppen glommen. Op het plein ervoor was het een komen en gaan van zwarte luxeauto's. Talloze keurig geklede mannen en een enkele vrouw stapten uit bij de oranje loper. Ze kwamen uit de hele wereld voor de jaarlijkse Internationale Conferentie, de bijeenkomst waar je alleen bij mocht zijn als je tot de hoogste regionen van ons bedrijf was doorgedrongen. En ik was een van hen. Toen ik vier jaar eerder in de directie van Nationale-Nederlanden kwam, werd ik ook lid van de felbegeerde ING Management Council, de top 200. Ik dacht terug aan mijn eerste leidinggevende baan als teammanager bij de RVS. Was ik wel geschikt om leiding te geven? had ik me afgevraagd. Wat als ik had geweten dat ik nog geen acht jaar later bij deze club zou horen... Ik glimlachte. Het had ongetwijfeld een hoop slapeloze nachten gescheeld. Toch was ik blij dat ik dat aan het begin van mijn carrière niet wist, want was dat nu niet juist het mooie van het leven, het onverwachte, onvoorspelbare, het toeval? Was dat niet juist hetgeen wat een mens dreef om zichzelf te blijven ontwikkelen, op zoek te gaan naar nieuwe wegen, continu aan te passen en bovenal zijn eigen importantie en verdiensten te relativeren? Natuurlijk, ik had zelf hard gewerkt en de moed gehad om nieuwe avonturen aan te gaan, te blijven leren, ondanks onzekerheid en twijfel. Maar toch had ik hier nu niet gestaan zonder al die mensen die zich niet lieten weerhouden door wat ik nog niet kon, maar geloofden in wat ik zou kunnen ontwikkelen. Hugo, Hans, Jan en al die andere mentoren binnen ING, die me steunden en steeds weer aanmoedigden tot het maken van een volgende stap naar een net weer uitdagender baan. En natuurlijk het toeval.

Het was 15 mei 2006 en het hele hotel was afgehuurd. Bij de receptie stonden in de bedrijfskleuren oranje en blauw uitgedoste hostessen. Keurig gelakte nagels en fel gestifte lippen. Een sprankelende vrouw, type topmodel, vroeg vriendelijk naar mijn naam. 'Van Vroonhoven, daar bij de V,' zei ik, wijzend naar de lijst. Ze knikte vriendelijk en overhandigde mij een tasje en een badge die toegang gaf tot mijn kamer. Ik hing het oranje keycord met mijn badge om en bedankte haar. Ze knipoogde. Als één van de slechts tien vrouwen op de gastenlijst kreeg ik van haar net wat meer aandacht. Vrouwen onder elkaar, dat schept een band.

Ik dacht terug aan het vorige jaar, toen ik tijdens de conferentie met een aantal vrouwelijke collega's stond te praten en een man ons aansprak: 'Beetje meer mengen, dames!' Toen ik hem vroeg hoe dat zat met al die keren dat hij uitsluitend met mannen stond te praten, droop hij af. Het blijft wonderlijk hoe moeilijk het is om met de ogen van een ander naar je eigen gedrag te kijken.

Mijn hotelkamer leek wel een paleis: een met mahoniehout afgezette hal, een zeer ruim uitgevallen zitkamer met eikenhouten parketvloer, een slaapkamer gedecoreerd met rood, goud en koningsblauw fluweel en een marmeren badkamer, compleet met jacuzzi. Op mijn bed lag een persoonlijke welkomstbrief van Michel Tilmant. Sinds twee jaar was de Franstalige Belg de grote baas van ING. Hij hoopte, schreef hij, dat de komende twee dagen inspiratie en richting zouden geven om samen door excellent teamwork onze ambitieuze doelen voor het komende jaar te bereiken. Ik was benieuwd wat hij hierover straks te vertellen had. Sinds zijn aantreden als CEO had Tilmant niet stilgezeten. Na alle overnames van de afgelopen tien jaar was ING een lappendeken geworden met honderden dochterbedrijven en een ingewikkeld organisatiemodel. Daar had hij direct korte metten mee gemaakt door de organisatie op te splitsen in een bank- en een verzekeringspoot. Ook vernieuwde hij 20 procent van het topmanagement en verkocht hij alle bedrijven die niet bijdroegen aan de winstgevendheid van het bedrijf. En met succes: de winst was in twee jaar tijd verdubbeld. Aandeelhouders droegen hem op handen.

Maar hoe moest het verder nu het laaghangend fruit geplukt was? Hoe bleef ING zijn aandeelhouders tevredenstellen? In de wandelgangen werd gezegd dat Tilmant het geld van de Nederlandse bedrijven, zoals NN en de Postbank, verder wilde afromen om nog meer te kunnen investeren in groeiende economieën in Azië en in het internetspaarbedrijf ING Direct, zijn groeidiamant.

Dat baarde me zorgen. Bij NN hadden we het lek net een beetje gedicht, nu weer geld uit het bedrijf halen zou heel onverstandig zijn. Bovendien was ik ervan overtuigd dat de problemen bij NN juist het gevolg waren geweest van te weinig investeren en te veel focus op groei en winst in de jaren negentig. Of het nu ging om de verkoop van beleggingsverzekeringen – de woekerpolissen – of de administratieve uitvoeringsproblemen door gebrek aan investeringen in adequate IT-systemen, de grondoorzaak was dezelfde. Zouden we als bedrijf dezelfde fout weer herhalen? Of zouden we onszelf kunnen beheersen om niet alleen onze oren te laten hangen naar aandeelhouders die om alsmaar meer rendement vroegen?

Het beloofde hoe dan ook een bijzondere conferentie te worden. Weg met het kneuterige Nederlandse kleinschalige gebeuren van voorganger Kist, moest Tilmant gedacht hebben. Kosten noch moeite werden gespaard om hiervan de meest indrukwekkende internationale ING-conferentie aller tijden te maken. De kleine, introverte Belg – groot geworden bij de Amerikaanse zakenbank JP Morgan in New York – stak niet onder stoelen of banken dat hij die Hollanders maar softies vond. 'Are they smoking dope?' riep hij regelmatig over de gang van zaken in het bedrijf. Of op licht geërgerde toon: 'In Nederland is elk besluit een begin van een discussie in plaats van de start van de uitvoering van het besluit.' Te veel overleg, te veel polderen. Te veel focus op stakeholders, te weinig op aandeelhouders en op prestaties, vond hij. ING moest slagvaardiger, groter en winstgevender. *Big is beautiful.*

◆

Om tien uur verzamelde het hele gezelschap zich in de grote zaal. Tilmant trapte af. De eerste 'international conference' op zijn geboortegrond in Brussel moest een perfecte show worden. Voor alles was gezorgd. De zaal was omgebouwd tot een soort studio met grote schermen en meelopende camera's. Een beeldschone Engelse televisiepresentatrice was dagvoorzitter en gespreksleider van de dag. Tilmant zelf had zich tot in de puntjes voorbereid. In een wit overhemd en met de voor hem typerende roodgestreepte bretels stak hij een wervelend verhaal af. Over hoe goed het ging met het bedrijf en dat we in een 'winning mood' waren. Maar, benadrukte hij, om een van de grootste financiële bedrijven ter wereld te worden moest ING wel groeien. Hiervoor moesten we investeren in groeimarkten en beter luisteren naar wat de buitenwereld van ons verwachtte, de klant vooropstellen en onze maatschappelijke rol beter gaan vervullen. Ik knikte instemmend. Dat laatste hoorde ik graag.

Na een talkshow en enkele presentaties kondigde de Engelse presentatrice de speciale gast van de dag aan. Het was niemand minder dan Jack Welch, de voormalig CEO van General Motors. Neutron Jack, zoals hij werd genoemd vanwege de honderdduizend banen die hij schrapte, was de leiderschapsgoeroe van het wereldwijde bedrijfsleven. Het gezaghebbende Amerikaanse zakenblad *Fortune* riep hem uit tot de manager van de eeuw. *Businessweek* noemde hem 'De grootste innovator van de laatste 75 jaar. Een icoon van het Amerikaanse zakenleven'. Nu, na zijn pensioen, waarbij hij een gouden handdruk van 411 miljoen dollar kreeg, reisde Jack de wereld rond om zijn leiderschapslessen te delen en voor een vermogen deelde hij ze de komende dertig minuten ook met ons. Hij kreeg een onthaal vol superlatieven en daarna was het woord aan hem.

> 'Tip 1: Alles wat geen core business is moet je zo snel mogelijk afstoten.' Hiermee wilde hij zeggen dat elk bedrijfsonderdeel dat niet aan de gestelde winsteisen voldoet verkocht moet worden.
>
> 'Tip 2: 'Snijd al het vet in je organisatie weg.' Waarmee hij het schrappen van banen die niet direct geld opleveren bedoelde.
>
> 'Tip 3, en dat is de belangrijkste: leg je personeel langs de vitaliteitscurve. Ofwel beloon uitblinkers, moedig je groeibriljanten aan en neem afscheid van je underperformers.'

De 20 procent best presterende medewerkers waren volgens Jack uitblinkers, de middelste 70 procent groeibriljanten en de 10 procent minst presterende werknemers underperformers. En die laatste groep moest je rücksichtslos uit je bedrijf verwijderen. Elk jaar weer opnieuw. 'Alleen dan gaan medewerkers harder werken en meer presteren. Zo creëer je een winnende prestatiecultuur en zullen aandeelhouders je bedrijf belonen met een hogere beurskoers,' lachte Jack. 'Niemand wil bij de verliezers horen, toch? We willen allemaal een winnaar zijn!'

Ik gruwde van zijn verhaal. Op INSEAD in Frankrijk had ik ervaren dat iedereen door die manier van beoordelen weliswaar hard werkte maar vooral zelf zo goed mogelijk voor de dag wilde komen. Ik had gezien dat mensen elkaar soms niet wilden helpen uit angst bij de onderste 16 procent te eindigen. Zo met elkaar omgaan in een bedrijf zou elke vorm van samenwerking tussen mensen smoren. Als Tilmant dit maar niet ook binnen ING ging invoeren.

De zaal begon te klappen. Zichtbaar tevreden nam Jack de staande ovatie in ontvangst. Tilmants ogen glommen. Natuurlijk! Dit was waar hij zijn inspiratie voor de reorganisaties van de afgelopen jaren vandaan haalde: Neutron Jack was zijn grote voorbeeld. Hoe moest ik dit verhaal rijmen met zijn woorden van vanochtend, over het belang van onze maatschappelijke rol en het luisteren naar de buitenwereld? De discrepantie kon niet groter zijn. Was ik de enige? Ik zocht oogcontact met collega's om mij heen maar ik voelde priemende blikken. *Wat bezielt jou? Je blijft toch niet zitten bij zo'n goed verhaal?* Geen van mijn collega's leek mijn ongemak te delen. Schoorvoetend besloot ik me bij het gezelschap te voegen en ging staan. Ik klapte geluidloos mee.

Het was tijd voor de lunch. Over een uur werden we teruggewacht voor het middagprogramma, zo liet de presentatrice ons weten. Druk pratend bewoog de meute zich naar de eetzaal, waar mannen in driedelig zwart en met keurige vlinderdasjes ons opwachtten De zaal stond vol met ronde tafels, gedekt met prachtige tafelkleden, zilveren kandelaars en chic servies. Bij elke tafel stond een ober die wijn schonk. Vandaag geen broodje kaas met een glas karnemelk, maar een uitgebreide lunch bereid door de beste Belgische chef-koks. En niet alleen de ambiance was overdadig, het buffet, op lange, met witte kleden bedekte tafels, deed denken aan zeventiende-eeuwse schilderijen van de Vlaamse meesters. Er waren oesters, eendenlever, zalm en forel. Schalen vol aardappelgratin en rijk gevulde salades in allerlei soorten en maten. Vruchten, zoetigheden én torenhoge taarten waar menig bruidspaar jaloers op zou zijn. Wat een extravagantie.

Aan onze tafel nam een bont gezelschap plaats. Een collega uit

Japan, iemand uit de VS, een vriendelijk ogende Australiër, een Spanjaard, een Pool en twee Nederlandse collega's. Het gesprek was geanimeerd. De Nederlanders kende ik vaag van eerdere bijeenkomsten, de anderen had ik nog niet eerder ontmoet. 'Wat vonden jullie van het ochtendprogramma?' vroeg ik zo neutraal mogelijk. De Amerikaan kwam superlatieven te kort. 'Met Tilmant kan ING eindelijk een echte wereldspeler worden. Dat Jack Welch hier is, is helemaal een bewijs dat het voorbij is met het "klein" denken. *Global* en groei is de weg vooruit.' De Australiër was het met hem eens: 'De aandeelhouder eist groei van financiële instellingen. De rendementen zijn nu echt te laag. Onze beurskoers moet omhoog!' De Pool en de Spanjaard knikten instemmend. De Japanner mompelde iets onverstaanbaars.

Mijn Nederlandse collega's leken iets kritischer over het belang dat mijn tafelgenoten hechtten aan groei voor de aandeelhouder. 'Moet een financiële instelling zich niet juist dienstbaar en bescheiden opstellen gezien haar maatschappelijke rol en het rentmeesterschap dat het bedrijf vervult voor klanten die het hun geld toevertrouwen?' bracht ik in. 'Waarom zouden wij ons uitsluitend richten op de aandeelhouder? En de klanten dan? De medewerkers, de maatschappij?' Het bleef stil aan tafel.

Net toen ik al mijn argumenten uit de kast wilde halen, attendeerde de vriendelijke ober ons erop dat het middagprogramma over tien minuten begon. Gered door de bel, leek de Amerikaan te denken en hij stond snel op. Ik was opeens doodmoe en bestelde een dubbele espresso. Heerlijk hoor, die wijn, maar het hakte er wel in, zo midden op de dag. Ik weerstond de verleiding van een middagdutje: het zou te veel opvallen wanneer een van de tien vrouwen er niet was. Zeker met mijn rode jasje tussen al die blauwhemden. Dan maar even snel nog in de wc wat koud water over m'n polsen en nieuwe lippenstift op.

Aan het einde van de middag hadden we een plenaire afsluiting in de grote zaal. Het licht werd gedimd, er klonk tromgeroffel en toen ineens een harde knal. Een oranje gordijn ging open en een blauw-oranje raceauto reed het podium op, met een grote ING-leeuw op de neus. 'Een wereldspeler moet bekend zijn in de hele wereld,' legde Tilmant uit, hij was overduidelijk in zijn nopjes. 'Daarom stoppen we met de sponsoring van marathons en hardloopwedstrijden en stappen we over op het Renault-team van de Formule 1.' De zaal begon luid te applaudisseren. 'We Are the Champions' schalde door de luidsprekers en ik staarde beduusd voor me uit. Het voelde alsof ik in het verkeerde toneelstuk was beland. Surrealistisch. Zodra het applaus was verstomd vluchtte ik naar mijn hotelkamer.

Wat moest ik hiervan vinden? De sponsoring zou ongetwijfeld bijdragen aan de naamsbekendheid van ING, maar ik begreep werkelijk niet hoe die geldverslindende autosport aansloot bij onze maatschappelijke rol, waar Tilmant die ochtend nog zo hoog over had opgegeven. Behalve dat het duur en milieuonvriendelijk is vinden de races ook nog eens vaak plaats in landen met een dubieuze mensenrechtenstatus. Voor mij voelde het vooral als een staaltje machogedrag van jongetjes die graag bij de grote mannen willen horen. Vérplasserij.

En dan dat verhaal van Welch over het belang van maximaliseren van aandeelhouderswaarde? Ik geloofde er niet in. Of was ik nou gek en was het verstandig of zelfs noodzakelijk om je als bedrijf primair op aandeelhouders te richten? Misschien hoorde ik hier gewoon niet meer thuis? Mijn maag draaide zich om bij de gedachte dat het bedrijf waarin ik was opgegroeid, waar ik carrière had gemaakt en zoveel kansen en mogelijkheden had gekregen misschien niet meer bij me paste. Ik keek op de klok. Ik moest me gaan verkleden. Snel douchen en me opdoffen.

Het feest was spetterend en het diner gezellig. Even vergat ik mijn zorgen en twijfels en stond ik te shinen op de dansvloer. Opeens greep iemand mijn arm. 'Kom, Merel, tijd voor een dans' hoorde ik in het Engels met een Frans accent en ja hoor, het was

Tilmant. Ik had hem net al zien jiven met een van mijn collega's. Ik kon helemaal niet stijldansen, als tiener had ik het al na één dansles gezien. Maar nu was er geen ontkomen aan. Tilmant leidde me met ferme hand over de dansvloer, alsof hij mijn stille verzet eens flink uit me wilde schudden.

Direct na het feest verdween ik stilletjes naar mijn kamer. Op mijn bed trof ik een boek aan. *Winning* heette het, en het was gesigneerd door de auteur Jack Welch himself. Hij had het samen met zijn derde vrouw Suzy geschreven. Glorieus prijkten ze samen op de achterflap. Ik bestudeerde de cover met lyrische quotes van de groten der aarde. Warren Buffett, Bill Gates en de toen nog zo geprezen *crime fighter* en burgemeester van New York City: Rudy Giuliani. Die laatste schreef: 'Jack Welch biedt de lezer een goed leesbaar en gedetailleerd stappenplan dat iedereen kan gebruiken om een ware winnaar te worden.' In het boek zat een witte enveloppe met mijn naam erop en een voorbedrukte bedankkaart van Tilmant. 'Beste collega, bedankt voor jouw deelname aan de ING International Conference 2006. Onze openhartige gesprekken over hoe je een excellent bedrijf bouwt hebben me ervan overtuigd dat we dit doel gaan bereiken en dat ook volgend jaar weer een winnend jaar zal zijn.' Op mijn openhartige gesprekken tijdens de lunch gisteren zou hij wel niet doelen en van een winnend gevoel was bij mij geen sprake meer.

De volgende dag was er nog een ochtendprogramma. Op de automatische piloot onderging ik het geheel. Ik wachtte de lunch niet meer af en piepte er tussenuit. Weg van het pluche en hoogpolig tapijt. Toen ik uit de draaideur kwam keek ik in de felle zon. Overal waren mensen. Hordes toeristen liepen in drommen over de Grote Markt. Ze vergaapten zich aan de historische gebouwen en de pracht en praal. Vóór de conferentie was ik nog van plan geweest om me bij hen te voegen. Heerlijk dwalen door de monumentale straten van een onbekende stad, met een gidsje in de hand op zoek naar idyllische plekjes of een leuk café. Nu kon het me niet boeien, ik wilde hier zo snel mogelijk weg. Vanuit het raam van de glimmende zwarte Audi A6 die me naar huis bracht keek ik naar de blauwe hemel. Geen wolkje aan de lucht, maar bij mij was er storm op komst.

◆

'We denken dat het beter is als Job wordt onderzocht door een gespecialiseerde psycholoog,' zei juf Simonette. We waren op oudergesprek. Wederom als laatsten in rij, want tien minuten was voor ons nooit genoeg. 'Job kan het niet bijhouden, is faalangstig en heeft meer gespecialiseerde ondersteuning nodig,' legde zij uit.

Job zat in groep 2. En de afgelopen jaren was steeds duidelijker geworden dat hij zich anders ontwikkelde dan andere kinderen. Eerst waren we ons er niet zo van bewust. Job was een heel lief en puur jongetje met een onvoorstelbaar oog voor detail. Niets ontging hem. Kleine veranderingen in mijn kapsel of make-up, het viel hem direct op. Dat hij als zesjarige het voetbalveld af rende wanneer de wedstrijd begon en zich in paniek in een hoekje in de kleedkamer verstopte was opvallend maar ook niet heel raar. Voetbal was dus niets voor hem, was onze conclusie. Meer niet. Vaak moesten we er ook om lachen.

Ik herinner me dat we een boekje voorlazen over een kindje dat Job heette. Job wilde niet dat we de naam van het jongetje noemden, want hij was Job en dat jongetje in het prentenboek kon dus niet ook Job zijn. Of die keer dat er een man van zijn fiets viel, hij begon keihard te lachen. 'Job, dat kun je niet doen, hem uitlachen. Die man heeft pijn,' zei ik. Hij keek me beteuterd aan. 'Maar mam, ik lach die man niet uit. Ik lach omdat het er zo grappig uitziet.' En daarin kon ik hem dan ook weer niet helemaal ongelijk geven. Dat hij zich qua spraak en motoriek langzamer ontwikkelde dan andere kinderen, dat hij soms – ogenschijnlijk vanuit het niets – heel emotioneel en boos kon reageren en een plotselinge verandering van plan moeilijk kon verdragen, vonden wij ook opvallend maar wederom, niet per se zorgelijk. Net als het feit dat hij helemaal op kon gaan in een onderwerp – van dino's tot stofzuigers en klokken – en zaken vaak heel letterlijk nam. Job was gewoon Job, ons oudste kind met zijn eigen bijzonderheden. Maar wat weet je als jonge ouder van wat wel en niet 'normaal' is? En wat is eigenlijk normaal? Ik zou me nog heel vaak afvragen waarom we alles wat afwijkt van het gemiddelde zo snel kwalificeren als 'niet normaal'. Is normaal eigenlijk niet een relatief begrip, dat we toeschrijven aan de groep mensen, het gedrag of de gewoontes die in een bepaalde context of groep het meest voorkomen?

Toen ik samen met Rein eind jaren negentig een reis maakte door Ghana en we daar de enige witte mensen waren, was ik me voor het eerst echt bewust van mijn andere huidskleur, in mannengezelschappen ben ik me bewust van mijn vrouw-zijn, wanneer ik op bezoek ben bij onze Marokkaanse schoonmaakster van onze verschillende gebruiken en achtergrond. Te midden van jonge managers realiseer ik me des te meer hoeveel ervaring ik heb, terwijl ik me op school weer een beginner voel tussen al die jonge leraressen die mijn dochter konden zijn. En zo kan ik nog wel even doorgaan. Arthur Japin laat een van de Ghanese prinsen in het boek *De zwarte met het witte hart* zeggen: 'Kleur heb je niet, kleur krijg je door anderen.' Zo waar, zowel in negatieve zin, wanneer er sprake is van afwijzing of discriminatie op basis van 'anders zijn dan het gemiddelde', maar ook in positieve zin. Zonder andere mensen krijg je geen kleur, ben je niemand. Diversiteit geeft ons leven kleur.

En toch viel het bericht van juf Simonette ons zwaar. Deden we er verstandig aan hem te laten testen? Wat was wijsheid? Een diagnose geeft recht op extra ondersteuning, maar betekende ook een stempel.

Toen Job twee maanden later de diagnose autisme kreeg, voelde ik naast opluchting ook onzekerheid. We konden hem nu beter helpen met zijn faalangst en zijn problemen op school. We konden hulp bieden, zodat hij zich beter kon ontwikkelen en groeien. Maar droeg ons kind, door onze keuze, nu voor de rest van zijn leven misschien wel het etiket 'defect'?' Was het wel verstandig om openlijk over zijn autisme te spreken? Juist omdat hij zelf nog te klein was om mee te beslissen?

Vaak zou de diagnose hem en ons helpen, bijvoorbeeld omdat we beter wisten hoe met hem om te gaan in situaties dat de prikkels in de buitenwereld hem te veel werden. Of omdat we gericht naar de juiste school en ondersteuning konden zoeken. Maar helaas zou de buitenwereld ook vaak hard en kwetsend reageren. Uit onwetendheid meestal, maar toch. Zoals die keer dat ik vlak voor een groepsreis het reisbureau belde met de vraag of ik sommige groepsactiviteiten kon overslaan. 'U had van tevoren moeten melden dat uw zoon autist is,' zei de dienstdoende medewerkster. 'Dan hadden de andere groepsleden kunnen beslissen of ze akkoord gingen met de deelname van uw zoon.' Alsof ze een dolk recht in mijn hart stak. Ze wist niets over mijn kind.

Behalve met onzekerheid werd ik ook geconfronteerd met mijn eigen onbewuste, beperkte overtuigingen over wat een gelukkig leven is en hoe dat eruit zou moeten zien. Ik kende niemand met autisme. Op internet las ik verhalen over hoe een groot deel van de kinderen met autisme in het onderwijs uitvielen. Jarenlang thuis zitten. En zelfs als ze een opleiding afmaakten, konden ze vaak niet aan werk komen. En nog veel meer verontrustende berichten. Hoe zou zijn toekomst eruitzien? Zou hij ooit voor zichzelf kunnen zorgen, met een goede baan en gewaardeerd worden in onze samenleving? Zou hij een gelukkig leven krijgen? Na de middelbare school, een hbo-opleiding of universitaire studie, studententijd met leuke vrienden in een huis, daarna werken, huisje-boompje-beestje?

Ik schrok. In één klap werd ik me bewust van de spiegelende brillenglazen waarmee ik naar de wereld keek. Het gelukkige leven waaraan ik dacht was een leven zoals ikzelf en de meesten in mijn naaste omgeving dat leidden. Ik voelde schaamte. Schokkend en kortzichtig vond ik het. En dat voor iemand die van zichzelf vond dat ze open-minded was en was opgevoed vanuit de overtuiging dat een mens vele gelukkige levens kan leiden. Dat het een niet onderdoet voor het ander. Tijd om die bril af te zetten dus en op zoek te gaan naar andere werelden. Niet denken vanuit mijn eigen referentiekader, maar vanuit de talenten en mogelijkheden van mijn kinderen. Wat daar aan opleiding, werk en leven uit kwam was een uitkomst en geen doel. Met hoge verwachtingen, dat wel, maar wel verwachtingen die uitgingen van hun talenten, hun wensen en niet van hoe ik dacht dat een gelukkig leven zou moeten zijn. Verschillen erkennen en ruimte geven, een samenleving waarin plek was voor iedereen. Ik zou er nog vaak tegen aanlopen. Het was makkelijker gezegd dan gedaan.

Ik werd lid van de Nederlandse Vereniging voor Autisme en bezocht samen met mijn ouders het congres in de Jaarbeurs. Stampvol was de zaal. Wat een fijn gevoel om te merken dat ik niet alleen was. Ik besloot zo veel mogelijk informatie te zoeken en mensen te spreken met verstand van zaken en vergelijkbare ervaringen. Het gaf me troost, hielp me inzien dat de diagnose van Job geen einde was maar een begin. Vroege diagnose bleek – later, toen ik in de werkgroep Vanuit Autisme Bekeken zat – juist een belangrijke voorwaarde voor groei en ontwikkeling. Op school kreeg Job inmiddels extra begeleiding. De komende tijd moest duidelijk worden of hij hier voldoende mee geholpen was. Maar ik zag het vol vertrouwen tegemoet.

◆

Mijn onrust over de koers van ING bleef ondertussen op gezette tijden terugkeren. Bijvoorbeeld toen er vanuit het hoofdkantoor weer een oekaze kwam voor meer groei, met de mededeling dat er daarom geld uit Nationale-Nederlanden gehaald moest worden. Over ons lijk, lieten wij als directie onder aanvoering van Ludo, aan de raad van bestuur weten. Totaal onverantwoordelijk, zeker gezien de verwachte extra kosten die het bedrijf de komende jaren zou moeten maken om aan nieuwe strengere wetgeving te voldoen. Om over eventuele financiële gevolgen van de woekerpolissen maar niet te spreken. Er volgde maandenlang getouwtrek waar uiteindelijk de raad van bestuur zich bij zou neerleggen. De dreiging dat we anders naar de toezichthouder zouden stappen, gaf de doorslag. Maar voor hoelang dit houdbaar was, was de vraag.

Intussen bleef mijn werk bij NN veel van mijn tijd vragen, maar ik vond het ook leuk. Nu de grootste, meest urgente, problemen verholpen waren, was het tijd om een plan te maken voor de langere termijn. Het zorgde ervoor dat ik niet hoefde na te denken over mijn toenemende gevoel van onbehagen. Bij ING, maar ook thuis. Want tot mijn verdriet ontstonden er in mijn huwelijk steeds meer scheuren. Er was al langer een unheimisch gevoel, maar ik had het steeds genegeerd.

Inmiddels kon ik niet langer ontkennen dat ik de sprankeling en liefde miste, zoals ik die van mijn ouders kende. Zelfs na veertig jaar huwelijk spatte de liefde er nog vanaf. De bewonderende blikken van mijn vader wanneer mijn moeder in geuren en kleuren een verhaal vertelde, de liefdevolle plagerijtjes van mijn moeder als hij zich zorgen maakte over haar neiging haar eigen pijn en verdriet te bagatelliseren. Het elkaar nog altijd de leukste en liefste vinden, dat zich in zoveel kleine alledaagse dingen zichtbaar maakte. Ik verlangde er zo naar. Rein en ik konden het samen goed vinden, maar we verhieven elkaar niet – of niet meer? Ongemerkt groeiden we steeds meer uit elkaar en ik was bang dat we zouden verzuren en dat onze relatie kil en afstandelijk zou worden zonder die kracht van een allesomvattende liefde voor elkaar. Liefdeloos bij elkaar blijven, dat wilde ik niet. Niet voor mezelf, niet voor hem, maar ook niet voor mijn kinderen. Ik wilde dat zij meemaakten wat ware liefde was. Maar wat betekende dat? Scheiden? Als ik daaraan dacht greep de angst me naar de keel. Wat deed ik Rein aan, en mijn kinderen, als ik daarvoor koos. Was het wel eerlijk? Had ik wel genoeg mijn best gedaan voor ons huwelijk?

◆

Kort na de conferentie werd ik lid van de raad van toezicht van de TU Delft. Daar merkte ik dat het bedrijfsmatig leiden van een organisatie samen kon gaan met het vervullen van een publieke, maatschappelijke rol. En na mijn start in deze nevenfunctie ontdekte ik al vrij snel dat mijn beeld van een 'ambtelijke organisatie vol stoffige wetenschappers en slecht Engels sprekende docenten' volkomen achterhaald was. Er was veel veranderd sinds ik op het broeierige zolderkamertje van de vakgroep geofysica van de Faculteit der Mijnbouwkunde achter een van de weinige computers de relatie tussen geluidsgolven en onze mystieke en ondoorgrondelijke aardkloot in formules probeerde na te bootsen. De TU Delft was een moderne, professionele organisatie, met vergelijkbare ambities als menig groot bedrijf. Ik herkende er veel van wat ik de afgelopen jaren leerde over het succesvol leiden van organisaties, alleen was hier alles gericht op het creëren van maatschappelijke impact in plaats van zo veel mogelijk geld verdienen voor de aandeelhouder. Dat inspireerde me. Dus zette ik in het voorjaar van 2007 mijn toenemende twijfel over ING om in actie.

Ik belde Hans Horn, met wie ik na het geschiktheidsonderzoek drieënhalf jaar eerder nog regelmatig contact had. 'Hans, ik vraag me af of ik de rest van mijn leven in de financiële sector wil werken,' vertelde ik hem. 'Graag zou ik eens praten met een collega van jou die zich richt op bedrijven zonder winstoogmerk.' Hans bracht mij in contact met zo'n collega en niet lang daarna werd ik geïntroduceerd bij verschillende leiders van ziekenhuizen en een pensioenfonds, met wie ik in gesprek ging. Stuk voor stuk interessante en nuttige gesprekken, die me hielpen om mijn gedachten verder aan te scherpen over wat ik wel en niet wilde. Conclusie: het maatschappelijke trok me aan, maar helemaal weg uit de wereld van klanten en commercie wilde ik ook niet. Maar wat dan wel? Ik liet het sudderen. Mijn drukke baan en mijn huwelijksperikelen thuis eisten al mijn aandacht op.

Na maanden van twijfel besloten we te scheiden. Rein en ik namen alle tijd om de zaken goed te regelen: afspraken over co-ouderschap over de kinderen, financiën en verdeling van de boedel. Verdrietig, maar steeds in goed overleg en met respect voor elkaar. Vriendschappelijk bijna. Je zou je bijna afvragen waarom we uit elkaar gingen. Op 14 januari 2008 scheidden we dan uiteindelijk echt. We sloten ons zestienjarig samenzijn af met een diner bij een chic restaurant en beloofden samen goed voor onze kinderen te zorgen. Toen de dag eenmaal daar was, hielp Rein me met verhuizen. Gelukkig waren de stapelbedden en meubeltjes van de jongens op tijd. Zo zouden ze zich hopelijk direct thuis voelen en konden we na de verhuizing ons nieuwe co-ouderschapsschema laten ingaan: de ene helft van de week de jongens bij mij en de andere helft bij Rein. Op het wekelijkse wisselmoment gingen we met elkaar lunchen. Bij de overdracht van de kinderen kwam er, naast hun knuffels en schoolspullen, ook een meereisdagboekje mee, waarin we elkaar informeerden over het wel en wee van de jongens. Zo bleven we zo veel mogelijk samen ouders. Tot op de dag van vandaag.

Al zou de pijn minder worden in de loop van de jaren, het wekelijkse afscheidsmoment bleef moeilijk. Het nare, akelige gevoel van het gemis van hun stemmen, het gelach, de gezelligheid. Ik zou er nooit helemaal aan wennen, ook niet toen de scheiding ruimschoots achter me lag. Hoe succesvol ik in de ogen van de buitenwereld ook was, hoe kon ik geslaagd zijn als mijn kinderen onder een ander dak sliepen en ik mislukt was in wat het allerbelangrijkste is in een mensenleven: de liefde? 'Stop met zelfmedelijden en zelfverwijt!' schreef ik in mijn dagboek. 'Richt je blik op de toekomst.' Zo was het. Ondanks het verdriet en het pijnlijke rouwproces waar ik doorheen moest bood de toekomst nieuwe kansen.

De kans om me in een nieuwe context te ontwikkelen tot een beter, wijzer mens. De kans om mijn moederschap nog bewuster te ervaren, met meer aandacht en tijd voor de jongens. De kans om samen met Rein een veilig en liefdevol co-ouderschap voor onze kinderen vorm te geven. En de kans om de liefde van mijn leven te ontmoeten. Niet bij de pakken neerzitten dus. Bovendien hoefde ik het niet alleen te doen. In grote blokletters schreef ik: OP ZOEK NAAR HULPTROEPEN!

Ik ging op zoek naar een coach met wie ik kon praten. En ik zocht een hulp voor thuis. Die laatste vond ik in Laila, de drieentwintigjarige dochter van onze Marokkaanse hulp. Zij zou een lot uit de loterij blijken. Een geweldig lieve en goede oppas voor de jongens, maar ook nog eens een vriendin voor mij. Zeven jaar lang zou Laila onze steun en toeverlaat zijn. Terwijl ze zelf twee van haar drie kinderen kreeg en op mijn jongens paste, volgde ze de pabo. Als ik in de avond thuiskwam van mijn werk en de jongens al in bed lagen, zat zij vaak nog aan de keukentafel te studeren. We praatten dan samen over het onderwijs en haar ervaringen. En ook over haar droom om kinderen voor wie een stimulerende thuisomgeving minder vanzelfsprekend is te helpen hun talenten te ontwikkelen en tot bloei te laten komen.

Niet alleen in mijn privéleven, ook op het werk was ik toe aan verandering. Na vijf jaar Nationale-Nederlanden waren mijn belangrijkste doelen voor het pensioenbedrijf bereikt. Mijn klus zat erop en het was tijd voor iets nieuws. Het liefst was ik weer naar het buitenland gegaan, maar door de scheiding was dit geen optie meer. Dus besloot ik het advies van Jacques de Vaucleroy op te volgen, een Franstalige Belg die telg was van de Delhaize-familie en een protegé van Tilmant. De intelligente en ambitieuze vijftiger was vanuit de raad van bestuur verantwoordelijk voor alle Europese activiteiten en dus ook voor ING Investment Management, het beleggingsbedrijf. 'Door je verzekeringsexpertise en -ervaring uit te breiden met die van beleggen word je nog meer een allrounder,' zei hij, toen ik met hem sprak over mijn toekomst. 'En het maakt je kansen op een plek in de raad van bestuur ook weer groter.' Het klonk allemaal logisch en verstandig en dus maakte ik de overstap.

Ik vond het een mooie mogelijkheid om weer iets te leren en vooral ook iets nieuws op te zetten. Zo werd ik benoemd in de directie van ING Investment Management met als belangrijkste opdracht een nieuw producten- en dienstenpakket voor pensioenfondsen te ontwikkelen, waarmee we in de Nederlandse markt voorop zouden lopen. Dat zou me veel energie geven, verwachtte ik. Net als mijn reizen naar de beleggingskantoren in het buitenland waarvoor ik verantwoordelijk was. In de maanden die volgden reisde ik veel, vooral naar Polen, Roemenië, Spanje, Griekenland en België. Ik probeerde zo veel mogelijk in de eerste helft van de week op pad te zijn, als de jongens bij Rein waren. Mijn verlangen naar een meer maatschappelijk georiënteerd bedrijf was inmiddels groter geworden, maar naast een scheiding en een verhuizing ook nog eens een nieuwe werkgever leek me toch te veel van het goede. Rust op het werkfront zou me helpen om wat meer aandacht te besteden aan mijn thuissituatie. Daarna zou ik wel verder zien.

◆

'Op zich gaat het wel goed, al heb ik best een zware tijd achter de rug. Ik ben gescheiden, zoals je misschien wel weet.' Tijdens een diner in september 2008 antwoordde ik op de vraag van Jacques hoe het met mij ging. Hij keek mij kort aan. 'Dat heb ik inderdaad begrepen. Je werk heeft er in ieder geval niet onder geleden. Complimenten daarvoor.'

Huh? Niets empathisch, geen medeleven. Blijkbaar was alleen de invloed op het werk zijn graadmeter. Wat een onvermogen. Daarna ging hij meteen over op zaken, een veiliger onderwerp. Althans, dat hoopte hij. Maar ik kwam met een serieus probleem; we moesten de oververtegenwoordiging van banken en Griekse en Spaanse staatsleningen in onze beleggingsportefeuille snel afbouwen, vond ik. Driekwart jaar eerder was dat ook al aan de orde geweest, toen in Amerika de huizenmarkt instortte. Maar omdat we daar in Europa nog nauwelijks last van hadden, vond Jacques dat op dat moment niet nodig. Verkoop van beleggingen zou betekenen dat we verliezen moesten nemen. Het advies van mijn mensen, dat ik volledig steunde, was de beleggingen nu echt te verkopen. De aandelenkoersen daalden en als de markt instortte, was het te laat en kwamen we er misschien helemaal niet meer vanaf. Jacques schudde zijn hoofd, hij zag het weer niet zitten. Aandeelhouders zouden daar negatief op reageren. Destijds begreep ik zijn keuze totaal niet. Maar had ik het anders gedaan in zijn positie? Had ik me wel kunnen losmaken van de greep van beursanalisten en aandeelhouders? Ik vraag het me weleens af. Of was het in zo'n rol onontkoombaar, het systeem te sterk, de druk te hoog?

Twee weken later, op 15 september 2008, ontketende het faillissement van de Amerikaanse investeringsbank Lehman Brothers een wereldwijde financiële crisis. In ons beleggingsbedrijf was het drama groot, de aandelenkoersen kwamen in een vrije val terecht. Dag en nacht waren we bezig om te redden wat er te redden viel. De stress in ING House, waar de raad van bestuur zat, nam elke dag verder toe. Jacques belde meerdere keren per dag met de boodschap 'verkoop die beleggingen'. Tevergeefs, we raakten ze aan de straatstenen niet meer kwijt.

Elders in de organisatie was de ellende helemaal niet te overzien. Hoewel de leiding van ING aanvankelijk dacht de dans te ontspringen, raakte de financiële crisis ons bedrijf midscheeps. Groeimotor ING Direct in Amerika en de te beperkte financiële buffers – mede door de beslissing van Tilmant en zijn team van een halfjaar eerder om op aandringen van aandeelhouders voor 5,5 miljard aan aandelen terug te kopen – deden ING de das om. De Nederlandse regering moest de bank redden. Op zondag 19 oktober maakte toenmalig minister van Financiën Wouter Bos in een persconferentie bekend dat de Staat 10 miljard euro in ING stak. Ik was thuis en zag het live op tv. Naast Bos zaten ook Nout Wellink, de president van de Nederlandsche Bank en Tilmant aan tafel. Hoe was het mogelijk, dacht ik, geschrokken van het nieuws. Hoewel ik de afgelopen weken wel gemerkt had dat de gemoederen in het bedrijf hoog opliepen, had ik dit niet verwacht. 'De bank is een gezonde onderneming,' benadrukte de minister. Volgens hem stond ING niet op omvallen maar was de kapitaalinjectie nodig om de financiële buffers te versterken nu er zoveel onzekerheid was op de financiële markten. Laten we het hopen, dacht ik.

Op 26 januari 2009 moest de Staat weer inspringen door garant te staan voor de 'probleem'-hypotheken van ING in Amerika. Dit keer betekende dat ook het onmiddellijke vertrek van CEO Tilmant. Hij werd opgevolgd door oud-Philips-topman Jan Hommen, die de dag erop aankondigde zevenduizend banen te gaan schrappen. Ook stopte hij met het F1-sponsorcontract van 100 miljoen euro.

Van het winnaarsgevoel van de afgelopen jaren was niets meer over.

5

Winter Wonderland

'Mam, ga je mee skiën? Maaa-am!' Job trok aan mijn broekspijp. Ik stond al een halfuur te bellen onder aan de piste.

'Neem jij hem even mee naar het kinderweitje?' Ik keek mijn moeder smekend aan. Wat een ellende, ik had nog nauwelijks aandacht kunnen besteden aan de jongens deze vakantie. Gingen we voor het eerst sinds de scheiding op wintersport, was ik alleen maar aan het telefoneren. De aandelenkoers van ING was in een vrije val terechtgekomen. Nog nooit stond-ie zo laag: 2.26 euro. Na de recente redding van ING leek het even rustiger te worden, maar niets was minder waar. Ook dit keer kreeg ik meerdere keren een gestreste Jacques aan de lijn.

'Heb je straks nog wel een baan?' vroeg mijn moeder toen ik ophing. 'Geen idee,' zei ik. Toen ik zag dat ze echt schrok, schoot ik in de lach: 'Geen zorgen, mam. En anders word ik conducteur.'

Wat mijn moeder niet wist was dat ik een paar weken eerder was gebeld door Hans Horn. 'Merel, trek je conducteurspak maar aan,' zei hij. 'Ik heb hier een baan, die is je op het lijf geschreven! Het ging om NS. De baan was vrijgekomen door de benoeming van Bert Meerstadt tot president-directeur en de raad van commissarissen zocht een nieuw lid voor de raad van bestuur: ze hadden hun oog op mij laten vallen. Wow, NS! Wat onverwacht. De voorgaande jaren had ik soms wat meer en soms wat minder gefantaseerd over een overstap naar de semipublieke sector. Werken bij een bedrijf waarvan de Staat geheel of gedeeltelijk aandeelhouder was leek me heel interessant: het werd gerund als een 'normaal' bedrijf maar diende bovenal een publiek belang.

Kort daarna reisde ik af naar IJmuiden, voor een sollicitatiegesprek met twee NS-commissarissen. De ene was Marjan Oudeman, topvrouw bij Corus, het voormalige Hoogovens. Ik keek ernaar uit om haar in levenden lijve te ontmoeten. Niet alleen was zij een van de zeldzame vrouwelijke topbestuurders in Nederland, ze was ook moeder van drie kinderen en voor mij het levende bewijs dat je als vrouw het moederschap kon combineren met opereren op topniveau. De andere commissaris was Hans Zwarts, CEO van Randstad, eerder bestuurder bij ING, waar ik hem nog van kende.

Ter voorbereiding op het gesprek spitte ik jaarverslagen door, schreef vragen op en stroopte ik naarstig het internet af op zoek naar meer informatie over NS. Ik wist weinig van het bedrijf. Al jaren was ik niet meer met de trein geweest. Met het bestijgen van de carrièreladder verdween mijn dagelijkse treinritje naar kantoor, terwijl ik altijd een groot liefhebber van de spoorwegen was geweest. Na mijn eindexamen ging ik met mijn beste vriendin Elien wekenlang interrailen, naar Griekenland. De adembenemende landschappen die traag aan je voorbijtrekken, onderweg zijn zonder zorgen, je helemaal kunnen overgeven aan een boek of verdwijnen in overpeinzingen, de toevallige ontmoetingen met medereizigers, voor mij hoorde het allemaal bij de trein. Als tiener droomde ik al van een reis met de Transsiberië Express, van Moskou naar Peking.

Het kwam allemaal weer terug toen ik me in NS verdiepte. Maar een liefde voor reizen per trein was natuurlijk niet genoeg om je te kwalificeren voor een baan in de raad van bestuur. Bovendien zou ik meer moeten weten over hoe het met het bedrijf ging. Hoe stond het ervoor? Wat was de strategie in het licht van de steeds verdere privatisering van de openbaarvervoersmarkt? Net als in andere sectoren, zoals energievoorziening, telecom en kinderopvang was de afgelopen decennia ook in de Nederlandse spoormarkt marktwerking geïntroduceerd. Met als doel: betere dienstverlening, efficiëntie en lagere prijzen. In Europa wilde de politiek nog verder gaan, uiteindelijk moest er een grote vrije Europese spoormarkt komen, samengevat in de rooskleurige term 'liberalisering'. Hoe moest NS daarop inspelen?

Er stond nogal wat op het spel. Concurrenten, vaak dochterbedrijven van Franse en Duitse staatsspoorwegbedrijven, aasden op een deel van het spoor waar NS nu het alleenrecht op had. De komende jaren zou het aandeel in de koek in Nederland mogelijk kleiner worden. Een van de belangrijke opdrachten voor de nieuwe bestuurder was zorgen dat NS een internationale speler werd die in de concurrentiestrijd in Europa een stevige positie verwierf. Wat zouden ze zoeken in die persoon? Marjan Oudeman was duidelijk: ze zochten een inspirerende leider met internationale ervaring in het bedrijfsleven. Een teamspeler, strategisch en communicatief sterk, met gevoel voor verschillende belanghebbenden: medewerkers, vakbonden, reizigersorganisaties en politiek. Iemand die complexe problemen kon doorgronden en niet alleen plannen kon maken, maar ze ook kon uitvoeren. 'Een leider met lef,' noemde Hans Zwarts het. Als directielid moest ik in de eerste plaats een internationale strategie voor NS en de uitbouw van activiteiten in het buitenland ontwikkelen. Het hoofdrailnet in Nederland was nu nog het grootste, maar gezien de liberalisering moesten we daar minder afhankelijk van worden. Daarnaast zou ik verantwoordelijk zijn voor het beheer en de exploitatie van het vastgoed en de winkels op de stations.

Er ontstond een geanimeerd gesprek waarin ik uiteraard ook een aantal vragen voor hen had. Bijvoorbeeld of NS geen last had van de kredietcrisis? Nee hoor, NS stond er goed voor; de reizigersaantallen stegen nog steeds en ook financieel ging het voor de wind, verzekerden ze mij. Ook volgens de topambtenaren van het ministerie van Financiën en van Verkeer en Waterstaat, die ik enkele weken later zou spreken, was er geen vuiltje aan de lucht. Een dreigend faillissement van HSA (de aparte organisatie waar het contract voor de hogesnelheidstrein was ondergebracht) was door NS en het ministerie opgelost. Daar hoefde ik me dus ook geen zorgen meer over te maken.

Dat klonk als een perfecte uitgangspositie om aan de slag te gaan, concludeerde ik optimistisch, toen ik het fabriieksterrein van de staalgigant verliet. NS zou weleens mijn volgende bestemming kunnen worden. In maart 2009 keurde de voltallige raad van commissarissen mijn benoeming goed en droeg mij voor aan de minister van Financiën, Wouter Bos, de aandeelhouder van NS. Een formaliteit was mij verzekerd, nu ook de top van de ambtenarij zijn zegen had gegeven. Maar ik had buiten de waard gerekend. Vlak voor NS mijn benoeming bekend wilde maken, belde een topambtenaar namens de minister. 'Zoals u weet is de minister zeer positief over uw benoeming,' meldde de man. 'Hij zal deze goedkeuren en bij terugkomst van zijn vaderschapsverlof graag kennismaken.' 'Fijn, ik neem aan dat het persbericht over mijn benoeming nu snel naar buiten kan?' antwoordde ik. 'Nog niet helemaal.' Bos wilde eerst weten of ik mijn ING-bonus had teruggestort, aldus de ambtenaar. 'Hoe bedoelt u?' vroeg ik enigszins overvallen. 'Waarom wil hij dat weten?' De ambtenaar veinsde verbazing: 'U weet toch dat de minister, vanwege de staatssteun, de raad van bestuur van ING heeft verzocht niet alleen van hun eigen bonus over 2008 af te zien, maar ook aan te sturen op teruggave van de bonus door de rest van het personeel?'

Vanzelfsprekend wist ik dat. Over dat verzoek van de minister was veel te doen geweest. Juridisch hadden medewerkers recht op de bonusuitkering en dus kon ING het geld niet terugvorderen. De CEO van ING, Jan Hommen, ging schoorvoetend akkoord met de wens van Bos om een moreel appel te doen op het personeel, maar maakte wel duidelijk dat hij niet zou bijhouden wie het geld wel en wie het niet terugstortte. Ik vond het toen een redelijk verzoek en besloot het bonusbedrag niet te houden. Maar ik was het ook met Hommen eens dat het niet verstandig of zuiver was om degenen die besloten het geld wel te houden aan de schandpaal te nagelen. En nu kwam deze ambtenaar hiermee terug.

'Wat wil de minister met die informatie?' vroeg ik. 'Gewoon,' antwoordde hij, 'als er Kamervragen over komen dan kan de minister antwoorden dat u het heeft teruggestort. Mocht u dat niet hebben gedaan, dan geeft de minister u de gelegenheid het alsnog te doen.' Het was me helder dat Wouter Bos mijn afweging van destijds niets interesseerde, hij wilde vooral gedoe met de Tweede Kamer voorkomen. Ik meldde de ambtenaar dat ik het niet fris vond. Als ik mijn persoonlijke afweging publiek zou maken, wat was dan het signaal aan mijn ING-collega's, de mensen in mijn teams? Ik had hun immers verzekerd dat ieders afweging een persoonlijke keuze was, die én niet publiek werd én nooit tegen iemand zou worden gebruikt. Ik vroeg enkele dagen respijt. Na er een nachtje over geslapen te hebben, besloot ik uiteindelijk toch in te gaan op zijn verzoek om indien gewenst open te zijn over mijn keuze. De baan niet krijgen omdat ik geen openheid wilde geven over geld dat ik niet eens had gehouden, voelde als een te groot offer. En directe schade zou ik er mijn ING-collega's niet mee berokkenen, maar ergens hield ik een vieze nasmaak. Het was mijn eerste ontmoeting met politiek opportunisme. Ik zou er nooit helemaal aan wennen.

Op 4 mei 2009, de dag voor mijn eenenveertigste verjaardag, ging het persbericht over mijn benoeming eruit. Vlak daarvoor informeerde ik mijn collega's en de top van ING. Nu de kogel echt door de kerk was viel dat afscheid nemen me toch niet mee. Hoewel de laatste jaren zwaar waren geweest en ik me steeds minder thuis voelde bij ING, had ik er lange tijd met veel plezier gewerkt. Zestien jaar. Ik had veel kansen gekregen én veel geleerd. Mijn zakelijke weg naar volwassenheid doorliep ik in dit bedrijf. Maar bovenal had ik een warme band opgebouwd met veel collega's in binnen- en buitenland. Zou ik ze ooit nog zien?

Ik voelde me ergens ook schuldig. Dat gevoel zou ik altijd houden, bij elk afscheid. Zeker nu het bedrijf in moeilijkheden verkeerde. Aan de andere kant, ik had zestien jaar van mijn ziel en zaligheid gegeven en het was tijd om verder te gaan. Deze stap leek hét antwoord op twee verlangens: mijn nog altijd toenemende behoefte om in een omgeving te werken waarin het maatschappelijke belang centraal stond én mijn ambitie om op het hoogste niveau in een bedrijf te werken, de raad van bestuur. De reacties in mijn omgeving waren hoofdzakelijk positief. Vanwege mijn mooie move, maar zeker ook omdat ik hiermee de eerste vrouw zou zijn in de NS-top. Al begreep niet iedereen goed waarom ik koos voor het staatsbedrijf. Mijn Belgische ING-baas reageerde vol onbegrip: 'Die trage Spoorwegen, wat moet je daar nou toch?'

◆

Voor ik officieel van start ging had ik drie maanden vrij. Tijd om uit te rusten en los te komen van intensieve en ingrijpende jaren, zowel zakelijk als privé. Ik was er echt aan toe. Mijn scheiding en de tropentijd bij NN en ING hadden er ingehakt en ik besloot om een maand alleen op reis te gaan. En ik ging, hoe kon het ook anders, met de Transsiberië Express dwars door Rusland en Mongolië naar China. 'In je eentje? Is dat niet eenzaam?' vroegen mijn vriendinnen. 'Joh, het is maar een maandje hoor. Met alle moderne techniek ben ik altijd dichtbij,' zei ik stoer. Misschien net iets te stoer. Hoe dichter de dag naderde dat ik met mijn koffertje in het vliegtuig naar Rusland stapte, hoe meer de twijfel toesloeg. Was ik geen ontaarde moeder als ik mijn jongetjes van vijf en zeven voor meer dan een maand bij hun vader achterliet? Ging ik ze niet ontzettend missen? Hield ik het überhaupt wel vol zo lang in mijn eentje? Pijnlijke herinneringen aan de fietsreis die ik twee jaar eerder met mijn moeder had gemaakt door Cyprus kwamen weer boven.

Het was kort nadat Rein en ik besloten hadden om te scheiden. De kinderen wisten nog van niets, we wilden eerst alles netjes regelen voordat we hen informeerden. Ik voelde me zo ongelukkig dat ik op reis nauwelijks oog had voor de prachtige omgeving. Ik kon niet genieten, alleen maar piekeren. Met de dag raakte ik vermoeider. Ik deed geen oog meer dicht. Halverwege de vakantie barstte ik midden in de nacht in tranen uit. 'Ik ben bang,' snikte ik, 'dat ik opgenomen moet worden.' Het piekeren stopte niet meer, mijn gedachten en emoties raasden maar door. Het werd zo erg, dat ik me voor het eerst kon voorstellen dat je geen uitweg meer ziet. Zo heftig vond ik dat. 'Bel je vader,' zei mijn moeder. 'Hij weet vast wat te doen.' Ik vertelde hem over al mijn angsten, de pijn en het schuldgevoel over mijn mislukte huwelijk. 'Wil jij een slaappil voor me klaarleggen als ik thuiskom, zodat ik weer kan slapen?' vroeg ik hem. 'Dat is goed,' zei hij, 'maar dan moet je me beloven dat je elke week met mij gaat sporten. Regelmatig bewegen werkt veel beter dan een slaappil.' Bij terugkomst op het vliegveld stond hij daar, met een doosje slaappillen in zijn hand. We spraken af om elke week samen naar buiten te gaan, hardlopen of de golfbaan op. Elke zondagochtend zagen we elkaar. Soms praatten we, maar meestal sloegen we zwijgzaam een balletje of renden we een rondje. Ik knapte er echt van op. De slaappillen zou ik jaren later onaangebroken in mijn bovenste keukenkastje terugvinden, ver over de houdbaarheidsdatum.

Gelukkig waren die heftige gevoelens van toen niet aan de orde en wat er nog wel van over was, ergens diep vanbinnen, drukte ik resoluut weg. Ik nam me voor om voor de volle 100 procent van mijn reis te gaan genieten. Mijn dagboek ging mee en over mijn belevenissen zou ik verhalen schrijven. Zo konden mijn familie en kinderen meereizen en er toch een beetje bij zijn. Het zou de start worden van een nieuwe traditie: verhalen delen over mijn verre reizen.

Mijn moeder en ik spraken af voortaan samen treinreizen te maken in plaats van op fietsvakantie te gaan, zoals we sinds mijn studententijd hadden gedaan. 'Tot je de ware hebt gevonden, ben ik je reisgezel,' zei ze. 'Nee hoor, daarna ook,' zei ik. 'Want als die ware liefde het niet ziet zitten dat ik met jou op pad ga, dan is het niet de ware.' Sindsdien reizen we elke kerst samen: altijd tien dagen met de trein naar het buitenland, tot op de dag van vandaag. We noemen onszelf de dames Tinne, naar moeder en dochter Tinne, de eerste Nederlandse vrouwelijke ontdekkingsreizigers die halverwege de negentiende eeuw met al hun huisraad – inclusief gietijzeren bed en tientallen bediendes en dragers – de wereld rond trokken. Wij beperken ons tot een rolkoffertje. Steeds weer besef ik hoe bijzonder onze reizen zijn en hoe liefdevol en uniek onze band is.

Met mijn belangrijkste reisbenodigdheden op zak (een e-reader, fototoestel, iPad en mijn telefoon) reisde ik af naar Sint-Petersburg, waar mijn meer dan zesduizend kilometer lange treintocht begon. Dagenlang zat ik in de trein, via Moskou, Irkoetsk, Ulaanbaatar naar Beijing met tussenstops bij het Baikalmeer en in de Mongoolse steppen. Ik waande me in een soort toneelstuk waarin ik aan een van de formicatafeltjes in de restauratiewagen de reizende dame speelde. Daarin speelden ook een goedlachse *provodnik* – de hoofdconducteur – met een reusachtige borstelsnor, een strenge kokkin, een Mongoolse gastarbeider die om negen uur in de ochtend zijn eerste halveliterfles bier al ophad, twee luidruchtige wodkaverslindende Russische zakenmannen en giechelende studentes die opzichtig flirtten met de hoofdconducteur. Maar het grootste gedeelte van de tijd bracht ik alleen door, op mijn stapelbed met een boek of voor het raam. Starend naar eindeloze vlaktes met uitgestorven nederzettingen, naar miljoenensteden met onuitspreekbare namen, en ontelbare aantallen zilvergrijze berken. Tot op een gegeven moment het eentonige, ritmische gebonk van de Rossija, zoals de Transsiberië Express ook wel wordt genoemd, mijn ogen zo zwaar maakte dat ik in slaap viel.

Ik genoot van het alleen-zijn. Het even helemaal niets hoeven. Hoe verder ik van huis kwam, hoe meer ik ING achter me liet. Terwijl we vijf verschillende tijdzones passeerden verdween mijn gevoel voor tijd steeds meer, maar wat deed het ertoe? Ik sliep als mijn ogen dichtvielen en at als ik honger had. Uren, dagen gleden in elkaar over en langzaam kwam ik in een ander soort *staat van zijn*. Eentje waarin tijd een betrekkelijk begrip werd, stilstond of juist eeuwig leek te duren. Het was de innerlijke tijd, waarover filosofe Joke J. Hermsen zo wonderschoon schrijft in haar boek *Stil de tijd*. Volgens haar zijn we in onze maatschappij te veel belang gaan hechten aan wat zij noemt *kloktijd*, de objectieve meetbare tijd, waardoor we continu het gevoel hebben geen tijd te hebben. We gunnen onszelf geen ruimte om de niet-meetbare, innerlijke tijd te ervaren. Terwijl die juist zo van belang is voor ons denken en de creativiteit: 'Wij lijken niet goed meer te beseffen dat de kloktijd, die onze levens toch tamelijk dwingend reguleert, ooit slechts een praktische afspraak is geweest – van alle afspraken misschien wel de meest kunstmatige.' Sinds mijn eigen reis heeft reizen per trein voor mij daarom een nieuwe dimensie gekregen, het werd letterlijk het symbool voor de innerlijke tijd, een rustmoment. Zodra ik in een trein stap, hoe kort en alledaags het ritje ook is, overvalt mij een intense rust die ik zelfs op de achterbank van een auto met chauffeur nooit zo zou ervaren.

Eind juni 2009, een kleine maand na mijn vertrek naar Rusland, vloog ik vanuit Beijing terug naar Nederland. Ik voelde me verrijkt en opgeladen. Ik verlangde ernaar om mijn jongens weer te zien, met wie ik nog op vakantie zou gaan. Ik had ze gemist, maar toch had ik me geen moment eenzaam gevoeld. Ik kon me dus blijkbaar ook prima in mijn eentje redden. Wat daar natuurlijk ook aan bijdroeg was dat ik eigenlijk nauwelijks alleen was geweest. Overal zijn aardige mensen, ongeacht hun achtergrond, geloof of levensvisie. Mensen bekommeren zich om een ander, overal in de wereld. Zo leerden mijn ouders ons tijdens de avontuurlijke familiereizen naar onbekende oorden in onze jeugd. Geen Côte d'Azur of Costa Brava, maar de leegte van een nog niet ontdekt Grieks eiland, afgesloten van toeristen en de rest van de wereld. Ergens op een afgelegen veldje tussen olijfbomen zetten we onze tent op of sliepen 'gewoon' op het strand. In de avond maakten we een kampvuur waarboven we worstjes roosterden of aten we lokale gerechten in een plaatselijk café. In de ochtend wasten we ons buiten onder een oude waterzak die nog van mijn grootvader was geweest. Die vakanties waren een belangrijke aanjager voor mijn nieuwsgierigheid en levenslange hang naar avontuur. Ik genoot intens van al die kleine ontmoetingen met onbekende mensen. 'De meeste mensen deugen', zou Rutger Bregman twintig jaar later in zijn gelijknamige bestseller schrijven. Dat is mij uit het hart gegrepen.

Bruisend van energie startte ik na de zomer bij NS, klaar voor een nieuwe fase in mijn leven. De eerste tijd ging ik bij zo veel mogelijk onderdelen van het bedrijf op werkbezoek. In overall met veiligheidshelm op kroop ik onder treinen in de onderhoudswerkplaatsen. Gehuld in uniform reed ik mee met machinisten en conducteurs op de trein door binnen-en buitenland. Bij de afdeling logistiek liet ik me wegwijs maken in de complexe puzzel van treindiensten. Ik smeerde broodjes en verkocht koffie op het station en volgde de telefoongesprekken bij de klantenservice. En overal waar ik kwam viel me op hoe bevlogen mensen vertelden over hun werk en ook hoe tastbaar het was. Geweldig om in een bedrijf te werken waar je direct kunt zien en voelen wat klanten ervaren. Zo anders dan mijn vorige banen. Verzekeringen, pensioenen, hypotheken, ze zijn ongelooflijk belangrijk maar ook ontzettend abstract.

Ik maakte niet alleen kennis met de vele NS'ers, ook ging ik op werkbezoek bij ProRail. Tot 1995 was NS één bedrijf geweest, maar onder druk van de privatiseringsgolf in Nederland werd het spoorbeheer van het treinvervoer gescheiden. Het doel was marktwerking mogelijk maken door het spoor open te stellen voor meerdere aanbieders. NS moest als een commercieel bedrijf gaan concurreren met andere vervoerders. Het spoorbeheer, dat werd gezien als overheidstaak, werd in een aparte organisatie ondergebracht en ging later over in ProRail.

Dit alles tot groot verdriet van vele spoormensen. Na tien jaar was er van de marktwerking nog weinig terechtgekomen, concludeerden ze. De splitsing was in hun ogen een heel slecht idee geweest. De samenwerking tussen de bedrijven was veel moeilijker geworden, terwijl het nu juist zo belangrijk was om de dienstregeling op ons drukke spoor goed te laten verlopen. Wel vonden ze het een goede ontwikkeling dat de Staat nu meer op afstand stond. NS was bedrijfsmatiger gaan werken en de dienstverlening was beter geworden. Al snel werd me duidelijk dat het Nederlandse spoorsysteem een stuk complexer was dan ik in eerste instantie had gedacht. Nergens in Europa is het spoor zo druk bereden: de Nederlandse dienstregeling is een logistieke puzzel waarbij beschikbaarheid van personeel, spoor en treinen heel nauwkeurig op elkaar moet worden afgestemd. Een verdwaalde koe op het spoor of een gestolen koperleiding kan al leiden tot een verstoring die als een dominosteen het hele spoorsysteem raakt. En hoewel Nederland de exploitatie van het hoofdrailnet, met uitzondering van een aantal regionale lijnen, onderhands had gegund aan NS, was het bijna het enige land in Europa dat de splitsing tussen het infra- en treinenbedrijf zo rücksichtslos had doorgevoerd. Met alle afstemmingsproblemen tussen ProRail en NS van dien.

'Meer partijen op het spoor betekent meer afstemmingsproblemen, hogere coördinatiekosten en inefficiëntie,' vertelde een doorgewinterde spoorman. 'Daarom is die marktwerking zo'n slecht idee. Helaas denkt de politiek daar anders over.' Dat die doctrine nog altijd bij veel politieke partijen een gewillig oor vond, had ik ook gemerkt tijdens mijn kennismakingsgesprekken met Tweede Kamerleden. Wat vond ik er eigenlijk zelf van? Voorlopig niets, besloot ik. Ik wist er nog te weinig van om tot een afgewogen oordeel te komen. Daarvoor moest ik eerst meer ervaring en kennis opdoen.

Behalve met ProRail maakte ik ook kennis met de andere vervoerders, de goederenvervoerders. Eén keer per kwartaal ontmoetten ze elkaar. Dit keer was de vergadering bij ons op kantoor in Utrecht. Vlak voor aanvang liep ik de vergaderzaal in, waar de hele goegemeente verzameld was. Allemaal grijze pakken. Ik stelde me een voor een aan hen voor. Een oudere heer met grijs haar knikte naar me en zei vervolgens met een geaffecteerde stem: 'Goedemiddag, fijn dat u er bent. U bent hier voor het maken van de notulen, neem ik aan?' Ik antwoordde met een ingehouden lachje: 'Nee, vandaag niet. Vandaag doet mijn collega de notulen.' Toen even later Bert Meerstadt, de CEO van NS, mij aan het gezelschap voorstelde als de nieuwe collega in de raad van bestuur, zag ik de man schrikken. De rest van de vergadering ontweek hij mijn blik en hij zei geen woord meer.

Het was niet de eerste keer in mijn carrière dat mijn vrouw-zijn aanleiding gaf tot vooringenomenheid of stereotypering en het zou ook niet de laatste keer zijn. Of het nu ging om 'Wil je even koffie halen of notuleren' of om ronduit vrouwonvriendelijke grappen. Dat 'moest toch kunnen', want ik was 'ook een van de mannen' en ik werd geacht ertegen te kunnen. Met fijngevoeligheid kwam je niet ver. Ik deed dit soort opmerkingen vaak af met een cynische grap of negeerde ze. En als ik het echt te ver vond gaan, sprak ik de persoon in kwestie erop aan. Maar de werkelijke oplossing voor dit probleem, zo was mijn overtuiging, was meer diversiteit in de top van bedrijven. Toen me steeds duidelijker werd dat dat in het Nederlandse bedrijfsleven niet opschoot, wilde ik bewijzen dat je als vrouw carrière kon maken zonder je principes en je vrouwelijkheid te verliezen. Ik nam me voor zelf het goede voorbeeld te geven door meer vrouwen te benoemen in leidende posities, én meer vrouwen en mannen van diverse herkomst, kleur en seksuele geaardheid. Alleen dan kan een cultuur werkelijk inclusief worden, zonder vooringenomenheid en uitsluiting. Waar ikzelf steeds de eerste en vaak de enige vrouw in de directie was, is dat inmiddels gelukkig steeds vaker niet meer zo. Het aantal vrouwen in topposities in het bedrijfsleven neemt de laatste jaren eindelijk toe. Toch zijn we er nog lang niet. Zolang er nog directies zijn zonder vrouwen en zolang in de media en op social media het aantal vrouwonvriendelijke uitingen over vrouwen in politiek, bestuur of überhaupt zichtbare rollen nog zo schrikbarend hoog is, is er nog een lange weg te gaan.

Graag had ik nog wat langer als ontdekkingsreiziger door het NS-bedrijf en de wereld van het spoor gereisd, maar ik moest aan de bak. Voor elk van mijn bedrijfsonderdelen moest een begroting met actieplan komen. Tijdens mijn kennismakingsbezoeken presenteerden de directeuren van het stationsbedrijf en de buitenlandse activiteiten van NS een voor een hun plannen. Door mijn recente start in augustus moest ik nu een oordeel geven zonder dat ik echt een goed beeld had van de vraagstukken waarmee de bedrijfsonderdelen kampten. Gelukkig kon ik terugvallen op mijn ervaring bij ING, waar ik eindeloos veel begrotingen had gezien en beoordeeld. Ook mijn betrokkenheid bij grote deals en overnames kwam goed van pas, vooral toen bleek dat de omzetplannen van Hispeed wel heel optimistisch waren. Niemand leek zich druk te maken over de kans dat de kredietcrisis ook ons bedrijf zou raken.

Tot ik een aantal dagen op pad ging met Hispeed, het bedrijfsonderdeel dat alle internationale treinen naar België, Duitsland en Frankrijk verzorgde en waar ook het hogesnelheidsbedrijf HSA toe behoorde. Onderweg sprak ik met conducteurs, machinisten, klanten en ondersteunend personeel. 'Al die voorspellingen van bomvolle hogesnelheidstreinen, het gaat echt niet gebeuren,' zei een ervaren conducteur toen ik met hem door de trein liep. 'Mensen op het hoofdkantoor baseren zich op theoretische modellen. Maar mij hoeven ze niet te vertellen hoe het in de praktijk gaat. Ik werk al vijfendertig jaar op het spoor en ik verzeker u, mensen gaan in deze tijd echt niet een peperduur kaartje kopen om twee minuten sneller op kantoor te zijn.'

Later besprak ik met de directie van Hispeed mijn ervaringen en hun plannen voor volgend jaar. 'Ik heb jullie plannen bekeken,' zei ik. 'En ik zie maar één scenario in jullie plan: eentje waarbij de nieuwe treinen al volgend jaar het spoor op komen en er sprake is van forse reizigersgroei. Dat lijkt me wel erg optimistisch. Graag zie ik een aantal extra, meer conservatieve scenario's doorgerekend.' Ik verwachtte weerstand, maar vreemd genoeg zag ik vooral opluchting. 'Fijn Merel, dat je ons dat vraagt,' zei Michiel van Roozendaal, de directievoorzitter. 'We voelen eigenlijk al jaren op onze klompen aan dat onze voorspellingen te optimistisch zijn.' Verbaasd keek ik hem aan. 'Waarom hebben jullie dan niet eerder aan de bel getrokken?' Schoorvoetend vertelde Michiel dat de geplande treindienst op het hogesnelheidsspoor (Schiphol – Antwerpen) al zoveel vertraging kende terwijl de politieke druk om van start te gaan immens was. Nog meer vertraging zou niet alleen betekenen dat reizigers nog altijd niet met een snelle trein konden reizen naar Brussel en Parijs, maar ook dat er geen inkomsten waren om de torenhoge contractvergoeding van 148 miljoen euro per jaar aan de Staat te betalen. In 2001 hadden NS en KLM een exorbitant bod gedaan om als enige gedurende vijftien jaar treinen nationaal en internationaal te mogen laten rijden over de hogesnelheidslijn, legde hij uit. En hoewel de overheid in die tijd versteld had gestaan van de hoogte van het bod, zag ze geen reden om de aanbesteding opnieuw te doen. Met veel gretigheid zette Tineke Netelenbos, de minister van Verkeer en Waterstaat in die tijd, een handtekening onder het contract.

Zonder omzet zou het bedrijf binnen de kortste keren failliet zijn, vertelde de directeur van Hispeed mij. 'Maar dat is toch voorkomen met de deal die gemaakt is tussen verkeersminister Camiel Eurlings en NS van begin dit jaar?' vroeg ik hoopvol. Zes mensen keken naar de grond. Toen schraapte Michiel zijn keel: 'Met de deal is vooral tijd gekocht. Maar niet voor tot in lengte van dagen.' Hij zag de frons in mijn voorhoofd. 'Geen zorgen, die klanten komen echt wel. En mocht er meer vertraging in de levering van de hogesnelheidstreinen zijn, dan hebben we een alternatief: de *intercity direct* waarmee we in september van start gaan.'

Zijn woorden stelden me niet gerust.

◆

'Kijk mama, overal sneeuw!' Job stormde mijn slaapkamer binnen. Hij trok het gordijn open. Slaperig keek ik naar buiten. Hij had gelijk, het hele plein was spierwit. Daken, bomen, struiken, het gras, alles was bedekt onder een dikke laag sneeuw. Het zag eruit als een sprookjesboek. Ook Kik was intussen binnengekomen. Hij had zijn jas al in zijn handjes. 'Kom, mam, opschieten,' drong hij aan. 'Straks is de sneeuw op.' Het was nog vroeg. Nog altijd werden de kinderen om zeven uur wakker, ook op zondag, zoals vandaag. Meestal lukte het me om ze met een Disney-film nog een uur of wat zoet te houden, zodat ik nog iets langer kon blijven liggen. Maar tegen sneeuw kon zelfs geen Disney-film op. Er waren al een paar buurtkinderen druk met een sneeuwpop, grote ballen duwden ze over het witte gras. 'Wij willen ook naar buiten!' riepen de jongens in koor.

In heel Nederland sneeuwde het op 20 december 2009. In ongekende hoeveelheden kwam het uit de hemel. De jongens waren door het dolle heen. Ingepakt als mini-michelinmannetjes stuiterden ze urenlang door de sneeuw. Voor onze voordeur verrezen sneeuwpoppen in alle soorten en maten. En toen de sneeuwpoppenpret voorbij was, trok ik met bevroren vingers de jongens op de slee door de straat. Verderop speelden het beste vriendje van Kik en zijn broertje. Onlangs had ik hun ouders ontmoet, Marie-Claire en Haan, die in de komende jaren mijn beste vrienden zouden worden. Aangemoedigd door een aanzwellend 'Harder mama, harder!' glibberde ik voor ze uit tot mijn handen zo koud waren dat ik het touw niet meer kon vasthouden.

Terwijl Marie-Claire warme chocolademelk maakte en mijn handen langzaam ontdooiden, checkte ik mijn telefoon en zag op nu.nl dat ProRail een negatief reisadvies had uitgevaardigd. Al het treinverkeer in de Randstad lag plat. Ook de internationale treinen waren vrijwel allemaal stilgelegd. De ANWB raadde automobilisten af de weg op te gaan, veel snelwegen waren volgens het bedrijf niet goed te berijden. Logisch, leek mij als nieuwkomer, wat wilde je met de grootste sneeuwval in dertig jaar.

Nog steeds zorgden bevroren wissels en uitval van treinen voor grote problemen, legde Jacques Huberts, directievoorzitter van NS Reizigers uit toen hij de volgende dag in onze directievergadering een update gaf over de laatste stand van zaken. Daarom wilde hij het negatieve reisadvies handhaven. Het was meer een mededeling van deze oude rot in het vak dan dat hij van ons goedkeuring leek te verwachten. Terwijl het autoverkeer in heel Nederland langzaam op gang kwam, bleven de problemen op het spoor aanhouden. In de loop van de dag belde Bert de Klerk, de president-directeur van ProRail mij omdat Bert Meerstadt met wintersport was. Hij vond dat we zo snel mogelijk van het negatieve reisadvies af moesten: de onvrede bij de mensen en ook in de politiek groeide snel. Dat auto's en bussen wel weer gewoon begonnen te rijden maakte het alleen maar erger en hij wilde weten wat ik ervan vond.

Wat vond ik? Geen idee. Hoe moest ik hier iets over vinden? Ik voelde me volstrekt overvallen. Zonder dat ik erop voorbereid was, was ik opeens de dienstdoende kapitein van een organisatie die overduidelijk niet was voorbereid op zoveel sneeuw. Er waren geen protocollen die voorschreven wat te doen bij een wintercrisis. Geen crisismanagementstructuur met heldere rolverdeling en mandaten voor de verschillende managementlagen in het bedrijf. Die kwam er pas begin 2010, toen er, na de publieke verontwaardiging en woedestorm over de wanprestaties van de spoorbedrijven een groot verbeterprogramma werd opgetuigd: Winterhard

Spoor. Ik zei De Klerk toe terug te bellen en deed intern navraag. Ik belde Jacques en al snel werd duidelijk dat hij het opheffen van het reisadvies voorlopig nog niet zag zitten. 'Laat Bert de Klerk mij voortaan zelf bellen. Dan vertel ik hem dat zijn wissels nog niet werken,' zei hij bars. Bovendien hadden we volgens hem te weinig treinen en was het logistiek niet te doen. Toen ik vroeg of we niet met minder treinen een alternatieve dienstregeling konden rijden, legde hij mij fijntjes uit dat je niet even in een dagje een nieuwe dienstregeling ontwerpt. Ik hoorde hem denken: dat ze zo'n bankmevrouw in onze raad van bestuur hebben neergezet, ongelooflijk.

Ik hing op. Het voelde allesbehalve goed. Hoe kon het dat het hele spoorbedrijf platlag na een dagje sneeuw? Maar wat kon ik anders doen dan vertrouwen op de expertise van de direct verantwoordelijke directeuren? Ik was hier pas net en kon nog niet beoordelen of er alternatieve keuzes waren die beter uitpakten. Ik besloot Jacques in zijn koers te ondersteunen. Het duurde uiteindelijk nog drie dagen voor hij het negatieve reisadvies wilde intrekken. Intussen schreeuwde de politiek moord en brand. Jacques liet in niet mis te verstane woorden weten dat het spoorsysteem niet tegen extreme weersomstandigheden bestand was en dat hij klagen te gemakkelijk vond. 'De politiek heeft boter op haar hoofd,' zei hij in het tv-programma *Nova* voor miljoenen kijkers. Door niet te investeren in onderhoud en modernisering van het spoor had zij dit over zichzelf afgeroepen, was de boodschap. Los van de samenwerkingsproblemen tussen ProRail en NS, die er waren als gevolg van de in zijn ogen onwerkbare splitsing tussen de bedrijven. 'Hoezo marktwerking, als je maar één echte klant hebt op het hoofdnet?' bromde hij. De papieren werkelijkheid maakte meer kapot dan het opbracht. Hoewel in zijn uitspraken een grote kern van waarheid zat, werd het ons als bedrijf zwaar aangerekend. 'Ongepast en arrogant' was het oordeel, vooral in Den Haag. Zeker toen bleek dat een groot deel van onze treinen niet bestand was tegen de sneeuw.

Minister Eurlings eiste een evaluatie. Ook de raad van commissarissen wilde het naadje van de kous weten. Ze waren niet te spreken over de manier waarop we als bedrijf hadden geacteerd. 'Jullie hadden als directie steviger moeten optreden,' zei Hans Zwarts in een ingelaste vergadering.

Mijn wittebroodsweken bij NS waren definitief voorbij. Het was me pijnlijk duidelijk geworden wat het betekent om in een operationeel bedrijf te werken, dat vierentwintig uur per dag moet leveren. En hoe moeilijk het is om bij problemen op het moment zelf nog bij te sturen. Zo anders dan ik gewend was bij het verzekeringsbedrijf van ING, daar kon ik vaak nog eens een nachtje slapen over een probleem. Terwijl Bert Meerstadt en zijn mensen samen met ProRail werkten aan het winterklaar maken van spoor en treinen, had ik inmiddels mijn handen vol aan de problemen in het hogesnelheidsdossier. Zeker nu bleek dat het bedrijf HSA er allesbehalve rooskleurig voor stond. Uit de doorrekeningen van de verschillende scenario's waarom ik had gevraagd, bleek dat het bedrijf binnen twee jaar op een faillissement afstevende.

Er zat niets anders op dan een forse herstructurering van het bedrijf en een heronderhandeling van het contract met de Staat. Dat laatste zou nog niet eenvoudig zijn, besefte ik, omdat ook de Staat onvermijdelijk met minder genoegen zou moeten nemen. Maar goed, het contract teruggeven was ook geen optie. Dat zou betekenen dat er een nieuwe openbare aanbesteding moest komen en dat het nog langer zou duren voor het peperdure hogesnelheidsspoor gebruikt zou worden. Slecht voor treinreizigers en slecht voor de Staatskas. Bovendien was de verwachting dat de Staat nooit meer zoveel als de 148 miljoen euro zou krijgen die NS er tien jaar eerder voor had geboden. Al met al lag er een complex en taai vraagstuk op mijn bordje. Niet bepaald in lijn met de optimistische uitspraken van de Haagse ambtenaren die bij mijn sollicitatie zeiden dat 'alle problemen opgelost waren'.

In overleg met mijn collega-bestuursleden en de raad van commissarissen koos ik ervoor om een speciale directeur te benoemen die ervaring had met het redden van bedrijven die op omvallen stonden. Hij werd verantwoordelijk voor een aangepast plan en het voorbereiden van de onderhandelingen met de Staat. Daarnaast haalde ik de beste mensen voor het projectteam uit het hele bedrijf. Van financieel experts en mensen die alles wisten van treinen en de commerciële exploitatie daarvan tot en met ingenieurs met kennis over treinonderhoud en logistiek. We konden ons geen fouten meer veroorloven in dit stadium, het plan moest kloppen en superdegelijk in elkaar zitten, hield ik mijn collega's voor. NS en de Staat hadden zich eind jaren negentig met hun dadendrang en hoogmoed overduidelijk vertild en dit was onze laatste kans om het prestigeproject te redden.

◆

'Dit is Koos. Hij is onze meest ervaren hoofdconducteur en de beste opleider die we hier in Den Haag hebben,' zei teammanager Loek. Naast hem stond een vriendelijk kijkende man met witgrijs haar en een donker brilletje. Hij zou me vanaf die dag gaan inwijden in het conducteursvak. Om de paar weken zou ik een dag met hem doorbrengen en steeds weer zouden die dagen hoogtepunten blijken te zijn.

Toen ik startte bij NS was een van mijn wensen om regelmatig elders in het bedrijf mee te doen. Werken in een van de winkels op het station, servicerondes lopen in de stationshal of mee als conducteur op de trein. Dat wilde ik om te ervaren wat onze dienstverlening voor klanten betekende, maar ook om erachter te komen wat wel en niet werkte, waar onze beleidsmatige keuzes knelden. Een verbinding tussen wat we in de vergaderzaal als directie besloten en hoe het in de praktijk voor de collega's op de trein uitpakte. Natuurlijk kwam je een heel eind als je regelmatig meeliep en veel vragen stelde. Toch was het nog weer anders wanneer je zelf diensten draaide, ingeroosterd was, verantwoording moest afleggen aan een ervaren collega. Als je gewoon een van de medewerkers was en niet 'de directeur'.

'Meester, sein veilig. Over,' zei ik in de mobilofoon. Stilte. Geen antwoord van de machinist. 'Meester, bent u daar? Over?' Het seinlicht brandde, het was tijd. De trein was gereed voor vertrek, maar weer kwam er geen antwoord. Toen zag ik verderop het deurtje van de machinistencabine openstaan. Ik liep naar voren. Naast de trein stond de machinist met een oudere vrouw, die duidelijk van slag was. Ze was beroofd, vertelde de machinist. Hij had het voorval vanuit zijn cabine gezien. De spoorwegpolitie was al gebeld. 'Zullen we dan nu gaan,' zei ik. 'Geen denken aan,' antwoordde hij. 'Ik blijf bij deze dame tot de politie er is.'

Toen we later, na een forse vertraging, vertrokken, legde Koos uit dat het een van de vele dilemma's is waar je als treinpersoneel mee te maken krijgt. Kies je in zo'n geval voor het wel en wee van een individuele klant in nood of voor een betrouwbare dienstverlening voor een grote groep? 'Zoiets staat niet in een handboek,' zei hij, 'maar vraagt om een professionele afweging.' Vervolgens glimlachte hij en zei diplomatiek: 'De machinist koos voor het individu in nood'.

Eenmaal vertrokken riep ik door de intercom om dat we ons best gingen doen om de vertraging zo goed mogelijk in te halen om de reizigers op tijd op hun plek van bestemming te brengen: 'Excuses voor het ongemak en alsnog een fijne reis gewenst.'

Maar vijf minuten vertraging tussen Utrecht Centraal en Den Bosch haal je niet zomaar in, het lukte ons niet om op tijd aan te komen. Ik riep om dat het ons speet en vroeg om begrip. Dat niet iedereen dat begrip kon opbrengen, werd me duidelijk toen ik uit de trein stapte. Een man in een camelkleurige flanellen jas met een leren aktetas in zijn hand beende met grote stappen op me af. 'U bent de conductrice die omriep dat we mogelijk nog op tijd zouden komen?' brieste hij. 'Kunnen ze bij de spoorwegen niet zorgen voor beter personeel, dat wél kan nadenken? En een keer op tijd kan rijden. Weer mis ik mijn aansluiting. U bent een schande voor uw bedrijf!' Beduusd keek ik naar de man. Rustig blijven, sprak ik mezelf toe. Toen hij eenmaal klaar leek te zijn, telde ik tot drie en haalde diep adem. Maar voor ik ook maar iets kon zeggen, draaide hij zich om en liep foeterend weg. 'Zo zie je maar dat een net pak niets zegt over beschaving,' zei Koos. 'Maar trek het je niet aan, Merel. Het hoort, vrees ik, bij ons vak.'

Ik zou nog vaak terugdenken aan dat voorval. Tegen de baas doen mensen dat niet. Een NS-uniform daarentegen is helaas nog regelmatig een vrijbrief voor mensen om zich ongemanierd en respectloos te gedragen.

◆

Eindelijk. Het was zaterdag 4 december. Tijd om vanavond bij mijn ouders in Amersfoort met de familie sinterklaas te vieren. Ik keek ernaar uit. Even helemaal opgaan in de kinderwereld van Sint en Piet. Want hoewel ik elke dag met volle teugen genoot van mijn overstap naar NS en van mijn rol, een jas die me steeds beter paste, waren de afgelopen maanden behoorlijk intens geweest, zeker op het vlak van het hogesnelheidsdossier. Na een voortvarend begin waren de onderhandelingen met de Staat over de redding van HSA in een soort processie van Echternach veranderd, waarbij ik me soms zelfs afvroeg of we niet eerder achteruitgingen. In aanloop naar een nieuw kabinet had minister Eurlings zijn handen overduidelijk niet meer aan het dossier willen branden en het stelselmatig voor zich uitgeschoven. Een bekend fenomeen in de politiek, zo zou ik leren. Zodra een minister demissionair is of zelfs eerder – soms zelfs een jaar voor het startschot van de officiële verkiezingscampagnes – gebeurt er weinig meer. Een beetje op de winkel passen, meer niet. Lastig en zeer onwenselijk vond ik. Zeker voor een staatsbedrijf als NS. Alsof de wereld zomaar stil kan staan.

Ik had mijn hoop gevestigd op Melanie Schultz van Haegen, die in oktober 2010 aantrad als minister van Verkeer en Waterstaat. Zij was zakelijker dan haar voorganger, zonder dat ze haar gevoel voor de politieke realiteit uit het oog verloor. Met haar zouden we wel tot een oplossing komen, verwachtte ik. Maar voorlopig was er nog altijd geen deal en de tijd tikte door. Een faillissement kwam steeds dichterbij.

De jongens waren al de hele week niet te houden. Kik stond al om kwart over zes in zijn pietenpak voor mijn bed: 'Mama, opstaan, Sinterklaas komt vandaag.' Kwart over zes! Een onmogelijk tijdstip, maar ik nam het hem niet kwalijk. Ik herkende het zo goed uit mijn eigen jeugd. De opwinding, de gezelligheid en het al maanden opgebouwde verlangen. Ook ik kon toen ik klein was niet wachten tot de goedheiligman (mijn vader, herkenbaar aan zijn bruine schoenen, die zogenaamd altijd moest werken op sinterklaasavond) bij ons thuis kwam. 'Ga maar vast je koffer inpakken, schatje,' zei ik tegen Kik en ik sprong uit bed. Snel even douchen en ik kon er weer tegenaan. Job had zijn spulletjes al verzameld. Lapjes, knuffels en een voorleesboekje. Het lag keurig te wachten om in de koffer mee te gaan naar 'Ap en Am', zoals hij zijn opa en oma noemde. Ik stopte zonder dat de jongens het zagen snel alle cadeaus in een grote rolkoffer. Dankzij Rein was het gelukkig op de valreep gelukt om de belangrijkste cadeaus op hun verlanglijstje aan te schaffen. De gedichten zou ik straks in de trein wel afmaken.

Toen we op het punt stonden om te vertrekken, begon het ineens te sneeuwen. Voor de zekerheid liet ik de jongens nog even hun sneeuwlaarsjes aantrekken en ik dacht natuurlijk meteen terug aan de ellende van vorig jaar. Het was druk op de tramhalte. De hemel was grijswit, sneeuw viel in grote hoeveelheden naar beneden. Mensen dromden samen op het smalle perronnetje. Meerdere trams lieten het afweten, dat werd proppen. Ik zag Job al bedrukt kijken. Als hij ergens stress van kreeg, waren het wel overvolle trams en treinen. 'Even flink zijn, lieverd. Het komt goed allemaal,' sprak ik hem moed in. Toen halverwege de rit alle reizigers werd verzocht de tram te verlaten, zei hij met een angstig stemmetje: 'Mama, we komen toch nog wel op tijd voor Sinterklaas hè?' Ik verzekerde hem dat het goed zou komen en loodste de jongens naar station Den Haag Centraal. Ook daar was het stampvol. Overal stonden gezinnen met kinderen te wachten op de perrons. Gelukkig stond er wel een trein naar Amersfoort klaar. Ik duwde de rolkoffers en de jongens naar binnen. Staan in het gangpad. De gedichten moesten dan maar later als we bij mijn ouders waren. Het duurde nog een halfuur voordat we vertrokken, maar 'We rijden tenminste, jongens,' zei ik nog blijmoedig. 'Straks zijn we in Amersfoort en komt Sinterklaas.' Helaas ging de trein niet verder dan Utrecht Centraal, hoorden we via de intercom. In de inmiddels bloedhete coupé werd volop gemopperd en gevloekt. Ik zag angst in Jobs ogen. 'We komen te laat, we komen te laat,' prevelde hij. Verderop begon een kind te huilen.

Volgens de NS-reisplanner reed onze trein gewoon nog naar Amersfoort. Ik besloot een sms te sturen naar de dienstdoende directeur van het reizigersbedrijf: 'Hier valt de sneeuw met bakken naar beneden. Onze trein rijdt maar tot Utrecht. Gaat het nog goed met het treinverkeer?' Maar volgens de directeur was de sneeuw vooral lokaal gevallen en ging het allemaal goed. Dat idee had ik helemaal niet, zeker toen we ons door een propvol Utrecht Centraal wurmden. Overal wachtten ouders met kinderen wanhopig op informatie over of hun trein nog ging en vanaf welk perron. Duizenden reizigers liepen als een kip zonder kop rond. Mensen stonden rond een enkele NS-servicemedewerker die geen van hun vragen kon beantwoorden. Door de stationsomroep klonken onverstaanbare berichten over uitval. Nergens was actuele informatie beschikbaar. 'Rijden er überhaupt nog treinen?' vroeg een wanhopige moeder, met aan haar hand een jengelend jongetje in een sinterklaaspak. 'Op het grote blauwe informatiebord staat helemaal niets.' Ik belde weer met mijn collega. 'Het gaat hier helemaal niet goed. Er rijdt geen trein. Het staat vol met gezinnen en kleine kinderen die hun sinterklaasavond in het honderd zien lopen. Er is nauwelijks personeel, stuur meer mensen en zorg voor betere informatie. Ook moet er vervangend vervoer komen, taxi's kunnen de toestroom niet aan en de mensen hier zijn radeloos.' Ik voelde me net een correspondent die verslag deed van de situatie ter plekke. Gelukkig had het iets van effect. Het besef dat het niet goed ging op Utrecht Centraal en dat ook het treinvervoer naar de rest van Nederland vastliep was inmiddels doorgedrongen. Na enige tijd verschenen er steeds meer NS'ers op het station om mensen te helpen. Het was ook niet zo dat er opeens weer treinen waren en de informatie op orde. Maar er was een luisterend oor, veel meer was er nu niet aan te doen. Het operationele controlecentrum moest stap voor stap de treindienst weer op gang krijgen en er zouden mensen met bussen en taxi's naar huis moeten worden gebracht. Ik besefte dat ik hier niet veel meer kon toevoegen. Bovendien stonden de jongens ook al meer dan anderhalf uur te blauwbekken in de kou.

Zonder veel hoop liep ik naar de taxistandplaats, er was, zoals ik al had gevreesd, geen taxi te bekennen. Of toch, er kwam er net eentje voorbij, maar daar zaten al mensen in. Opeens stopte de taxi en reed achteruit. 'Waar moet u heen?' riep een oudere dame vanaf de achterbank. 'Naar Amersfoort,' zei ik. 'Dat komt dan mooi uit,' zei ze. 'Wij ook, kom er maar bij. Voor een keertje met zijn vieren op de achterbank is ook niet zo erg toch?' Een beter sinterklaascadeau voor de jongens had ik me niet kunnen wensen. We waren net op tijd voor 'opa' Sint.

Disharmonisch IQ

'Komt u op onze school werken?' vraagt Soraya. Met haar lange donkere krullen en haar puntgave gezicht heeft ze iets weg van topmodel Imaan Hammam, de Amsterdamse met Noord-Afrikaanse roots, die als zestienjarige de catwalks van Parijs en New York veroverde. 'Dat zou leuk zijn,' antwoord ik. 'Maar ik zit zelf nog op school.' Ze kijkt me aan, alsof ze denkt: zo oud en dan nog op school? Dan lichten plots haar grote, amandelvormige ogen op: 'Zit u soms op de pedagogische academie voor het basisonderwijs?' Ik knik.

'Ik wil ook naar de pedagogische academie voor het basisonderwijs', zegt Soraya, elk woord langzaam, duidelijk articulerend. 'Maar daarvoor moet ik wel havo-eindexamen doen.' Voor ik het weet begint ze alle eindexamenvakken op te noemen. Tot plots haar gezicht betrekt. 'Weet u, ik hoor niet op deze school, maar door mijn IQ van 63 zit ik hier toch.' Ze zucht: 'Verbaal ben ik heel sterk, maar performaal niet. Een disharmonisch IQ noemen ze dat.' Soraya kan het allemaal heel goed verwoorden, maar zelfstandig met de bus of een eitje bakken lukt haar nauwelijks. 'Ze heeft vaak last van overvraging,' vertelt haar leraar Hans van de middelbare school voor zeer moeilijk lerende kinderen. 'Juist omdat ze zich zo goed kan uitdrukken en je aan haar uiterlijk niets ziet.'

Veel leerlingen met een licht verstandelijke beperking hebben daar last van. Als ze achttien zijn, gaan ze van school en moeten ze voor zichzelf zorgen. Dat is niet eenvoudig in onze almaar veeleisender wordende samenleving, die een groot beroep doet op zelfredzaamheid. Bovendien raakt juist deze kwetsbare groep snel verstrikt in de veelheid aan ingewikkelde regelingen en wetten. Meisjes als Soraya raken daardoor gemakkelijk in de schulden, worden dakloos of vallen in verkeerde handen.

Thuis laat het verhaal van Soraya me niet los. Wat zou het mooi zijn als zij haar droom om docent te worden toch kon waarmaken. Mijn oog valt op een nieuwsbericht van de LFB, de belangenvereniging voor en door mensen met een verstandelijke beperking. In Nederland zo'n 1,2 miljoen mensen. 'Sterk in onderwijs: studenten met een verstandelijke beperking kunnen een driejarige opleiding volgen tot ervaringsdeskundige,' staat er geschreven. Ervaringsdeskundige, prachtig. Daar wil ik meer van weten.

'Ik werk hier al twaalf jaar en kan u alles vertellen over het "Sterk in onderwijs"-traject,' zegt Maarten van de LFB als ik bel. 'Ik heb zelf ook een verstandelijke beperking, net als 75 van onze honderd medewerkers.' In heldere taal legt hij me uit hoe het initiatief vanuit de LFB is ontstaan en hoe de Sterk-studenten na hun opleiding een belangrijke rol vervullen bij zorginstellingen en overheidsinstanties. Ze fungeren als adviseur, mysteryshopper of docent, bijvoorbeeld voor hogeschoolstudenten Social Work. 'Zeg nou zelf, mevrouw,' eindigt Maarten zijn verhaal. 'Van wie leer je nu beter wat het betekent om met mensen met een verstandelijke beperking te werken, dan van een docent met een verstandelijke beperking?'

Ik vraag me af: was het ooit zo ontspoord bij de kinderopvangtoeslagen, jeugdzorg en passend onderwijs als politici en ambtenaren bij de hervorming van overheidstaken ervaringsdeskundigen hadden betrokken, mensen die er in de praktijk afhankelijk van zijn?

Maarten en zijn collega's van de LFB weten het antwoord allang. Het is tijd voor meer ervaringsdeskundigheid op het Binnenhof en in de ministeriële burelen. Juf Soraya staat te trappelen.

6

Schaarste drijft de prijs op

De plaatselijke stationschef in het Turkse plaatsje Adana keek me onderzoekend aan: wat deden deze twee buitenlandse vrouwen, hartje winter, op zijn station? Hij zuchtte en schudde zijn hoofd: '*No train to Aleppo, no train!*' Het was december 2010 en samen met mijn moeder maakte ik een tiendaagse reis van Istanbul, via Syrië, naar Jordanië. De Taurus Express, die over het spoor vanaf Istanbul naar de Perzische Golf reed, was allang ter ziele. Dus legden wij de route grotendeels per bus af. Maar waar was in vredesnaam het busstation?

Verderop stond een gammele auto met een tandeloze man ervoor die ons vriendelijk wenkte. 'Taxi?' Er zat niets anders op. Hij bracht ons maar al te graag naar het busstation buiten de stad, waar je bij allerlei reisbureautjes tickets kon kopen. Een klant zonder alternatief was natuurlijk altijd bereid om goed te betalen. Op het busstation werd het ons duidelijk dat er geen rechtstreekse bus meer ging naar Aleppo. 'Nog een extra kopje koffie dan maar?' vroeg ik aan mijn moeder terwijl we op de bus wachtten. We zouden nog wel even onderweg zijn. Uren later zette de bus ons af op een pikdonker, uitgestorven busstation ver buiten de grensplaats Antakya, in *the middle of nowhere*. Het was inmiddels twee uur in de nacht. Hoe verder? Nergens een bus of taxi te bekennen. De buschauffeur zag onze verontruste blik en bood aan te helpen. Dat kostte dan wel weer geld natuurlijk, vijf lira, ongeveer tweeënhalve euro. Na wat omzwervingen vond hij de enige taxi in de wijde omtrek, een aftands geel barrel met een Syrische nummerplaat. Voor vijftig euro wilde de taxichauffeur ons wel naar Aleppo brengen. Na ruim een uur in het aardedonker over hobbelige wegen gereden te hebben, kwamen we aan bij de Turks-Syrische grens. *'Out, out!'* bromde de man. In een kaal, leeg, door schelle tl-lampen verlicht gebouw zaten mannen met snorren en donkere jassen. De taxichauffeur wees op een groene kaart, die we blijkbaar nodig hadden om Syrië binnen te komen, ook al hadden we een visum. De groene kaart, die achteraf een *entry card* bleek te zijn, was verplicht, zei hij streng. Druk gebarend joeg hij ons terug de auto in. Hij wilde het wel regelen, zei hij, maar dat kostte dan wel tien euro extra. Zonder iets te zeggen griste hij het geld uit mijn hand en stapte weer uit. Ontredderd bleven we achter in de auto, wachtend op een Syrische taxichauffeur die we niet verstonden en die het verdere verloop van onze reis zou bepalen.

Even later kwam onze vriend de taxichauffeur terug met plastic tassen vol met spullen. Sloffen sigaretten, zo te zien. Voor de illegale handel begrepen we, toen even later een groep mannen in zwarte leren jassen onze auto staande hield. Ze omsingelden de auto. Een van hen klopte agressief op het raam en schreeuwde dat de taxichauffeur moest uitstappen. Waar waren we in beland? Als er nu iets gebeurde, wist niemand waar we waren. Vlak voordat onze taxichauffeur het portier opendeed, moffelde hij nog even snel een slof in het dashboardkastje. De plastic tassen smeet hij bij ons op de achterbank. 'Als we maar niet beschuldigd worden van iets illegaals,' fluisterde ik tegen mijn moeder. Een douaneman met een verweerde kop inspecteerde de auto van top tot teen, maakte onze koffers open, maar raakte de plastic tassen bij ons op de achterbank niet aan. We hielden onze adem in. De taxichauffeur werd nog een keer heel hard uitgescholden en kreeg toen uiteindelijk het teken dat hij moest wegwezen. Eindelijk waren we de Syrische grens over. Nu kon het toch niet ver meer zijn. Even doezelden we weg. Totdat de auto begon te schokken en sputteren en langzaam tot stilstand kwam. Geen benzine meer. De taxichauffeur deed zijn knipperlichten aan.

Daar stonden we dan. Van god en alle mensen verlaten, in het holst van de nacht, in het land van dictator Bashar al-Assad. Erg vrolijk was ik inmiddels niet meer. Ik belde voor de zoveelste keer het nummer van onze contactpersoon in Aleppo, die dit keer wonder boven wonder wel de telefoon opnam. 'Waar zijn jullie?' vroeg hij. Waar wij zijn? Ongelooflijk. 'Waar ben jij?' vroeg ik. De man zei dat hij alle bus- en taxistations van Aleppo was afgegaan op zoek naar ons. Ik vroeg of hij ons op kwam halen en gaf mijn mobieltje aan de taxichauffeur zodat hij kon doorgeven waar we stilstonden. 'Zie je wel,' zei mijn moeder – eeuwig optimistisch – 'het komt altijd goed.' Even later stopte er een auto met vier mannen naast ons, ook weer allemaal in zwarte leren jassen. Zou het een soort volksuniform zijn? Een van hen overhandigde een petfles gevuld met benzine aan onze taxichauffeur, die de vloeistof in de tank goot en probeerde te starten. De motor wilde het alleen nog niet doen. Stommerd, dacht ik, dat krijg je wanneer je te vaak je tank helemaal leeg rijdt. De vier mannen gingen op de motorkap zitten en duwden de auto een paar keer op en neer. Opeens deed hij het weer. Er werd snel betaald, ze zoenden elkaar en ieder ging weer zijn eigen weg. Na een eind rijden zagen we in de verte de lichten van een stad. Aan de kant van de weg stond een auto met knipperlichten en onze taxichauffeur minderde vaart. Het was inmiddels kwart over vijf, ik wilde nu echt naar ons hotel. Uit de auto stapte een man in een beige pak. Het bleek de reddende engel, onze contactpersoon.

Na een dag in het wonderschone Aleppo vervolgden we onze reis naar Damascus en Jordanië. Het was een mooie reis en ik koester warme herinneringen aan het samenzijn met mijn moeder. En aan onze avonturen, de wonderschone natuur en cultuur die we hebben mogen zien. Echt heel bijzonder en ik kan me dan ook nog steeds niet goed voorstellen dat de grootste stad van Syrië niet veel later kapot zou worden geschoten tijdens de burgeroorlog.

Op 1 januari 2011 vlogen mijn moeder en ik weer terug naar Nederland, terug naar de realiteit. Tijdens onze reis was Nederland weer ten prooi gevallen aan extreme kou en een dikke sneeuwlaag. En toen daardoor de treinen weer niet volgens plan reden was Nederland opnieuw boos. Hoewel ik de onvrede best begreep, schrok ik ook van het totale gebrek aan nuance en respectloosheid tegenover onze mensen in de trein en op het station. Ik zag het als de makke van de idee-fixe van een maakbare wereld, waarin risico's niet bestaan. Laat staan sneeuw op het spoor. Als alles stilviel, van vliegverkeer tot autoverkeer, dan reed de trein ook niet 'gewoon' door. Heel vervelend natuurlijk, maar er waren geen doden gevallen, er was geen oorlog of honger. Het ging om treinen die minder vaak reden dan normaal. In Syrië reden überhaupt nauwelijks bussen en treinen. Waren we hier te verwend geraakt? Ik besefte steeds meer dat je als spoorbedrijf met je voeten in de samenleving staat, en hoe je snel een mikpunt bent voor iedereen met een mening.

Ondanks deze koude start begon ik het nieuwe jaar met een optimistisch gemoed. Mijn drie grote doelen voor dit jaar waren: het voorkomen van een HSA-faillissement, het winnen van een groot buitenlands spoorcontract en samen met mijn NS-collega's de marathon van Berlijn lopen. Het zou geen appeltje-eitje worden, dat wist ik wel. Zware onderhandelingen met de Staat stonden op stapel over de miljoenen van HSA. Ook zou ik veelvuldig naar landen in Europa moeten reizen voor besprekingen met potentiële partners. Dat vergde een strakke planning, zeker omdat ik op de dagen dat de jongens er waren echt op tijd thuis wilde zijn. En daarnaast wilde ik dus ook nog trainen. 'Hoe wil je daar tijd voor vinden?' vroeg mijn secretaresse, toen ik haar vroeg mijn trainingsschema voor de marathon ook in mijn agenda te zetten. Gek genoeg voorzag ik geen problemen. Hardlopen kun je altijd. Op elk tijdstip en in elke stad. Er was maar één voorwaarde: altijd je hardloopschoenen meenemen!

Ik voelde mij sterk en vol vertrouwen. Thuis had ik het goed georganiseerd met hulp van de lieve mensen om mij heen. En ook bij NS had ik voor de belangrijke projecten speciale teams met goede, betrokken mensen verzameld. Het was onderdeel van mijn bestuursstijl geworden. Aan de samenwerking met mijn twee ervaren collega-bestuursleden beleefde ik eveneens veel plezier. Samen de verantwoordelijkheid dragen voor een groot bedrijf betekende dat ik me niet alleen moest verdiepen in onderwerpen die ik direct onder mijn hoede had, maar ook mee mocht beslissen over de aanschaf van nieuwe stoptreinen, de invoering van de OV-chipkaart en andere strategische onderwerpen op de agenda van onze wekelijkse directievergadering. De rol van bestuurder, ook op het hoogste niveau, kreeg ik steeds meer in de vingers. Vertrouwen in talent van anderen, boven op de bok waar nodig. Hoe complex het spoorbedrijf ook mocht zijn, ik hield van de tastbaarheid van ons product en relevantie voor de samenleving.

En ik kreeg zicht op de speciale dynamiek met onze omgeving. Zeker dat laatste was van een niet te onderschatten belang. Zonder draagvlak zou ik niets voor elkaar krijgen, wist ik. Naast reizigersorganisaties, ondernemingsraden en vakbonden hadden de Haagse en lokale politiek én de media grote invloed op vrijwel alles bij NS. Formeel gezien was de invloed van de politiek sinds de verzelfstandiging van het spoorbedrijf in 1995 beperkt. NS zou moeten worden gerund als een 'gewoon' bedrijf, maar welk gewoon bedrijf was zo afhankelijk van twee ministeries? Het ministerie van Financiën benoemde als aandeelhouder de bestuurders en commissarissen en eiste bovendien de winst op. En Verkeer en Waterstaat ging over de vergunning en bijbehorende eisen om op het spoor te rijden, waarvoor NS jaarlijks een fors bedrag betaalde. Daarnaast moesten twee ministers verantwoording afleggen aan de Tweede Kamer en de vermeende 'beperkte formele macht' verhinderde politici niet om zich ook op allerlei andere terreinen te bemoeien met de gang van zaken bij NS. Politieke bemoeienis alom. Misschien wel een van de meest complexe aspecten van het leiden van een staatsbedrijf.

Door hevige verontwaardiging te veinzen in een Kamerdebat met de minister of ongenoegen te uiten in de media oefenden politici van links tot rechts druk uit op het bedrijf om eigen politieke wensen in te willigen. Zelfs als het ging om het doen van onrendabele investeringen, zoals de eis van toiletten in stoptreinen, terwijl mensen daar gemiddeld niet langer dan een kwartier in zaten. Of het afdwingen van de bouw van extra stations, terwijl er niet genoeg reizigers en dus onvoldoende inkomsten tegenover stonden. Het was aan de orde van de dag. Meestal hielden we onze poot stijf, maar dat was niet altijd mogelijk. En niet zelden werden verschillende dossiers door Den Haag met elkaar verbonden, als een soort van koehandel, zelfs als ze niets met elkaar te maken hadden. Meestal was dat vooral opportunisme, maar een enkele keer ging het zover dat ik het meer als chantage zag. Zoals die keer dat een topambtenaar van het ministerie van Financiën mij belde met de mededeling dat ze een buitenlandse bedrijfsovername door NS alleen zouden steunen als wij hetzelfde bedrag (300 miljoen euro) ook in de bijna failliete HSA zouden stoppen. Ik stond perplex. Dus los van welke deugdelijke onderbouwing dan ook en zonder enig perspectief op het afwenden van een faillissement, dwong het ministerie een financiële injectie in HSA af. Anders zouden ze een andere investering blokkeren, die er inhoudelijk totaal niets mee te maken had. Onverantwoord vanuit een bedrijfsmatig perspectief en iets waar ik als bestuurder ook nooit mee zou instemmen. Welkom in de politiek.

Ondanks mijn goede moed duurde de patstelling in het moeizame dossier HSA toch langer dan ik dacht. De nieuwe minister Schultz van Verkeer en Waterstaat liet inderdaad veel meer daadkracht zien dan haar voorganger Eurlings, maar er was nog altijd een grote hobbel op de weg. Zij wilde alleen een oplossing zoeken voor het dossier in samenhang met een vergunning voor rijden op het hoofdrailnet. Dat contract liep binnenkort af en NS moest die vergunning opnieuw zien te krijgen. Deze oplossing stuitte in ons eigen huis op weerstand, omdat op deze manier een potentieel risicovol bedrijf als HSA vermengd zou worden met de kern van NS: het hoofdspoor. Ik begreep dat wel, maar zag vooral voordelen. Het bedrijfsonderdeel HSA zou worden opgeheven en de hogesnelheidslijn zou organisatorisch en financieel onderdeel worden van het Nederlandse hoofdspoornetnetwerk. Het was goed voor reizigers, veel efficiënter en de financiële risico's zouden te overzien zijn, verwachtte ik. De grootste weerstand die ik intern moest overwinnen zat bij mijn eigen medebestuurder, de CFO, die het vooral zag als een politieke oplossing met risico's bij NS. Pas toen hij met pensioen ging en Engelhardt Robbe in het voorjaar officieel aantrad als nieuwe CFO, kwam er weer schot in de zaak. Hij bleek met zijn oplossingsgerichte houding al snel een belangrijke bondgenoot in dit dossier.

◆

'Opschieten Kik, anders komen we te laat op school!' riep ik vanuit de keuken terwijl ik de deur van de ijskast opentrok. Hè bah, helemaal vergeten kaas te kopen. En worst was er ook al niet meer. Haastig strooide ik een dikke laag hagelslag over vier bruine boterhammen. Bekers vullen met water, appeltjes en twee pakjes Sultana en klaar was Kees. De rugzak van Job lag natuurlijk keurig op het vaste plekje in de gang, die van Kik vond ik tussen een stapel kleren en een berg speelgoed op zijn kamer. 'Hij lijkt te veel op zijn moeder,' verzuchtte ik. 'Jongens, zijn jullie klaar? Jij ook, Kik?' Uit de badkamer klonk wat gemompel. Gelukkig, nu nog mijn eigen spullen inpakken. Ik griste mijn iPad van tafel en propte ook nog snel een stapel papieren in mijn tas. Waarom was ik niet een halfuurtje eerder opgestaan? Job stond bij de voordeur te wachten. Jas al aan, rugzak in zijn hand. Hij keek angstig. Niets wat hem grotere stress bezorgde dan te laat komen. Arm kind, moet je net mij hebben als moeder.

Vlak voor de tweede bel ging, zette ik de jongens af bij de ingang van het schoolgebouw. Nog even achterom lopen. Eerst bij Job en dan bij Kik voor het raam zwaaien. Ik keek naar binnen. Allebei zaten ze zoet te wachten tot ze me zagen. Een handkus, een handkus terug, zwaaien. Ik kon gaan. Ik reed terug naar huis waar ik de auto voor de deur parkeerde. Net op tijd om tram 3 naar Centraal te halen, waar ik twintig minuten later de trein pakte naar Utrecht. Nog een klein uurtje voor mezelf. Met een kopje koffie in de stiltecoupé, in mijn oortjes de *greatest hits* van Diana Ross. Heerlijk. Hoewel we als raad van bestuur samen twee chauffeurs ter beschikking hadden, ging ik toch liever met de trein. Ik vond het belangrijk dat we ons eigen product promootten, maar ook zo veel mogelijk ervoeren hoe onze dienstverlening was. Daarnaast houd ik gewoon heel erg van het reizen per trein, van de toevallige ontmoetingen onderweg, soms een knikje of een vriendelijk 'fijne reis nog', soms een gesprek. En van de taferelen: een groepje oudere dames, zichtbaar opgetogen, op pad naar de stad voor een museumuitje, giechelende pubermeisjes die samen muziek luisteren, een zakenman die veel te hard aan het bellen is, waar de rest van de coupé zich dan weer aan ergert en hem toebijt: 'Ssst, het is hier een stiltecoupé.' Elke reis was weer een traktatie en het gaf me het gevoel midden in het leven te staan in plaats van op de achterbank van een auto met chauffeur in mijn eigen cocon te zitten. Uit mijn tas pakte ik de stukken voor de volgende onderhandelingsronde over de toekomst van HSA. Er stond een bespreking met de ambtenaren van het ministerie van Infrastructuur en Milieu (zoals het ministerie van Verkeer en Waterstaat inmiddels heette) op het programma. Het zou een moeizame sessie worden, had Maurice Unck, projectleider van het team dat de gesprekken voorbereidde, voorspeld. Hij zorgde ervoor dat we tot de tanden gewapend waren. Tegelijkertijd bleef hij constructief in contact met de ambtenaren van het ministerie. Dat moest ook wel, want de onderhandelingen zaten weer eens muurvast. Het wantrouwen dat in de afgelopen jaren tussen NS en het ministerie over en weer was ontstaan speelde ons parten. Het was ook best moeilijk om je niet te laten meeslepen door de negatieve verhalen. Ik merkte het zelf ook. Hoe vaak ik van teamleden niet te horen kreeg dat de tegenpartij niet te vertrouwen was. Dan volgden er verhalen over negatieve ervaringen uit het verleden waarbij de politiek NS een kunstje had geflikt. En zo ging dat ongetwijfeld aan de andere kant van de onderhandelingstafel ook. Wantrouwen komt zelden van één kant.

Toch vertrouwde ik erop dat ook het ministerie baat had bij een oplossing. Melanie Schultz van Haegen kwam tijdens de paar keren dat ik haar sprak over als een nuchtere, rustige persoon, zakelijk en wars van politieke spelletjes. Ik nam me voor om het binnenkort nog maar eens te bespreken met Lidewijde Ongering, de directeur-generaal van het ministerie, die namens Schultz de onderhandelingen voerde. Ook zij leek me een redelijk mens. Al vond ik het nog steeds niet gemakkelijk om haar te lezen, ze leek wat afstandelijk. Ik besloot haar uit te nodigen voor een lunch, dat praatte toch gemakkelijker dan met al die mensen om ons heen. En terwijl er een landschap met groene velden en bomen in bloei aan me voorbijtrok, zong Diana Ross in mijn oor: 'Ain't no mountain high enough.'

◆

Naast de tijd die ik besteedde aan de onderhandelingen over HSA was ik veel op pad naar het buitenland. Zoals commissaris Hans Zwarts tijdens mijn sollicitatiegesprek al had aangegeven, was het ook mijn verantwoordelijkheid om te zorgen dat ons buitenlandbedrijf Abellio een belangrijke positie ging veroveren in Europa, als verzekering tegen mogelijk verlies van positie in eigen land.

In Nederland nam de druk vanuit de politiek en van concurrerende partijen fors toe om delen van het hoofdspoornetwerk vrij te geven voor competitie. Dat zou betekenen dat we in de toekomst een deel van onze inkomsten kwijt konden raken aan buitenlandse spoorbedrijven die ironisch genoeg zelf vaak staatsbedrijven waren. Voor onze internationale strategie hadden we bedacht dat we samen zouden werken met bestaande vervoersbedrijven die al een positie hadden in een van de geliberaliseerde markten. Of ze desnoods te kopen. In het geheim onderzocht ik een samenwerking tussen Abellio en Keolis, een dochterbedrijf van de Franse spoorwegen, SNCF. Samen zouden we in één klap een grote plek kunnen innemen op de Europese spoormarkt. De Fransen bleken vooral geïnteresseerd in onze positie in Engeland, de meest geliberaliseerde spoormarkt van Europa, waar we in tegenstelling tot de Fransen al enkele jaren treindiensten verzorgden.

Regelmatig reisde ik met mijn team naar Parijs. Daar ontmoette ik Barbara Dalibard, een Française met een lange carrière in de Franse telecomindustrie en sinds kort CEO van het bedrijfsonderdeel bij SNCF dat alle treinen in Frankrijk exploiteerde. Barbara was tien jaar ouder dan ik en behoorde tot de Franse bestuurlijke elite die de Staatsbedrijven bestuurde. Ik was onder de indruk van haar intelligentie en de manier waarop ze op een menselijke, toegankelijke manier het bedrijf met 70.000 medewerkers met strakke hand leidde. We konden het goed vinden. Behalve dat we vergelijkbare opvattingen hadden over de mogelijkheden om internationaal treinverkeer aantrekkelijker te maken, vond ik in haar echt een geestverwant. Regelmatig spraken we over hoe het was om als vrouw leiding te geven aan een groot bedrijf. In tegenstelling tot in Nederland was het in Frankrijk heel normaal om als vrouw te werken én moeder te zijn. Een Franse vrouw wil alles, legde Barbara uit. Het was gewoon een kwestie van praktisch organiseren. Zelf had ze altijd gewerkt, ook toen haar kinderen klein waren. Fulltime, vanzelfsprekend. Natuurlijk hielp het dat in Frankrijk kinderopvang veel goedkoper is en kinderen langer naar school gaan, maar dat was zeker niet alles. Het was ook de vanzelfsprekendheid dat je niet hoeft te kiezen tussen het moederschap en een carrière, een vanzelfsprekendheid die in de Nederlandse cultuur vaak ontbreekt. Frankrijk besloot al in 2011, in navolging van Noorwegen, een hard quotum in te voeren waarbij ten minste 40 procent van de leden van bestuur en van de commissarissen vrouw moest zijn. Veelzeggend. In Nederland stemde de Tweede Kamer pas acht jaar later in met een verplicht vrouwenquotum, maar bleef steken op 30 procent en dan nog alleen voor commissarissen.

Met Barbara mocht ik dan veel gemeen hebben, met haar bedrijf kwamen we niet tot een deal. De Fransen eisten een te groot deel van de zeggenschap op in de samenwerking. Maar veel tijd om teleurgesteld te zijn, had ik niet. De aanbestedingsmachine van Abellio draaide op volle toeren. *'What do you think about our proposal?'* Ik was op bezoek op het hoofdkantoor van Abellio in Londen en had zojuist een presentatie bijgewoond van Steve, de leider van het *bidteam* dat de bieding op het treinvervoer in de Greater Angliaregio in en om Londen voorbereidde. Een van de grootste spoorprojecten in Engeland van dat moment. Hij had rode wangen van opwinding, begrijpelijk. Steve had het afgelopen halfjaar met zijn team dag en nacht gewerkt om met een winnend voorstel te komen. Van nieuwe treinen, tot OV-fietsen en de beste koffie op het station. Voor Engeland was dat echt vernieuwend. Precies wat wij met onze nieuwe internationale strategie beoogden. Maar naast een aantrekkelijk voorstel voor klanten moest het ook nog een uitvoerbaar voorstel zijn. Ik had bij mijn andere grote dossier, het bijna failliete HSA, gezien hoe fout het kon uitpakken als mensen verblind door de wens om te winnen een onverantwoord hoog financieel bod uitbrachten. Dat wilde ik hier coûte que coûte voorkomen. Om die reden had ik in Nederland een extra team opgericht dat geen deel uitmaakte van Abellio UK. Zij gingen het voorstel van ons Engelse team kritisch beoordelen. Optimisme is verleidelijk, dus dat team moest als luis in de pels mij en mijn collega's in de raad van bestuur daarvoor behoeden.

Na de afspraak snelde ik naar station London St Pancras in hartje Londen. Net op tijd. Ik bedankte voor het glas wijn dat me bij de maaltijd werd aangeboden. Beter niet te veel drinken nu ik aan het trainen was voor de marathon. Bovendien voelde ik me niet zo lekker de laatste dagen. Het was ook druk momenteel; een overvolle agenda. De ene week in Parijs, de week daarop in Londen. Erg boeiend en leuk natuurlijk, maar ik keek ook ontzettend uit naar het weekend met de jongens en ons wekelijkse pizza-avondje samen met Marie-Claire en haar gezin.

◆

Het was klef en warm in de vergaderzaal op het hoofdkantoor. Zou de airco kapot zijn? Maurice ging het even checken, anders zouden ze ons straks nog verdenken van sluwe tactieken. Over vijf minuten zou de delegatie van het ministerie binnenkomen. Met het NS-team had ik het afgelopen uur onze onderhandelingsstrategie nog eens doorgenomen. Vandaag was het erop of eronder, dat voelde ik aan alles. Het was bijna zomervakantie en iedereen liep op zijn tandvlees. 'Nog even volhouden!' pepte ik hen op en stiekem mezelf ook. Precies een jaar geleden hadden we onze eerste formele bespreking gehad en nog waren we er niet uit. Zouden we ooit tot een akkoord komen? Er was veel tijd nodig geweest om te komen tot een gedeeld beeld van de financiële problematiek. Zeker gezien het grote wantrouwen bij het ministerie over onze cijfers. Pas een halfjaar geleden, nadat het onze businesscase met nieuwe financiële prognoses door een extern adviesbureau had laten verifiëren, konden de onderhandelingen echt van start. Als we nu geen vooruitgang boekten, zouden er zomaar weer weken voorbijgaan zonder dat we een stap verder kwamen, en ondertussen raakte de pot van HSA in *highspeed*-vaart leger. Er stond een aantal heikele punten op de agenda.

Nadat allebei de teams tegenover elkaar hadden plaatsgenomen aan de lange tafel zei Lidewijde, als voorzitter van 'de onderhandeltafel': 'We hebben een drietal belangrijke punten op de agenda. Het zou toch echt mooi zijn als we daarover vandaag een akkoord kunnen bereiken.' Ik keek haar aan. Een kort wederzijds knikje. Mooi, zij wilde blijkbaar ook graag met een gerust gevoel de zomerperiode in. Dat gold overduidelijk niet voor de man naast haar, haar senior beleidsmedewerker, die nors voor zich uit staarde. Ik had van Maurice al begrepen dat hij nog altijd cynisch was over onze intenties, ondanks al onze pogingen om zijn wantrouwen weg te nemen en hem ruimhartig te voorzien van de gewenste informatie.

De bespreking vorderde langzaam maar gestaag. Vrij plotseling deed Lidewijde een vérstrekkend voorstel dat ruimte gaf om het grote financiële gat tussen onze twee posities te dichten. Tijd voor een onderbreking; dit moesten we laten berekenen door ons financiële team, dat samen met Engelhardt twee kamertjes verderop zat. Bert en ik voegden ons bij hen. Een uur later kwam het verlossende bericht: dit was ook voor ons haalbaar. Dan hebben we daarover een akkoord, concludeerde Lidewijde kordaat, haar zichtbaar geschokte collega negerend. Zijn blik sprak boekdelen. Maar die van ons team ook. We hadden een belangrijke doorbraak: dit was de deal waarnaar we zochten.

Net als Lidewijde had ook ik zo mijn momenten van moedeloosheid gehad. Hoewel vanaf het begin duidelijk was dat we als NS en ministerie tot elkaar veroordeeld waren – HSA failliet laten gaan was in niemands belang – was het proces stroperig en zwaar geweest. De tikkende tijdbom van het naderende faillissement, het enorme financiële belang van 2,4 miljard euro, de juridische complexiteit, het onderhandelen onder het vergrootglas van de Tweede Kamer, media en concurrenten en het diepe wantrouwen dat in decennia was ontstaan zorgden regelmatig voor felle onderhandelingen. 'Hopelijk kunnen we na de vakantie de laatste kleinere punten afronden.' zei Lidewijde. 'Een deal na de zomer, laten we daarvoor gaan,' antwoordde ik. 'Maar nu eerst vakantie!'

◆

Augustus 2011. Met de kinderen in Toscane, drie weken naar een typisch Italiaans huis in een wijngaard, met uitzicht over glooiende heuvels vol met zonnebloemen. Ik belde vanaf mijn lievelingsplekje onder de met bladeren bedekte veranda mijn grootmoeder om haar te feliciteren met haar achtennegentigste verjaardag. Naast mij een stapel boeken en een kan met water. De jongens lagen in het zwembad. Ze lachten en spetterden luid, wat fijn dat de jongens zich zo konden uitleven zonder iemand te storen. Ik vertelde haar dat ik vandaag nog bedacht had hoeveel beter ik erbij zat dan drie jaar geleden. Hetzelfde huisje, dezelfde olijfbomen en dezelfde prachtige omgeving, maar een volstrekt ander gevoel. Het was heerlijk dat mijn ouders en Hanna langs waren geweest, maar ik genoot er ook van alleen met mijn gezinnetje te zijn. Mijn oma begreep het. Het is een mooie manier om het leven lief te hebben, zei ze.

Tijdens de laatste dagen met de jongens nam ik eindelijk eens de tijd om na te denken over waar ik nu stond en hoe ik verder wilde. Ik had het echt naar mijn zin bij NS en zat ook als bestuurder op mijn plek. Maar ook kwamen die bekende vragen weer terug. Wie ben ik en waar sta ik voor, hoe wil ik leven, wat voor leider wil ik zijn, wat voor mens en moeder? Er was zoveel dat me interesseerde, nieuwsgierig maakte. Soms gaf het me een gevoel van stuurloosheid. Zolang ik aan het werk was hield mijn volle agenda me voldoende bezig. Maar wat ik voelde in die stilte was dat ik toch meer mijn eigen weg wilde gaan, mijn hart wilde volgen. Het beeld van een traditionele leider, hoog op een schild, paste niet bij mij. Ik wilde juist anderen laten bloeien, alles bieden om mensen te laten floreren. Vragen stapelden zich op. Ik bedacht dat het wellicht tijd was om weer naar INSEAD te gaan en bij de econoom en psychoanalyticus Manfred Kets de Vries de opleiding The Challenge of Leadership te volgen, waar ik onlangs een artikel over had gelezen. In vier intense weken duik je samen met twintig topbestuurders uit de hele wereld in je grootste, vaak existentiële persoonlijke leiderschaps- en levensvragen. Dat klonk als iets voor mij.

Ik keek naar Job en Kik die als halve wilden rondsprongen in het zwembad. Het was inmiddels tien jaar geleden dat Loulou was overleden. Wat ging het leven snel.

Na de vakantie zouden de onderhandelingen weer opgestart worden. Het zou nu niet al te lang meer duren voor we een complete deal hadden, vermoedde ik. Een kwestie van een voor een de resterende, minder grote twistpunten beslechten. Maar eerst nog een aantal dagen naar Berlijn voor de marathon om de magische afstand van 42 kilometer en 195 meter af te leggen. Iedereen van ons NS-team had er zin in. Er was hard getraind door het bonte gezelschap van ervaren hardlopers en beginners, mannen en vrouwen, jonge en oudere collega's, machinisten, conducteurs, onderhoudsmonteurs, marketeers, juristen, communicatiemedewerkers, een dame van de klantenservice en mij. NS was een van de hoofdsponsors van NOC-NSF en in de aanloop naar de Olympische Spelen van 2012 in Londen maakte NOC-NSF van de Berlijnse marathon een sponsorloop. De opbrengst ging naar de gehandicaptensport. Onder leiding van hardloopcoryfee Marti ten Kate hadden we de afgelopen maanden samen getraind, in weer en wind. En ondanks de vaak zware trainingsuren was iedereen steeds van de partij geweest. De stemming was opgetogen. In de wetenschap dat we samen een moeilijke prestatie zouden volbrengen groeide de onderlinge band.

Dertien was ik toen mijn vader zijn eerste marathon liep en hij in Hilvarenbeek na bijna vierenhalf uur totaal uitgeput en asgrauw over de finish kwam. Op de omafiets van mijn moeder fietste ik – in een veel te grote regenjas – de hele tocht met hem mee. Ik gaf hem water als hij dorst had, sprak hem moed in als hij wilde stoppen, riep, zong, moedigde hem aan en schreeuwde keer op keer 'Je kan het, pap, je kan het!' En zo trok ik hem samen met de vele toeschouwers bijna letterlijk over de eindstreep. Het was een onvergetelijke ervaring voor ons allebei. Een van diepe verbondenheid tussen vader en dochter. Ik besefte dat je als mens veel meer kunt dan je zelf voor mogelijk houdt. Ja, door individuele wilskracht maar ook door de steun van de mensen om je heen. Ooit zou ik ook de marathon lopen, nam ik mij toen, in 1981, voor, en vijftien jaar later was het zover. In 1996 liepen wij, in Boston – waar we vijfentwintig jaar daarvoor met ons gezin hadden gewoond – samen de marathon. Op onze shirts stond DAD & DAUGHTER en terwijl de menigte ons toejuichte met: '*Come on dad & daughter, come on!*' liepen mijn vader en ik na uren zweten en afzien hand in hand de finish over. We vielen in elkaars armen en de tranen stroomden over onze wangen. Een droom was uitgekomen. En nu, vele jaren later in Berlijn, zou ik weer een marathon lopen.

Ook mijn ouders waren afgereisd om ons aan te moedigen. Nu maar hopen dat ze ons in onze oranje shirts herkenden tussen de 60.000 lopers. Op zondagochtend togen we al vroeg naar het verzamelveld. Overal stonden lopers zenuwachtig te wachten op de start. Toen een halfuur later het startschot klonk, gaf ik me over aan de immense stroom lopers. In trance bewoog ik met de mensenmassa mee door de straten van Berlijn. Mijn benen deden hun werk, ze liepen als vanzelf. Op vrijwel elke hoek stond een band die muziek maakte. Drommen mensen stonden langs de kant. Ze klapten en riepen voor iedere loper die voorbijkwam. Het was alsof ze me optilden, een extra zetje gaven. Het leek wel een hogere macht, een bijna fysiek voelbare, collectieve kracht. De kracht van verbondenheid met duizenden lopers en hun supporters.

Na acht kilometer doken mijn ouders voor het eerst op. Ze zouden er nog drie keer staan. Gehuld in rood-wit-blauw met op hun hoofd een feloranje hoofddeksel riepen ze: 'Kom op, kleine, zo gaat-ie goed!' Elke NS'er kon rekenen op hun applaus en een aanmoediging voor het volgende deel van hun tocht. Na ongeveer vijfendertig kilometer kwam eerst nog de onafwendbare man met de hamer. Hoewel ik het wist van eerdere marathons was het toch elke keer weer een onaangename verrassing. Alles deed pijn. Mijn loodzware benen protesteerden. Ik was niet meer vooruit te branden en ik moest nog zeven kilometer, het leek een oneindigheid. 'Nog even volhouden', sprak ik mezelf toe. 'Je weet, dit gaat voorbij.' Ik spoelde het laatste beetje *energiegel* door met een flinke slok water en gaf me weer over aan het ritme van de massa. En niet veel later werden mijn benen weer licht en verdween de pijn.

Na het feestelijke diner met ons team en een traditionele overwinningsspeech bleef ik nog even hangen, maar niet voor lang. Mijn lijf was op en wilde nog maar één ding: mijn bed in.

◆

Bij terugkomst in Nederland merkte ik tot mijn verbazing dat de HSA-onderhandelingen toch weer vast dreigden te lopen. Hoe vaak ik dit jaar niet al had gedacht dat we er bijna waren. De achterdocht jegens NS leek zo diep te zitten bij het ministerie dat er altijd wel weer een reden was geweest om op de rem te trappen. En ook nu we vlak bij de eindstreep waren kwam er opeens weer een bericht uit Den Haag dat sommige details 'nog niet helder waren' en er 'echt meer informatie' nodig was.

Meer detailinformatie gaat ze niet helpen, zei ik tegen mijn team. Alles lag op tafel, het was nu zaak om beslissingen te nemen. Ik belde Lidewijde. Sinds onze lunch wisten we elkaar steeds beter te vinden. We hadden een openhartig en persoonlijk gesprek gehad over onze levens. Over hoe het was om als een van de weinige vrouwen aan de top van een organisatie te staan. De mooie kanten, maar ook de eenzaamheid soms. De ogenschijnlijk wat afstandelijke directeur-generaal bleek een fijn en warm mens, die net als ik constructief op zoek wilde naar een oplossing. We spraken af elkaar vaker een op een te spreken, zeker als er strubbelingen zouden zijn. Dit was zo'n moment. 'Wantrouwen helpt ons niet verder,' zei ik. 'We moeten dit nu echt afronden.' We concludeerden dat het schip in het zicht van de haven niet alsnog mocht stranden en dat we onze teams daarop moesten aanspreken.

Gelukkig hielp onze interventie, in de dagen erna werden eindelijk de laatste barrières geslecht. Op 12 oktober 2011 konden we elkaar de hand schudden en het glas heffen. Na bijna twee jaar onderhandelen waren we eruit. Er was een structurele oplossing voor het hogesnelheidsbedrijf HSA. Een faillissement was definitief afgewend en doordat de deal ook de vergunning voor het hoofdspoor omvatte was de toekomst van NS weer voor tien jaar zeker gesteld.

Na afloop van de bespreking belde ik naar huis met het goede nieuws en vroeg Laila om de jongens te roepen. Ze mochten kiezen wat we die avond zouden eten. 'Hamburgers! Van McDonald's!' hoorde ik Kik roepen.

Enkele weken later, na definitieve goedkeuring door onze raad van commissarissen en de ministerraad zou minister Schultz haar voornemen bekendmaken om NS voor tien jaar een vergunning te verlenen voor het laten rijden van treinen over het Nederlandse spoornet inclusief de hogesnelheidsdienst. De Tweede Kamer zou nog moeten instemmen, maar daar verwachtte niemand nog problemen. En op 24 oktober maakte de minister van Transport in Engeland bekend dat Abellio met zijn bieding was uitverkoren. Ik kon mijn geluk niet op. Mijn doelen voor dit jaar waren allemaal bereikt.

In de tien jaar die volgden zou NS in het buitenland een grote groei doormaken. Abellio werd op een gegeven moment zelfs even groot als de binnenlandse activiteiten van NS. In diezelfde tijd rees regelmatig de politieke vraag of de spoormarkt eigenlijk wel een commerciële markt zou moeten zijn. Maar intussen denderde de Europese liberaliseringstrein maar door, tot uiteindelijk toch bleek dat het niet langer houdbaar was. Er deden zich overal vergelijkbare problemen voor zoals die zich bij HSA hadden voorgedaan. Zelfs in het Verenigd Koninkrijk werd de marktwerking in 2021 grotendeels teruggedraaid. Oorzaak: te hoge kosten – 30 procent hoger dan in omringende landen –, te veel inefficiëntie door het grote aantal spoorbedrijven en vaak niet-waargemaakte beloftes van een betere kwaliteit voor een lagere prijs.

Op een van mijn werkbezoeken in Londen, vlak nadat we de Greater Anglia-operatie van het vorige vervoersbedrijf hadden overgenomen, had ik een gesprek met een oude treinmanager. Verbaasd over de uitgewoonde treinstellen die met de overdracht van de uitbater waren meegekomen vroeg ik hem: '*Why are the trains so old and worn-out?*' Gelaten antwoordde hij: '*For the same reason our offices are the size of a closet and are situated underground with no windows and no air conditioning!*' Niets mocht een cent kosten, anders kon zijn vorige bedrijf geen winst maken. Hun veel te hoge bod moest worden terugverdiend.

Waar had ik dat eerder gezien?

7

Een helder kompas

'Mam, mag ik alle kinderen uit de klas uitnodigen voor mijn feestje?' Job keek me hoopvol aan. Hij was bijna jarig. Tien werd hij en hij zat alweer een jaar op zijn nieuwe school. In de zomer van 2010 hadden we besloten dat het beter voor hem was om naar een andere school te gaan, eentje met speciaal onderwijs voor kinderen met autisme. Het was geen gemakkelijk besluit geweest. Sinds hij die diagnose had gekregen, twee jaar eerder, had hij automatisch recht op een potje geld voor extra ondersteuning in de klas, een 'rugzakje'. Dat bezorgde hem een aantal uren per week individuele begeleiding van een aardige en betrokken meester, een koptelefoon tegen omgevingsgeluid en een laptop als hulp bij het schrijven. Hoewel Job beter tot leren kwam dan daarvoor, merkten we toch dat hij het nog steeds moeilijk had. Hij was vaak overprikkeld en had moeite om sociale verhoudingen te begrijpen. Dat leidde bij hem tot frustratie en het gevoel niet begrepen of gepest te worden. Steeds vaker trok hij zich terug op school en als hij thuiskwam rende hij direct naar zijn bed, waar hij uitgeput in slaap viel. Ons kind was niet gelukkig. Het sneed me door de ziel. Misschien kwam hij beter tot zijn recht in het speciaal onderwijs. Op een school waar hij niet steeds de uitzondering was en meer aandacht was voor zijn behoeften. Eentje waar meer specialistische kennis en expertise aanwezig was om ons kind te laten groeien. Ik vroeg me af of het verstandig was. Zou hij niet buiten de samenleving komen te staan als we hem naar een school met alleen maar kinderen met autisme zouden sturen?

’s Avonds na mijn werk, als de jongens in bed lagen, zocht ik online naar de juiste school. Aan de rand van Den Haag, midden in het bos, was een school speciaal voor kinderen met autisme. We gingen er kijken, samen met Rein en mijn vader. De vriendelijke schooldirecteur, Hanneke, leidde ons rond. Wat heerste er een fijne, rustige sfeer op deze school. Alsof het bos en al het groen hier een extra rustgevende werking hadden. ‘Vroeger was dit een buitenschool,’ legde Hanneke uit. Kinderen met astma en andere chronische ziektes kregen les in de buitenlucht. Net als vroeger op mijn eigen school, waar we bij mooi weer de bankjes naar buiten schoven.

Terwijl in lichte klaslokalen kinderen oplettend zaten te luisteren naar hun meester of juf, klonken vanuit de bossen kinderstemmen en geschater. Een groepje kinderen rende over de speelplaats. Ik wist het zeker: dit was Jobs school. De jarenlange ervaring van het schoolpersoneel met kinderen met autisme gaf me zekerheid, maar de liefde en bevlogenheid die ik in de school voelde om voor elk kind een veilige plek te creëren gaf de doorslag. Een plek waar hij zich kon ontwikkelen. Een plek waar leraren zijn talenten en kwaliteiten zagen. En inderdaad, op zijn nieuwe school, bloeide Job op, hij leerde veel, was opgewekt en voelde zich er thuis.

Hoe fijn was het dat hij alle kinderen van zijn klas wilde uitnodigen voor zijn verjaardagspartijtje. Toen ik hem vroeg wat hij dan wilde doen, hoefde hij niet lang na te denken. ‘Bowlen bij de baan met de Dolfijn.’ Van opwinding fladderde hij met zijn handen.

Ik reageerde enthousiast, maar met twaalf kinderen met autisme naar een bowlingbaan, zou dat wel goed gaan?

Ik belde Rein voor overleg en hij stelde voor dat zijn vriendin Anne zou meehelpen. Ik prees me gelukkig dat Anne, met wie Rein na onze scheiding een relatie kreeg, zo’n leuke, aardige vrouw was.

De jongens waren dol op haar en ik kon het ook goed met haar vinden. Voor de zekerheid vroeg ik ook mijn moeder om erbij te zijn, met vier volwassenen was het toch nog iets relaxter. Ook overlegde ik nog even met de juf van school. Zorg voor een voorspelbaar en gestructureerd programma, was het advies, en bespreek dat aan het begin van het feest met de kinderen. Een duidelijke teamindeling, limonade en frietjes aan het eind zouden de rest doen.

En inderdaad, het feestje werd een groot succes. De bowlingballen stuiterden met veel kabaal over de baan en er kwam van de puntentelling weinig terecht, maar de kinderen genoten zichtbaar van het feestje. Job straalde. Toen na afloop de ouders hun kroost kwamen ophalen, stapte er een moeder op me af met tranen in haar ogen. 'Dank je wel dat Lesley mocht komen,' zei ze. 'Hij heeft het zo leuk gehad! Hij zit hier net op school en het is de eerste keer in zijn leven dat hij voor een verjaarsfeestje is uitgenodigd.' Later bleek dat Lesley niet de enige was. Meer dan de helft van de kinderen uit Jobs klas was op hun oude school niet welkom geweest op verjaarsfeestjes.

Er was wel meer anders op deze school. Behalve dat de kinderen allemaal een vorm van autisme hadden kwamen ze uit alle hoeken van Den Haag en uit gezinnen met allerlei verschillende achtergronden. Den Haag is een van de meest gesegregeerde steden in Nederland. Hebben je ouders een goede opleiding en een baan met een aardig salaris, dan heb je grote kans dat je opgroeit in het Statenkwartier of Benoordenhout. Word je geboren in een gezin met ouders die weinig opleiding hebben genoten of die moeten rondkomen van een laag salaris of van een bijstandsuitkering, dan woon je waarschijnlijk in Laak, Transvaal of een van de andere 'armere' wijken van Den Haag.

Ik besefte pas echt hoe ongelijk verdeeld het is toen ik Job een keertje afzette bij Bryan. Bryan zat bij hem in de klas en had ook autisme. Hij was erg slim, kon heel goed tekenen en het was een lieve jongen. Alleen als iets niet ging zoals gepland, raakte hij in paniek. Zijn angst leidde dan vaak tot frustratie en woede, waardoor hij maar moeilijk mee kon komen, ondanks zijn intelligentie. Job was dol op Bryan en wilde niets liever dan bij hem spelen.

Het mag van mijn moeder, zei Bryan op een dag en hij gaf Job een briefje met zijn adres. Het bleek ergens in Den Haag-Zuid te zijn, ongeveer vijf kilometer van ons huis. Ik parkeerde mijn auto voor een grauw, mistroostig flatgebouw en belde aan. De hal was koud en het stonk er naar afval, op de grond lag een opengescheurde vuilniszak. Bryan woonde met zijn moeder en zijn pasgeboren zusje in een tweekamerappartement van nog geen vijfendertig vierkante meter. Op het kille grijze beton stonden afgeleefde meubels, voor het raam hing een oud, verkleurd gordijn. Het behang zat vol bruine vlekken van lekkages en behalve een tekening van Bryan en een foto van de kinderen hing er niets aan de muur. In plat Haags vertelde de moeder dat ze geen werk had. Vroeger had ze in een tattooshop gewerkt, maar die ging failliet. Diploma's had ze ook niet. Ze wees naar haar kinderen. 'Zij moeten hun school wel afmaken, want zonder diploma heb je geen toekomst.' Ze was even stil en zei toen met pijn in haar stem: 'Alleen kan ik ze helaas niet helpen, want ik kan zelf niet goed lezen.'

Toen ik later die dag met Job weer naar huis reed vroeg hij: 'Mama, waarom hebben Bryan en zijn familie zo weinig en wij zoveel?' Daar had ik geen antwoord op. Hoe kon je een kind uitleggen dat de plek van je wieg nog altijd je toekomst bepaalt? Ik voelde een groot onbehagen, maar wist niet wat ik ermee aan moest. Ik wilde iets betekenen voor mensen voor wie de kansen niet voor het oprapen liggen, maar hoe? En wanneer? Heel eerlijk, ik had het al zo druk met mijn eigen leven.

◆

Na mijn jaarlijkse reis met mijn moeder begon ik vol energie aan het nieuwe jaar. Nu ik mijn doelen had gehaald was er ruimte in mijn agenda ontstaan voor nieuwe onderwerpen, zoals ons diversiteitsbeleid en het verbeteren van de samenwerking met ProRail. Ik verheugde me erop, net als op de opleiding die ik ging volgen bij INSEAD, vier keer een week, waarvan de eerste week eind januari zou plaatsvinden. Het zou me vast en zeker helpen in mijn verdere ontwikkeling als leider. Ondertussen werd het begin februari ijzig koud; een paar dagen vroor het zo hard dat er zelfs werd gespeculeerd over een Elfstedentocht. Het was in geen honderd jaar zo koud geweest in Nederland. In de loop van de ochtend van 3 februari was het ook plotseling gaan sneeuwen. Binnen de kortste keren stond er bijna achthonderd kilometer file op de snelwegen. Op het spoor vielen steeds meer wissels uit en hoewel er voor sneeuwsituaties inmiddels dus een aparte dienstregeling bestond, kon die niet meer op zo'n korte termijn worden ingevoerd: het KNMI had geen sneeuw voorzien en van dat scenario waren we uitgegaan. Langzaam kwam het treinverkeer in de Randstad tot stilstand. Wat een ellende voor al die reizigers die van ons afhankelijk waren en nu niet of te laat op hun bestemming kwamen.

Op Valentijnsdag moest minister Schultz zich daarom verantwoorden in de Tweede Kamer over de recente winterproblemen. Het Kamerdebat werd live uitgezonden. Vanachter mijn laptop keek ik bezorgd mee. Haar ambtenaren hadden haar ongetwijfeld goed voorbereid en Schultz was een ervaren minister die zich niet liet opjutten. Maar toch, een dag later zou duidelijk worden of dezelfde Kamer zou instemmen met het moeizaam bereikte akkoord over HSA. Buitenlandse concurrenten van NS hadden de Kamerleden de laatste tijd onophoudelijk bestookt met oproepen om vooral niet in te stemmen. 'NS wordt beloond voor slecht gedrag!' riepen ze in de media. De contracten voor hoofdrailnet en de hogesnelheidslijn moesten onafhankelijk aanbesteed worden, vonden zij. Niet worden samengevoegd én zeker niet nog een keer onderhands gegund aan NS. Ik begreep hun reactie wel. Dit was de laatste poging om een deel van de Nederlandse spoormarkt te veroveren, voordat ze weer minstens tien jaar zouden moeten wachten op een nieuwe kans. Als die er überhaupt ooit nog zou komen.

Hoewel de sneeuw en het nieuwe contract absoluut geen directe relatie met elkaar hadden, wist je maar nooit of het sentiment in de Kamer opeens zou omslaan. Er was zoveel verontwaardiging geweest de afgelopen weken en de toon van de Kamerleden was dan ook scherp. 'Ontsla de top van NS,' riep de een. 'Geen bonussen voor de directie,' zei de ander. 'Onvoorstelbaar' en 'schandalig' vonden de parlementariërs het dat er bij 'een klein beetje sneeuw' al geen trein meer reed. NS en ProRail hadden niets geleerd en de minister had gefaald. Ik hield mijn hart vast. Schultz bleef er rustig onder en erkende dat de sneeuwproblemen inderdaad heel vervelend waren voor reizigers, maar dat ontslaan van de top volgens haar geen oplossing was. Dat het ondanks de investering van meer dan 100 miljoen euro in verschillende maatregelen toch was misgegaan, maakte volgens haar duidelijk dat de problemen op het spoor bij winterweer niet zomaar met een zak geld of een druk op de knop op te lossen waren. Het vergde een fundamentelere aanpak, waarbij ook naar de organisatie van het Nederlandse spoornet en de samenwerking en rolverdeling tussen ProRail en NS gekeken moest worden. Ze sloot af met: 'In mei kom ik met mijn aanpak naar de Kamer. Ik zal dan ook laten zien hoe dat programma in elkaar zit. Durf ik dan te beloven dat er nooit meer iets misgaat in de winter? Ik heb vorig jaar gezegd en zeg dat dit jaar ook weer: de natuur is uiteindelijk sterker dan de mens, waardoor het altijd zo kan zijn dat er door overmacht dingen gebeuren die ons in vervelende situaties brengen. Alleen, ik wil wel dat we er alles aan gedaan hebben om dat zo veel mogelijk te voorkomen.' De Kamer mokte nog een beetje, maar steunde uiteindelijk haar aanpak. Tot mijn vreugde schaarde een dag later een Kamermeerderheid zich ook achter de oplossing voor HSA, de problemen in het hogesnelheidsdossier waren voorbij.

Maar lang duurde mijn opluchting niet. De levering van de hogesnelheidstreinen bleef kopzorgen geven bij het net geredde HSA. In 2001 had HSA hogesnelheidstreinen besteld bij de Italiaanse fabrikant AnsaldoBreda. Omdat de politiek destijds haar eigen, afwijkende eisen stelde aan de treinen die over de Nederlandse hogesnelheidslijn zouden rijden, moesten er speciale modellen worden gebouwd. Verschillende gerenommeerde fabrikanten dongen mee in de aanbesteding, maar gezien het kleine aantal, het lage budget en de voor Nederland specifieke eisen waaraan de trein moest voldoen bleef er maar één partij over: AnsaldoBreda. Kiezen voor een andere kon juridisch niet meer. De inkt van het koopcontract was nog maar net droog toen bleek dat van al de mooie verkoopverhalen in de praktijk maar weinig terechtkwam. Keer op keer bleef – ondanks meerdere boetes – de levering van de zogeheten V250-treinen uit.

Na jaren van steeds weer nieuwe vertraging leek er eindelijk verandering te komen. Het testprogramma en toelatingsproces voor nieuwe treinen kwamen op stoom, maar het bleef een spannend proces: de politieke druk om eindelijk eens te gaan rijden was groot en tegelijkertijd bleef het steeds weer afwachten of de Italianen hun beloftes zouden nakomen. De verantwoordelijke directeur van het hogesnelheidsbedrijf hield mij en mijn collega's in de raad van bestuur frequent op de hoogte van de voortgang. Begin maart 2012, toen we een besluit moesten nemen over de nieuwe dienstregeling die in december dat jaar van start zou gaan, liet hij ons weten dat er nog steeds risico's waren, 'maar met alle voorzorgsmaatregelen die zijn getroffen moet het mogelijk zijn om in december te starten'. En dus besloten we de eerste treinen, die de naam Fyra kregen, over de hogesnelheidslijn naar Brussel op te nemen. Een besluit dat ons duur zou komen te staan.

◆

'Dit is een extra ingelaste nieuwsuitzending in verband met een ernstig ongeval.' Ik zat samen met Engelhardt achter in de auto en we luisterden naar de radio. Een uur daarvoor had ik nog nietsvermoedend met mijn kinderen zitten eten. We hadden een fijne, ontspannen zondag achter de rug. Na de voetbalwedstrijd van Kik kochten we traditiegetrouw de nieuwe *Donald Duck* en aten een tosti op het terras van ons stamcafeetje om de hoek. 'Gaan we vanmiddag weer stripboeken knutselen?' vroeg Job. De jongens waren helemaal in de ban van het maken van stripboeken. Al weken verschenen er complete feuilletons met zelfgetekende personages van hun kinderhand. Na het knutselen was het tijd voor de Wii en om boodschappen te doen en te koken.

We zaten nog maar net aan tafel toen de telefoon ging. Het was Bert, hij vertelde dat in Amsterdam twee treinen frontaal op elkaar waren gebotst. De gewonden werden met spoed naar verschillende ziekenhuizen gebracht. Ik stelde voor dat ik samen met Engelhardt naar de ziekenhuizen zou gaan om slachtoffers bij te staan. Bert ging naar de plek van de botsing.

'Wat is er mama? Is er iemand dood?' vroegen de jongens angstig toen ik ophing. Nadat ik ze de situatie had uitgelegd en ze een beetje had gerustgesteld, belde ik mijn ouders in Amersfoort. Ik vroeg ze of ze konden komen om op de jongens te passen, het kon weleens nachtwerk worden. Rein zou bij ze blijven tot mijn ouders er waren. Inmiddels werd uit de berichtgeving duidelijk dat er tientallen gewonden waren, van wie een groot deel ernstig. Met ambulances werden ze naar negen verschillende ziekenhuizen in de regio gebracht. Engelhardt en ik zouden de rest van de avond ieder ziekenhuis bezoeken, te beginnen bij het VUMC, dat het dichtst bij de plek van het ongeval lag. Zodra we daar aankwamen drong in volle omvang tot me door hoe ernstig de situatie was. Ambulances met gillende sirenes reden af en aan. Overal zaten mensen, sommigen onder bloed, anderen waren behandeld met verband en tape. Verdwaasd keken ze voor zich uit. Het ziekenhuispersoneel werkte zich uit de naad, maar aan de stroom gewonden die binnenkwam leek nauwelijks een eind te komen. Hier en daar klonk zacht gehuil.

We meldden ons bij de receptie. Zolang we niemand in de weg zaten mochten we er zijn, legde de dienstdoende dokter uit. Wat konden we doen? Waar moesten we beginnen? In de hoek van de wachtkamer zag ik op een bankje een man zitten. Op zijn hoofd zat een bruine korst van opgedroogd bloed, zijn arm zat in een witte mitella. Hij was alleen en zag er ontredderd uit. Met trillende stem vertelde hij zijn verhaal. 'Ik kwam bij een vriend vandaan in Amsterdam en was op weg naar huis. Het was druk in de coupé, maar ik had gelukkig nog een plekje. Opeens begon de trein keihard te remmen. Ik hoorde een enorme klap.' De man slikte. 'Ik dacht: Dit is het einde. Ik ga dood.' Even viel hij helemaal stil. 'Ik vloog naar voren en knalde met mijn hoofd tegen het raam en ik voelde een vreselijke pijn in mijn arm. Toen begon mijn hoofd te bloeden. De hele trein was in paniek. Chaos, geschreeuw, mensen die huilden. En overal op de grond lagen mensen en glas van kapotte ramen. En die piep, die hele harde piep in de trein. Die hield maar niet op.'

De rest van de avond spraken Engelhardt en ik overal slachtoffers, mensen die nietsvermoedend in de trein zaten na een heerlijke, zonnige voorjaarsdag. Een vader met jonge kinderen, op de weg terug van opa en oma, een zwangere vrouw die inkopen had gedaan voor de babykamer, een politieman die net klaar was met zijn dienst, een groepje studenten en nog vele anderen. Ieder van hen met een eigen aangrijpend verhaal. Van de honderdnegentig gewonden zou de volgende dag één vrouw overlijden. Om drie uur 's nachts was ik thuis. Mijn moeder was nog wakker. 'Hoe was het?' vroeg ze. Ik wilde haar zoveel vertellen, maar kon geen woorden meer vinden.

De treinbotsing in Amsterdam maakte diepe indruk. Allereerst natuurlijk op de direct betrokkenen: de treinpassagiers, de machinist die het rode sein had gemist en de mensen van de verkeersleiding en de beveiligingstechniek, die evenmin hadden gemerkt dat een van de twee treinen door een rood sein was gereden. Maar ook op vele anderen binnen ons bedrijf en daarbuiten. Hoe had dit kunnen gebeuren? Was dit te voorkomen geweest? Wat hadden wij anders moeten doen? In de media en de politiek ontspon zich een heftig debat over de veiligheid op het spoor, de een riep dat het ongeluk te voorzien was geweest en noemde 'spoorveiligheid een casinospel', de ander wees erop dat het Nederlandse spoor een van de veiligste spoorsystemen ter wereld was. Experts en gasten aan talkshowtafels buitelden over elkaar heen. Intussen onderzochten de inspectie en de Onderzoeksraad voor de Veiligheid de toedracht van het ongeluk en begonnen wij samen met ProRail met een intensief veiligheidsprogramma. Ook kwam er extra geld van de overheid voor nieuwe veiligheidssystemen, wat jarenlang niet mogelijk was geweest. Als het kalf verdronken is, dempt men de put.

Voor mij toonde het ongeluk vooral hoe kwetsbaar we zijn. Hoewel het spoor een van de veiligste manieren van reizen is en risicoloos reizen niet bestaat, maakte het voor mij nog eens een keer duidelijk hoe groot onze verantwoordelijkheid was als spoorbedrijf. Dagelijks vertrouwden 1,5 miljoen mensen ons toe dat we ze van A naar B vervoerden en daarmee legden ze hun veiligheid in onze handen.

◆

Diep weggezonken in een fauteuil, een boek op schoot, kop thee naast me, mijn blote voeten in het kriebelkleed. Het was zondagavond en een van die schaarse momenten dat ik even helemaal niets hoefde. Uren kon ik zo zitten. Tot ik besefte dat het al middernacht was en tijd om te slapen. Om zeven uur zouden er weer twee jongetjes naast mijn bed staan die wilden spelen. Nog één hoofdstuk en dan zou ik echt gaan slapen.

Wat zou een leven zijn zonder boeken? Ik kocht er altijd meer dan ik kon lezen, maar alleen al de aanwezigheid van boeken gaf me rust. Ik las veel filosofische verhalen, zoals over Belle van Zuylen in *De liefde dus* van Joke J. Hermsen. Prachtig vond ik dat. Of *De Schopenhauer-kuur* van de Amerikaanse schrijver Irvin D. Yalom, dat me was aangeraden door mijn opleider op INSEAD. Maar *Nachttrein naar Lissabon* van Pascal Mercier bleef mijn favoriet. Het verhaal over een leraar klassieke talen die opeens beseft dat de tijd hem door de vingers glipt en die van het ene op het andere moment zijn geordende leven achter zich laat liet me niet meer los. Hij vertrekt plotseling met de nachttrein van Bern naar Lissabon, waar hij op zoek gaat naar het levensverhaal van een Portugese arts, wiens boek hij per toeval in handen heeft gekregen. Hoe meer hij te weten komt over het leven van de arts, hoe meer dat als een spiegel voor zijn eigen leven fungeert. 'Wat als ik een andere afslag had genomen, hoe was mijn leven dan gelopen?' vraagt de leraar zich af. 'Waartoe ben ik op aarde en wat wil ik betekenen?' Het waren vragen die ook mij steeds weer bezighielden.

Ik zocht naar antwoorden. De opleiding die ik op INSEAD volgde hielp me daarbij. Ik had inmiddels al twee keer, in januari en april, een week doorgebracht met twintig bijzondere mensen uit verschillende landen, die allemaal een topfunctie hadden en met vergelijkbare levensvragen worstelden. Ieder van ons werd gevraagd zijn levensverhaal te delen, waar we vervolgens als groep op reflecteerden. Ik had nooit kunnen bedenken wat een krachtige spiegel het simpelweg luisteren naar dilemma's, angsten en dromen van anderen was. Zoals van Oscar, de Spaanse CEO van een groot verzekeringsbedrijf, die zich afvroeg hoeveel geld hij nog moest verdienen voordat hij zich niet meer hoefde te bewijzen tegenover zijn oudere broer, die in alles 'beter' was dan hij. Of Jesper, de Deense directeur-generaal van het ministerie van Sociale Zaken, die het liefst ondernemer zou zijn maar bang was om zijn zekere ambtenarenbestaan achter zich te laten. Of de Libanese techondernemer, die vreesde dat hij zijn kinderen niet zou zien opgroeien, omdat hij alleen maar bezig was met zijn werk. De Australische directeurgrootaandeelhouder die zo hard werkte dat hij bang was voor een burn-out en intussen met zijn telefoon naast zijn kussen sliep. De Italiaanse bankdirecteur die al jaren droomde van een baan bij Greenpeace, maar de stap maar niet nam. We worstelden met het gevoel dat het leven om meer draait dan om zakelijk succes, allemaal ervoeren we ergens leegte en verlangen naar een meer betekenisvol leven. Maar iets weerhield ons ervan om tot actie over te gaan.

Tijdens de sessie in april was ik zelf aan de beurt om mijn verhaal te delen. Ik vertelde over mijn jeugd, mijn studietijd, de tijd bij ING en nu bij NS, maar ook over de vreugde van de geboorte van mijn kinderen, het verdriet over Loulou en mijn scheiding. De rode draad in mijn verhaal: mijn bijna onbeheersbare drang om het leven in zijn volle omvang te leven en de strijd die ik voelde tussen mijn drang om de top te bereiken en mijn verlangen om betekenisvol te zijn voor de mensen die dicht bij me staan. En dat allemaal in dit ene korte leven van mij. Toen ik klaar was, zei iemand: 'Je wilt alle bloemen laten bloeien. Kies voor wat je echt wilt.' Een ander vulde aan: 'Het ontbreekt je aan een helder kompas, onderzoek wat je werkelijk drijft en gelukkig maakt, en ga daarvoor.' En weer een ander zei: 'Vertrouw veel meer in en op jezelf: put kracht uit je successen en de tegenslagen die je overwon.'

Sindsdien dacht ik vaak na over hun woorden, maar echt heldere antwoorden vond ik nog niet. Ik hoopte dat de komende week op INSEAD me weer een stapje verder zou brengen.

◆

'Wat zou ik doen als ik nog maar kort te leven had?' schreef ik in mijn dagboek toen ik na een enerverende maar lange INSEAD-dag op mijn bed lag. Hoewel ik me realiseerde dat je je waarschijnlijk nooit echt kunt voorstellen wat je zou doen als je levenseinde nadert, hielp het besef van de eindigheid van het leven mij bij het beantwoorden van de vraag 'Wat is echt belangrijk voor mij?' Als eerste noteerde ik: 'Pluk de dag.' Dat klinkt misschien wat obligaat, maar ik ben er diep van overtuigd dat je moet genieten van elke dag die je leeft.

Mijn grootvader vroeg mijn moeder en haar zussen altijd voor het slapengaan wat de positieve dingen van die dag waren. Ze mochten hun ogen niet sluiten voordat ze er drie hadden genoemd. Zo bleef je het mooie van het leven zien, vond hij, ook als het een dag minder zonnig was. Volgens mijn moeder was hij een optimistisch mens, die wilde dat zijn kinderen tijdens de Tweede Wereldoorlog gewoon kind konden zijn. Zijn boodschap was dat in elke dag een mooie ervaring verborgen zat, hoe moeilijk de omstandigheden ook waren. Mijn moeder adopteerde het slaapritueel van haar vader en stelde dezelfde vraag aan mij en mijn broers. En ook mijn kinderen vroeg ik steevast, voor ze uitgeput in slaap vielen, eerst drie dingen te noemen die hen die dag hadden verblijd. Hoewel in mijn leven nooit sprake was van zulke moeilijke omstandigheden als in een oorlog, hielp het ritueel van mijn grootvader ook mij in tijden van tegenslag. Nog altijd schrijf ik in mijn dagboek de drie hoogtepunten van de dag op.

Ik nam een slok wijn en noteerde in mijn dagboek wat ik na 'pluk de dag' het belangrijkste vond: er zijn voor mijn kinderen. Zij waren het belangrijkste in mijn leven. Ik wilde zorgen voor een liefdevol thuis, waar ze zichzelf konden zijn en ze steun en kracht ervaarden om uit te groeien tot gelukkige, zelfstandige, veerkrachtige en menslievende volwassenen. Ik gunde ze net zo'n fijne, onbezorgde jeugd als ik zelf had gehad. De saamhorigheid in ons gezin vormde de basis van mijn vertrouwen in het leven.

Na mijn scheiding was ik bang geweest dat ik ze dat nooit zou kunnen bieden. Ik zou ze nog maar de helft van de tijd bij me hebben en kon ze niet laten zien hoe mooi ware liefde tussen twee mensen kan zijn. Daardoor had ik me de afgelopen vier jaar af en toe erg schuldig gevoeld. Had ik ze wel recht gedaan? Maar inmiddels kreeg ik steeds meer het idee dat mijn zorgen onterecht waren geweest. Door er helemaal voor mijn kinderen te zijn op de dagen dat ze bij mij waren, samen met Rein te zorgen voor een liefdevol co-ouderschap en dierbare vrienden en familie in hun leven, lukte het toch om ze het thuis te bieden dat ik ze zo graag wilde geven.

Nummer drie op mijn lijstje: meer tijd maken voor die dierbare vrienden en familie en voor mezelf. Al bleef dat laatste een worsteling vanwege het hoge aantal werkuren. Vaker nee zeggen ging me lang niet altijd gemakkelijk af. Een mens heeft één leven, maar ik zou er wel tien naast elkaar kunnen leven. Voor meer impact moet je vaker kiezen, was de feedback die ik van mijn medestudenten had gekregen. En: kiezen waaraan ik mijn aandacht ging besteden en waaraan niet.

Oké, nummer vier: zal ik hem ooit nog tegenkomen? De ware liefde. Na mijn scheiding deed ik een paar pogingen op het datingfront. Ik schreef me in bij een datingbureau, waar ik ook heel hard weer wegrende toen ik ergens in een wegrestaurant vreselijk advies kreeg. Ik moest visitekaartjes laten maken en die aan iedereen meegeven met de vraag of ze die aan vrijgezelle mannen wilden geven. Toen ik het mijn grootmoeder vertelde, lachte ze smakelijk. 'Kind, hij komt, die ware liefde,' zei ze. 'Misschien is hij wel dichterbij dan je denkt. En in de tussentijd, leef het leven uitbundig en met heel je hart.'

Ik nam me voor haar goede raad op te volgen en erop te vertrouwen dat hij op een dag mijn pad zou kruisen. En als laatste schreef ik op dat ik betekenisvol wilde zijn voor mensen voor wie mogelijkheden niet vanzelfsprekend zijn. Te vaak had ik ervaren hoe iemand die anders is of afwijkt van het gemiddelde moest opboksen tegen vooroordelen of simpelweg minder kansen kreeg. Ik dacht aan die keer dat ik met Laila en de kinderen op Terschelling fietste en zij door andere fietsers werd uitgescholden om haar hoofddoek. Of mijn blinde collega die me had verteld dat hij op voorhand bij sollicitaties werd afgewezen wanneer hij vermeldde dat hij blind was. Ik wilde dat veranderen, maar hoe dan? Kon ik dat voldoende in deze functie? Enerzijds dacht ik van wel. Bijvoorbeeld door binnen NS een inclusieve cultuur te bevorderen waarin verschillen juist worden gewaardeerd en door allerlei soorten mensen aan te nemen, vooral ook anders dan de mensen die er al werkten. Anderzijds gaf NS, hoe maatschappelijk relevant ook, me maar beperkte mogelijkheden om me dagelijks in te zetten voor mensen in kwetsbare omstandigheden.

Een andere vraag die me bezighield was of ik per se bestuurder of CEO van een grote organisatie moest zijn om betekenisvol te kunnen zijn. Kon het ook dichter bij mensen, meer op een individueel niveau? Ik had impact steeds verbonden aan macht: hoe groter de organisatie waar je leiding aan geeft, hoe groter je impact toch? Tijdens een sessie vroeg ik Manfred Kets de Vries hoe hij daar tegen aankeek. 'Ik zie hoeveel jij voor mensen betekent zonder de baas te zijn van een grote organisatie,' zei ik hem. 'Met jouw internationale boeken over leiderschap, maar ook met jouw coaching.' Manfreds reactie: 'Als ik één CEO help een betere leider te worden, dan draag ik indirect bij aan fijner werk voor duizenden medewerkers.'

Durfde ik zo te kijken naar invloed en impact? Durfde ik in plaats van ergens 'de baas' te zijn, te kiezen voor impact op individueel niveau door bijvoorbeeld dokter te worden of psycholoog?

Twintig jaar eerder had ik met het idee gespeeld om dokter te worden in Afrika. 'Zal het je genoeg voldoening geven?' vroeg mijn vader toen. 'Kun je met jouw organisatietalent niet beter zorgen dat je op een plek komt waar je invloed hebt op de levens van velen in plaats op die van een enkeling?' Ik twijfelde. Ik was nog niet waar ik wilde zijn, op een plek waar ik echt de eindverantwoordelijkheid zou dragen voor een organisatie. De hoogste post. 'Nee,' schreef ik op om twee uur 's nachts in Fontainebleau, 'het is te vroeg. Ik wil eerst nog CEO worden.' Toen ik terugkwam besloot ik, om naast mijn werk bij NS, ook op zoek te gaan naar mogelijkheden om me meer in te zetten en van betekenis te kunnen zijn. CEO worden was nu sowieso niet aan de orde. Bert zat weliswaar al lang bij NS, maar pas in zijn eerste termijn. Ik had geen haast.

In de zomer zag ik in het blad van de Nederlandse Vereniging voor Autisme dat er een plek in het bestuur vrijkwam. Ik solliciteerde en werd geselecteerd. Niet veel later belde de staatssecretaris van Volksgezondheid, Wetenschap en Sport, Marlies Veldhuijzen van Zanten, met de vraag of ik voorzitter wilde worden van Vanuit Autisme Bekeken, een werkgroep die zich inzette om mensen met autisme volwaardig mee te laten doen in onze samenleving. Dat wilde ik graag, maar wel op voorwaarde dat er in die werkgroep mensen met autisme zaten. Ik wilde geen oplossingen bedenken over de hoofden heen van de mensen om wie het ging. Marlies reageerde enthousiast: 'Dat sluit precies aan bij mijn bedoeling!'

In de werkgroep zaten verschillende deskundigen met verstand van autisme, onder wie Diederik Weve, ingenieur. Ik ontmoette hem voor het eerst in 2011, nadat ik hem enkele weken daarvoor een mail had gestuurd. Ik kwam thuis na een lange werkdag maar voordat ik uitgeput in bed kroop, besloot ik om nog even water op te zetten voor een pot thee. Ik bladerde wat door de krant tot een foto van een vriendelijk kijkende man mijn aandacht trok. 'Autisten kunnen bedrijven als Shell een degelijke basis geven,' stond boven aan de pagina. In het interview vertelde deze Diederik Weve hoe hij twee jaar eerder op vrij late leeftijd de diagnose autisme had gekregen en binnen zijn bedrijf een campagne was begonnen om het taboe daarop te doorbreken. Hoe meer ik las, hoe meer zijn verhaal mij ontroerde. Hier was het bewijs dat mensen met autisme ook gewoon volwaardig mee kunnen doen in de samenleving. Niet per definitie veroordeeld buiten de maatschappij te leven. Hier was het bewijs dat er voor Job een toekomst mogelijk was, net als voor iedereen.

Misschien kon Diederik ons helpen bij NS om mensen met autisme meer kansen te bieden? Ik vermoedde dat juist mensen met autisme goed zouden kunnen passen op een aantal technische, specialistische beroepen en juist daar kampten we met veel moeilijk te vervullen vacatures. Op LinkedIn vond ik zijn e-mailadres en ik stuurde hem een kort bericht dat hij mij diep had geraakt met zijn openhartige interview. Vlak na onze eerste ontmoeting startten Diederik en ik binnen NS een programma op basis van zijn ervaringen bij Shell. In de werkgroep Vanuit Autisme Bekeken ontwikkelden we het programma verder tot de Autisme Ambassade: een platform van en voor mensen met autisme, dat zich inzet om autisme bespreekbaar te maken en bewustwording te vergroten binnen een bedrijf. Tien jaar later zou de Autisme Ambassade een beproefd concept zijn in grote organisaties als Nationale-Nederlanden, ABN-AMRO, het ministerie van Defensie en de Belastingdienst.

Naast de initiatieven die ik ondernam om mensen met een beperking aan een baan te helpen, zette ik me ook al enige tijd in voor meer seksuele en genderdiversiteit door steun te bieden aan Trainbow, het LGBTQI-netwerk van NS. 'Wat vind je ervan als we met een NS-boot meevaren tijdens de Gaypride in Amsterdam?' vroeg de voorzitter van Trainbow. Vlak na mijn komst bij NS gaf ik het startschot voor het netwerk. Ik werd het eerste lid en een warm pleitbezorger van het doel van Trainbow. Niet iedereen binnen NS was direct enthousiast. Er waren de nodige vooroordelen en juist daarom vond ik het belangrijk dat wij als NS meededen. Dus antwoordde ik de Trainbow-voorzitter een week later: 'Er komt een NS-boot en ik vaar zelf ook mee.' Sindsdien was ik elk jaar vast bemanningslid van onze boot.

Tegelijkertijd startte ik met maandelijkse mentorbijeenkomsten om vrouwen uit de top van het bedrijf in contact te brengen met jonge talentvolle vrouwen. Die hoopte ik op deze manier een extra steuntje in de rug te geven door ze te laten ervaren dat hun rolmodellen vergelijkbare worstelingen hadden als zij. Het was nog niet vanzelfsprekend dat elk managementteam ten minste voor de helft uit vrouwen bestond. Daarnaast was er een ondervertegenwoordiging van mensen met een andere herkomst in beleidsmatige en leidinggevende rollen.

'Dat lukt niet, hoor. Ik ken ze niet,' mailde een vrouwelijke directeur me, toen ik haar vroeg om voor onze volgende bijeenkomst twee jonge, talentvolle vrouwen uit het bedrijf uit te nodigen met een andere herkomst dan zijzelf. 'Hoezo, je kent ze niet?' mailde ik haar terug. 'Er werken hier 33.000 mensen, daar moeten toch wel twee vrouwen tussen zitten? Dan moet je beter zoeken...' Toen we elkaar een week of drie later zagen en ze twee bevlogen jonge vrouwen had gevonden, die ook nog eens op een van haar eigen afdelingen bleken te werken, zei ze enigszins beschaamd: 'Je had gelijk, ik keek niet goed. Gek hè, hoe gemakkelijk je last kunt hebben van blikvernauwing.' En zij was niet de enige die er last van had. Ik denk dat elk mens er last van heeft. Je gaat toch snel uit van je eigen referentiekader. Ook leerde ik, door bij andere bedrijven te kijken, dat we met losse initiatieven en goede intenties niet ver zouden komen. Er was een gedegen aanpak nodig met ambitieuze doelen voor de gehele organisatie. Dan pas zou NS echt diverser worden.

◆

Het was doodstil in de zaal van het chique hotel Duin & Kruidberg in Heemstede. Al het gelach en geklets dat de hele avond al de ruimte vulde, was verstomd. 'Dames en heren, de titel van Topvrouw van het Jaar gaat dit jaar naar...' Luid tromgeroffel.

Ik zag de spanning op de gezichten van mijn medefinalisten. Zenuwen gierden ook door mijn lijf. Vreemd, de hele avond had ik nergens last van gehad. Het feit dat ik een van de drie finalisten was, vond ik al eervol.

Alleen al de weg naar de finale was de moeite waard geweest. Toen ik voor de zomer vernam dat ik bij de tien genomineerden zat, nam ik me voor mijn beste beentje voor te zetten om bij de laatste drie te komen. Meedingen naar de titel van Topvrouw van het

Jaar zou me de mogelijkheid geven om nog meer aandacht te vragen voor het belang van diversiteit en inclusie. Niet alleen op het terrein van vrouwen, maar voor alle groepen ondervertegenwoordigde mensen. Bovendien was het een uitgelezen kans om NS in de spotlights te zetten en te laten zien wat een mooi bedrijf we waren, ondanks ons – onterechte – suffige imago. Ik keek naar mijn collega's aan de tafel verderop. Het was een kleurrijk geheel: jong en oud, man, vrouw en alles ertussenin, wit en zwart. Wat werkte ik toch bij een mooi bedrijf, dat zo midden in de samenleving stond en zo serieus werk maakte van diversiteit. Het levende bewijs zat voor me. Geen woorden maar daden.

Toen ik een uur later naar buiten liep, stond chauffeur Martin met de auto te wachten. Hij hield het portier voor me open en wees voor ik achterin instapte naar de middenconsole. Daar stond een fles champagne. 'Zal ik hem maar opentrekken?' Hij pakte de fles en schonk een glas voor me in, dat hij vakkundig uit het handschoenenkastje toverde. 'Van harte!' proostte hij met een fictief glas in zijn hand. 'Dank je wel, wat ontzettend lief van je,' stamelde ik. Beduusd van alles staarde ik naar het beeldje dat ik kreeg uitgereikt, een lange ranke vrouw in een wapperende jurk. Op een marmeren voetstuk zat een goudkleurig plaatje waarop stond: TOPVROUW VAN HET JAAR 2012. Ik kon het bijna niet geloven. Wat had ik eigenlijk gezegd toen ik op het podium stond? En later tegen de journalist van het ANP?

Toen Martin drie kwartier later de Utrechtse Baan in Den Haag op reed belde ik Laila: 'Ga maar lekker naar huis, ik ben er bijna.' Het was donker in de gang toen ik de voordeur opendeed. In de woonkamer lag een briefje op tafel: 'Van harte lieve Merel! Kus, Laila.' Ik zette het beeldje ernaast en deed het licht uit.

De volgende ochtend stond Kik al vroeg naast mijn bed. Hij had het beeldje in zijn hand. 'Is deze van jou?' vroeg hij. Ik knikte. 'Wat doet een topvrouw?' Ik aaide hem zachtjes over zijn haar en antwoordde: 'Nou, ik ben een topvrouw die vaak voetbalt met haar kinderen.' Op zijn gezicht verscheen een stralende lach. 'Kom je dan nu uit bed, mam? Dan gaan we buiten voetballen.'

◆

Na de verkiezing werd ik overstroomd met verzoeken voor interviews en presentaties. Ik besloot er voorlopig selectief op in te gaan. Ik had nog een heel jaar de tijd. Bovendien was ik de laatste drie maanden van het jaar samen met mijn collega's bij ProRail en het ministerie druk aan de slag met de Lange Termijn Spooragenda. Het plan dat minister Schultz van Haegen eerder dat jaar had aangekondigd moest ervoor zorgen dat op de langere termijn het druk bereden spoor minder kwetsbaar zou worden voor verstoringen. Hiervoor moesten ProRail en NS beter op elkaar worden afgestemd en nauwer met elkaar samenwerken. Dat zou nog geen sinecure zijn, verwachtte ik.

De splitsing van de twee bedrijven van 1995 zorgde voor veel afstemmingsproblemen in de praktijk omdat er twee kapiteins op één schip waren. Alle afstemming had geleid tot een metersdik boek met beschrijvingen, wie over wat ging: de gebouwen waren van NS, het onderhoud werd gedaan door ProRail. De roltrappen waren van ProRail, de toiletten van NS. De perrons van ProRail, de winkels op de perrons van NS en ga zo maar door. En je verwacht het niet, maar deze dikke rolverdelingsbijbel hielp niet eens. Gedoe onderling was aan de orde van de dag, met vervelende gevolgen voor reizigers. Verbouwingen die uitliepen of nieuwe winkels die op zich lieten wachten. Niet zelden wezen allebei de bedrijven met een beschuldigende vinger naar elkaar. Zeker wanneer de spanning in de buitenwereld hoog opliep, zoals bij de sneeuwproblemen: 'Het waren de wissels van ProRail', 'Nee, de treinen van NS'. Wat niet hielp was dat er ook bij de bestuursvoorzitters van beide bedrijven weinig onderling vertrouwen en respect was. Dat gaf de rest van de organisaties een vrijbrief om het gemopper op elkaar in stand te houden: de bazen deden het toch ook! Ik stelde voor ons bij onze verbeteringsplannen op twee zaken te richten, naast het spoorsysteem juist ook op de mensen. Te vaak denken we problemen op te lossen zonder na te denken over de rol van mensen, had ik in de loop van de jaren ervaren. Overtuigingen of emoties die groot kunnen zijn, maar dan juist niet helpen. Tijd maken om elkaar echt te leren kennen, elkaars talenten te zien en te waarderen is nodig om samenwerking te stimuleren en te onderhouden.

Dus organiseerde ik een aantal sessies tussen de top van beide bedrijven in navolging van wat ik dat jaar op INSEAD leerde. Via via had ik twee goede begeleiders gevonden, die ons een voor een uitnodigden om onze levensverhalen te delen, waar we vervolgens ook weer als groep op reflecteerden. Spannend. Zeker voor bestuurders, die gewend zijn om weinig van hun kwetsbaarheden te laten zien. Toch gebeurde ook hier wat ik tijdens de INSEAD-bijeenkomsten had ervaren: de mens achter de bestuurder werd zichtbaar. Een compleet mens met unieke en eigen dilemma's, angsten en dromen. Wantrouwen maakte plaats voor een gedeeld gevoel van verbondenheid en ook hier was het de kracht van persoonlijke verhalen die de echte ontmoeting mogelijk maakte, precies zoals ik had gehoopt. Het zorgde ervoor dat toen we later inhoudelijke keuzes moesten maken over de inrichting van het spoorsysteem en beide organisaties, we tot een eensgezind plan voor de lange termijn konden komen. Iets wat niet lang daarvoor nog onmogelijk had geleken.

Intussen werkte de directie van hogesnelheidsbedrijf HSA hard aan de voorbereidingen voor de nieuwe dienst naar Brussel. De Italiaanse hogesnelheidstreinen vertoonden tijdens de proefritten nog wel veel mankementen, maar daarvoor waren allerlei maatregelen genomen, verzekerde het team: we hadden voor alles een plan B, C en D. Er zouden in alle scenario's voldoende Fyra's zijn om verantwoord met een treindienst te gaan rijden. En dus gingen we van start. Op 3 december 2012 gaf staatssecretaris Wilma Mansveld van Infrastructuur en Milieu haar goedkeuring. En precies op tijd kwam na ruim tien jaar onderhandelen tussen HSA en de Belgische Spoorwegen op het allerlaatste moment een samenwerkingsovereenkomst tot stand. Niets stond de start met de Fyra nog in de weg. Niets, behalve sneeuw dan.

◆

'U mag binnenkomen,' zei de vrouw van het hospice. 'Tien minuutjes, niet langer.' Ik dacht terug aan het moment dat Hanna me had gebeld, zes maanden geleden, vlak voor de zomer. Mijn Poolse lerares met wie ik zo goed bevriend was geraakt, had ernstig geklonken. 'Je gaat toch niet afzeggen hè?' grapte ik nog. 'De jongens kijken zo uit naar je komst. Het zou hun hart breken.' Het was stil geworden aan de andere kant van de lijn. 'Hanna? Gaat het wel?' vroeg ik bezorgd. Hoorde ik haar huilen? 'Nee, het gaat niet goed,' antwoordde ze. 'Ik kan niet komen. Ik lig in het ziekenhuis en heb botkanker. Wil je tegen de jongens zeggen dat het me ongelooflijk spijt?'

Daar lag Hanna. Wat zag ze er fragiel en kwetsbaar uit. Helemaal grijs en veel ouder dan zevenenvijftig jaar. Ik schrok en ging op het krukje naast haar bed zitten, ik aaide zachtjes over haar hand. Ik wilde haar nog zoveel zeggen, nog zoveel vragen. 'Hoe is het met Kik en Job?' fluisterde ze. Lieve Hanna, zelfs nu nog was ze begaan met de jongens. Ik gaf haar de tekening die ze voor haar hadden gemaakt en vertelde dat Job vanochtend vroeg: 'Is Hanna bang om dood te gaan?'

Ze glimlachte. 'Zeg hem maar dat ik niet bang ben. Ik had nog zoveel leuke dingen willen doen en was zo graag nog met jullie naar Toscane gegaan.' Ik vertelde haar over de vakantie, het voetbal van de jongens, school. Ik voelde me opgejaagd, alsof ik in tien minuten nog alles moest zeggen wat ik eerder niet had gezegd. Toen hoorde ik de deur opengaan. De vrouw van het hospice tikte zachtjes op mijn schouder, de tijd was om. Voor de laatste keer omhelsde ik haar en fluisterde in haar oor: *Żegnaj, moja droga dzielna Hanno, będę za tobą wiecznie tęsknić*: vaarwel, mijn lieve dappere Hanna, ik zal je voor altijd missen.

Na afloop reed ik naar huis. Tranen stroomden over mijn wangen. Ik zette de auto langs de kant, ik moest zo hard huilen. Net als dertien jaar geleden, toen ik na de dood van Loulou naar Hanna reed, voor mijn eerste Poolse les.

◆

When they go low, we go high

'Mogen ze nog even blijven spelen?' vraagt een keurige wat oudere man. Hij wijst naar een groepje kinderen in de verte. Het is pauze. Op het schoolplein rennen kinderen in alle soorten en maten opgetogen en gillend kriskras door elkaar. Met een paar leraren staan we wat te kletsen. Intussen houden we een oogje in het zeil.

Ik ken de man niet. Hij stelt zich voor als De Vries en blijkt van een andere school te zijn, iets verderop. De speelplaats van zijn school wordt verbouwd. Ik twijfel even wat ik moet zeggen. Ik leg uit dat ik nieuw ben en stagiaire. Vragend kijk ik opzij naar mijn stagebegeleider Seval, die hem antwoordt dat het geen enkel probleem is als zijn kinderen nog even blijven. Maar in plaats van haar te bedanken blijft de man mij aankijken, negeert haar en bedankt mij uitvoerig voor het antwoord dat ik hem niet gaf. Daarna loopt hij weg. Zonder Seval ook maar een blik waardig te gunnen. Ons in pijnlijke stilte achterlatend. Wat gebeurde hier? Ik ben er beduusd van. 'Let er maar niet op,' zegt Seval, 'zo gaat het heel vaak. Ik word voor alles aangezien, maar niet voor een leerkracht. Een vrouw met een hoofddoek, die kun je toch niet helemaal serieus nemen, wordt vaak gedacht, helaas. Het enige wat je kunt doen is erboven staan.' We praten nog even door over vooroordelen en hoe het toch komt dat mensen vaak alleen maar door hun eigen spiegelende brillenglazen naar de wereld kijken.

Als we na de pauze met de klas naar de gymzaal lopen, vraagt Aisha, een mooi meisje met grote donkerbruine ogen, out of the blue: 'Juf Merel, kent u Geert Wilders? Wat vindt u van hem? Weet u dat hij vindt dat wij weg moeten uit Nederland? Dat is toch slecht, juf Merel?' En dan, heel fel: 'Hij moet zelf maar weg, heel ver weg, voor altijd.' Opeens is het muisstil in de rij. De kakofonie aan stemmetjes is verstomd, de oortjes zijn gespitst. Wat zal de juf nu antwoorden, lijken ze collectief te denken. En dat is precies wat ik ook denk. Wat antwoord je een tienjarige die het gevoel heeft niet welkom te zijn in het land waar ze is geboren en waar ook haar ouders zijn geboren, enkel en alleen vanwege haar herkomst en geloof?

Ik zeg dat ik het niet eens ben met Geert Wilders maar ook niet met haar en zal uitleggen waarom. 'Ken je Michelle Obama, Aisha?' 'Obama, Obama bin Laden? Ook dat is een slechte man, maar die is er gelukkig niet meer,' zegt Aisha. 'Nee, Michelle Obama, de vrouw van de vorige Amerikaanse president, Obama.' 'Oh, die, die was goed toch, geloof ik?' zegt ze twijfelend.

Ik vertel dat Michelle Obama als mensen haar of haar familie nare of slechte dingen toewensen altijd tegen haar dochters zegt: 'When they go low, we go high.' Als ik het voor haar wil vertalen, reageert ze enigszins geërgerd: 'Juf Merel, ik heb al twee jaar Engels, hoor. Het betekent dat je gewoon de wijste moet zijn. Dat zegt juf Seval ook altijd.' En voor ik kan zeggen dat ze blij mag zijn met zo'n wijze juf, is ze al weggehuppeld. Genoeg gepraat. Het is tijd voor gym, tijd voor voetbal. Veel belangrijker, want ze wil net als Lieke Martens later bij Barcelona spelen.

8

Een koningsdrama

'Sorry, ik moet dit telefoontje even nemen.' Ik zat in een bespreking met Marjon Kaper, de commercieel directeur van HSA, NS-communicatiebaas Jeroen Hellenberg en Frans van der Grint, onze externe communicatieadviseur. We bespraken de Fyra-kwestie en de mogelijkheden om de gedupeerde reizigers tegemoet te komen voor alle ellende van de afgelopen weken. Sinds de start op 9 december 2012 kampte de trein met problemen, vooral technische mankementen: deuren die niet sloten, traptreden die niet uitklapten of softwarestoringen, waardoor de trein niet opstartte, of opeens stil kwam te staan. Gevolgen: uitval van treinen en veel vertraging. Reizigers waren boos – en terecht. Met man en macht was getracht zo goed en kwaad als het kon de treindienst van Amsterdam naar Brussel aan de gang te houden.

Medewerkers van de Italiaanse treinenfabrikant AnsaldoBreda beloofden de zogenoemde kinderziektes snel te verhelpen. Helaas, zonder veel succes. Wanneer een trein was gerepareerd, kwam hij de volgende dag weer in de werkplaats terug met een nieuw euvel. 'Ik werk al bijna veertig jaar bij NS en kinderziektes zijn er altijd,' vertelde een monteur, toen ik de werkplaats bezocht. 'Alleen, zoveel kinderziektes tegelijk heb ik nog niet eerder meegemaakt. Bovendien lossen die Italianen niets structureel op. Het is dweilen met de kraan open.'

Ondanks de vele testritten en inspecties van de voorgaande jaren en de goedkeuring van de trein door de toezichthouder Inspectie Leefomgeving en Transport waren er veel meer problemen bij de opstart van de Fyra dan verwacht. De geplande noodmaatregelen zoals extra storing- en reparatieteams en inzet van reservetreinen konden er gewoonweg niet tegenop. Sneeuw en kou maakten de storingen bij de Italiaanse trein nog eens erger dan ze al waren. Vrijwel direct na 9 december startten we het crisismanagementproces, sinds de winterproblemen in 2009 was dat het NS-protocol. Dagelijks was er crisismanagementoverleg. Zo werden wij als NS-directie op de hoogte gehouden. En nu belde Martien, die als operationeel directeur verantwoordelijk was voor de uitvoering van de treindienst met de Fyra. Maar het crisismanagementoverleg zou pas vanmiddag zijn. Waarom belde hij nu met spoed? In de vijf minuten die volgden vertelde hij dat in de werkplaats was geconstateerd dat bij een van de treinen een bodemplaat ontbrak, en een andere had forse schade aan de onderkant. De monteurs vermoedden dat de bodemplaat door sneeuwophoping onder de trein was losgeraakt. De plaat was spoorloos, er vond op dat moment een zoekactie plaats op het hele traject van Amsterdam naar Brussel om hem te vinden. Intussen moesten alle treinen met een lagere snelheid rijden, voor de veiligheid. Dit was echt slecht nieuws. 'Hebben jullie ook overwogen om helemaal te stoppen met rijden?' vroeg ik hem. 'Nee, dat niet,' antwoordde hij. 'We moeten eerst meer weten.'

'Nou, dat konden we er nog wel bij hebben,' verzuchtte ik toen Martien had opgehangen. Hier kon geen reizigerscompensatieprogramma tegenop. Een bodemplaat die zomaar van de trein viel en niemand wist waarom of waar hij was. Moesten we niet helemaal stoppen met rijden? Stel dat er bij die andere treinen hetzelfde gebeurde. Ik vroeg mijn gesprekspartners hoe zij ertegen aankeken. 'Welke informatie zou je nog willen hebben voor een besluit om te stoppen met rijden?' zei Frans van der Grint. Hij keek me indringend aan en voegde eraan toe: 'Bedenk of je het besluit dat je nu neemt straks goed kunt uitleggen aan een parlementaire enquêtecommissie.' Ik staarde voor me uit. 'Mevrouw Van Vroonhoven, waarom besloot u op 17 januari 2013, toen u hoorde van de losgeraakte bodemplaat, toch door te rijden met de treinen?' galmde het door mijn hoofd. Hoewel er helemaal geen sprake was van een parlementaire enquête schudde Frans me met zijn confronterende vraag wakker. Natuurlijk wilde ik niet onnodig treindiensten laten vervallen en daarmee reizigers nog meer ongemak bezorgen. Maar blijven rijden, zelfs al is het veel langzamer, terwijl je niet weet hoe zo'n plaat heeft kunnen loslaten? Wie zei me dat het niet ook bij een van de andere treinen kon gebeuren? Wilde ik dit risico nemen? Hoe vervelend ook voor reizigers die nu onderweg waren: *better safe than sorry.* Ik belde Martien en deelde hem mee dat hij onmiddellijk alle treinen moest terughalen en de treindienst moest stopzetten. Direct daarna liep ik naar collega Engelhardt en belde Bert, die in Frankrijk was. Alle Fyra's werden van het spoor gehaald. Nog geen vijf weken nadat er voor het eerst na meer dan tien jaar voorbereiding eindelijk hogesnelheidstreinen naar Brussel reden.

In de dagen daarna besloten we als directie dat de trein pas terug zou komen op het spoor als deze aantoonbaar betrouwbaar en veilig was. Op vrijdag reisde ik af naar België om te overleggen met de Belgische Spoorwegen en in het weekend namen we het besluit om AnsaldoBreda aansprakelijk te stellen. Daarnaast richtten we een taskforce op die de problemen met de Fyra moest oplossen.

'Het is bedtijd, lieverds,' riep ik naar de jongens. 'Kom, dan lees ik jullie samen in mama's bed een verhaaltje voor.' Eindelijk had ik weer tijd voor de jongens. Het hele weekend had ik gewerkt of aan de telefoon gezeten met kantoor: 'Sst, jongens. Mama is aan het bellen', 'Nu even niet, straks kom ik kijken naar je tekening.' Ik baalde als een stekker. Toen Rein en ik uit elkaar gingen had ik me voorgenomen om nooit iets tussen mij en de jongens te laten komen. Dit weekend was me dat totaal niet gelukt en ik vreesde het ergste. Met het besluit om de Fyra's van het spoor te halen kwam ik in een achtbaan terecht waar ik pas negen maanden later weer uit zou stappen.

◆

Na een boekje voorlezen en daarna nog ieder een boekje in hun eigen bed vielen de jongens tevreden in slaap. Aan de eettafel klapte ik mijn laptop open. Snel verder met de uitwerking van het plan van de taskforce. Ik had duidelijke ideeën over de opdracht en organisatie, maar wie moest die gaan leiden? Moest ik het zelf doen of aan een ander overlaten? Er stond zoveel op het spel, voor het bedrijf, maar ook voor mij persoonlijk. De prestigieuze hogesnelheidslijn kostte de Staat al miljarden. Hoe ging ik in vredesnaam uitleggen dat er de komende tijd geen treinen over die geldverslindende lijn zouden rijden? Dat zouden de reiziger, de belastingbetaler en dus de politiek, maar ook de staatssecretaris niet accepteren. Maar hoe vonden we zo snel een alternatief? Door alle specifieke, voor Nederland unieke eisen waaraan hogesnelheidstreinen moeten voldoen waren die niet voorhanden, het team van Hispeed was daar de afgelopen jaren al meerdere keren naar op zoek geweest.

En dan de verplichte samenwerking met de Belgische Spoorwegen: hoe kreeg ik hen zover? Elke euro extra in het geldverslindende project was er voor hen één te veel. Als de Italianen de mankementen niet snel oplosten, hadden we een groot probleem. Staatssecretaris Mansveld, die bij de laatste kabinetsformatie het complexe en publiciteitsgevoelige NS-dossier van Schultz had overgenomen, had al laten weten ons maandagmiddag bij haar 'op het matje' te verwachten. De voorman van reizigersorganisatie Rover wond zich op: nu de Fyra door het ijs gezakt was, moest de oude trein terugkomen en wel snel! De druk vanuit de politiek, reizigersorganisaties en media was enorm. Als we er niet in zouden slagen om snel een oplossing te vinden, liepen we het risico niet alleen de vergunning kwijt te raken voor de hogesnelheidslijn, maar kon het ook ons contract voor het hele spoornet raken. Dat zou een zware klap zijn voor NS – het ging om miljarden. Los nog even van de reputatieschade.

Moest ik dit wel zelf doen? Het zou mijn volle aandacht vragen en dus betekenen dat ik al mijn andere taken moest laten vallen: Abellio, het stationsbedrijf, de Lange Termijn Spooragenda, waarmee we juist zulke goede vorderingen boekten. Aan de andere kant: leider was je niet voor de makkelijke tijden, maar juist voor wanneer het moeilijk was. Dat moeilijke moment was nu.

'Ik denk dat het verstandig is dat ik de taskforce zelf ga leiden,' zei ik tegen mijn collega-bestuurders toen we op maandagochtend mijn voorgestelde aanpak in de directievergadering bespraken. 'Als jullie tenminste mijn andere taken overnemen.' Bert en Engelhardt konden zich daarin vinden. We spraken af dat ik de beschikking kreeg over alle noodzakelijke financiële middelen en de beste mensen binnen en buiten het bedrijf. Ook vroeg ik hun onvoorwaardelijke steun. Die zou ik de komende tijd hard nodig hebben. Intussen brak in Nederland en België de pleuris uit. Nu de hogesnelheidstrein was uitgevallen, reed er helemaal geen trein meer tussen de twee landen. De afgelopen weken hadden de kranten al vol gestaan met negatieve berichten over de Fyra, maar nu beheerste de 'Aldi-trein', zoals hij in de volksmond was gaan heten, helemaal het nieuws. De staatssecretaris eiste voor het eind van de maand een alternatieve treindienst tussen Amsterdam en Brussel, de Tweede Kamer kondigde een hoorzitting aan en tegelijkertijd beweerde de Italiaanse treinenfabrikant in de media dat ze de problemen in enkele dagen zouden oplossen. Beloftes die ze nooit waarmaakten.

De taskforce kwam snel op stoom. Ik stelde een klein kernteam samen van getalenteerde jonkies en doorgewinterde experts. Ook huurden we een gespecialiseerd adviesbureau in om de problemen met de Fyra-trein technisch te beoordelen. Het team draaide overuren. De druk werd met de dag groter om snel met een oplossing te komen. Maar dat was geen gemakkelijke opgave, zeker niet gezien de halsstarrige houding van de Belgen. Al vaker hadden we meegemaakt dat de samenwerking stroef verliep. Het 'gearrangeerde verplichte huwelijk' tussen de Nederlandse en Belgische vervoersbedrijven dat minister Netelenbos vijftien jaar eerder had afgedwongen was ongelijkwaardig. De belangen voor de Nederlanders waren veel groter – de Fyra was namelijk ook bedoeld voor binnenlands vervoer – en bovendien waren de huwelijkse voorwaarden voor de NMBS veel minder dwingend dan die voor HSA. Dat maakte elke onderhandeling lastig. Ik reisde meerdere keren af naar Brussel om met onze Belgische partner te overleggen.

Na een lange dag onderhandelen, in de auto op weg naar huis, staarde ik uit het raam. Martin reed stevig door. Het was vrijdagmiddag. Hopelijk was ik nog op tijd om de jongens naar bed te brengen. Na de hectische weken dit weekend maar eens bijkomen. Ik had onafgebroken gewerkt. Thuis hield Laila met de hulp van mijn ouders de boel gelukkig draaiende. 'Mama, kom je nog spelen?' vroeg Kik vorige week. Hij was zo teleurgesteld, zijn treurige blik sneed me recht door de ziel. Mijn arme jongens, wat deed ik ze toch aan met deze baan? Eerst was het de sneeuw, toen een dreigend faillissement en nu weer een kapotte trein. Dit weekend zou ik pannenkoeken voor ze bakken en gingen we samen tekenfilms kijken. Dat had ik ze beloofd. Niemand of niets mocht daar nog tussen komen.

◆

Met onze Belgische partner NMBS bleven we zoeken naar mogelijkheden om alsnog een trein naar Brussel in te passen, als tijdelijke vervanging. Een bijna onmogelijke puzzel. Ook omdat de Belgen er een handje van hadden om van elk gesprek een onderhandeling te maken en zaken vrijwel alleen vanuit hun eigen perspectief te benaderen. Op 30 januari, na een hoorzitting over de problemen in het Beneluxparlement in Brussel, meldde ik me maar weer eens met mijn collega's bij het hoofdkantoor van de NMBS. Een secretaresse liet ons binnen in een bedompt, donker zaaltje. Daar zaten de topambtenaar van het Nederlandse ministerie en zijn advocaat al te wachten. Niet veel later kwam de CEO van de NMBS binnen met zijn gevolg. Marc Descheemaeker, een bebaarde Belg met een imposante gestalte, hield van theater en spektakel, het liefst met hemzelf als middelpunt. Hij was een sluwe onderhandelaar die zich de ene keer poeslief en dan weer extreem bot opstelde, waarmee hij je als tegenspeler bij tijd en wijle tot wanhoop dreef. Steeds als je dacht een akkoord te hebben kwam er weer een konijn uit de hoge hoed of had hij nog 'een klein dingetje'. Ik was benieuwd hoe het vandaag zou gaan. De tijd begon te dringen. De verontwaardiging over het uitblijven van een tijdelijk treinalternatief werd met de dag groter. Het door staatssecretaris Mansveld gestelde ultimatum kwam steeds dichterbij.

Descheemaeker heette iedereen welkom en keek de tafel rond. Toen zijn oog op de advocaat van het ministerie viel vroeg hij: 'Wie bent u dan wel?' De advocaat stelde zich voor en nog voor hij uitgesproken was brulde Descheemaeker: 'Onacceptabel, zo laat ik mij niet behandelen! Stiekem je advocaat meenemen, jullie spelen een spel. Het is klaar met de onderhandelingen!' Verontwaardigd stormde hij naar buiten, om niet lang daarna, toen de advocaat eenmaal het zaaltje had verlaten en in een kamertje verderop zat, weer terug te komen alsof er niets aan de hand was. Het hoorde er allemaal bij. Net als ons tegen het zonlicht placeren in de zaal, pizza's als diner bestellen die maar niet kwamen en meer van dat soort trucs. Ik liet het gebeuren en concentreerde me op het resultaat. Dan maar geen pizza. Na urenlange moeizame onderhandelingen bereikten we uiteindelijk een akkoord. Zolang de Fyra nog niet was hersteld, kwam er een paar keer per dag een alternatieve treindienst tussen Amsterdam en Brussel. Een mager alternatief voor een treindienst over de hogesnelheidslijn, maar reizigers konden in ieder geval weer met de trein naar België. En wij konden ons concentreren op het structureel oplossen van de problemen met de Italiaanse treinen.

Met een iets rustiger gevoel reed ik de week daarop met de kinderen en mijn moeder naar Drenthe, waar ik nog voor de Fyra-ellende begon een vakantiehuisje had gehuurd. Het was voorjaarsvakantie. De jongens vermaakten zich samen met Rania, het dochtertje van Laila, in het zwembad of het indoor-speelparadijs. Mijn moeder hield een oogje in het zeil. Ik zat het grootste gedeelte van de dag achter mijn laptop of aan de telefoon. Tussen het telefonische taskforce-overleg en af en toe een pingpongwedstrijdje door probeerde ik mijn gedachten over de toekomst van NS op papier te zetten. Twee weken eerder had Bert aangekondigd dit jaar NS te zullen verlaten. Het bericht kwam voor mij als een donderslag bij heldere hemel. Hij was nog maar een maand geleden herbenoemd voor vier jaar. Een voorzitterswissel, net nu we midden in de Fyracrisis zaten, zou niet meevallen.

'Wil jij je niet kandidaat stellen?' vroeg Engelhardt, en enkele dagen later stelden de commissarissen mij dezelfde vraag, maar ze vermeldden erbij dat ze ook naar externe kandidaten zouden kijken. Nu de vraag op tafel lag moest ik er wel serieus over nadenken. De bossen van Drenthe waren er een goeie plek voor. Ik besloot een aantal dierbaren te bellen. Hoe goed ik mezelf inmiddels ook kende, op dit soort cruciale momenten vond ik het belangrijk om te sparren met mensen die mij goed kennen. Zij konden mij beter bevragen dan ik mijzelf. De ambitie was er, maar de situatie deed zich veel eerder voor dan ik had voorzien. Was ik er wel klaar voor?

De kans om CEO van NS te worden komt de komende jaren niet nog een keer voorbij, zei een jeugdvriendin. Een opvolger van Bert zou ten minste voor vier en waarschijnlijk acht jaar op diezelfde plek zitten, zei een ander. Wilde ik echt zo lang wachten? Na een aantal gesprekken met goede vrienden besloot ik ervoor te gaan. Mijn toekomstplannen voor NS zette ik op verzoek van de raad van commissarissen op papier. Inmiddels was er een nieuwe voorzitter aangetreden, Carel van der Driest. Hij leidde het proces, samen met twee andere commissarissen. Ik was de enige interne kandidaat, naast een aantal externe kandidaten.

Hoewel ik met mijn volle verstand in het proces stapte, twijfelde ik op sommige momenten toch. Een week nadat ik mijn notitie aan de raad van commissarissen had gestuurd mailde ik Manfred Kets de Vries: 'Vorig jaar kwam ik tot de conclusie dat ik CEO wil worden en nu doet de kans zich voor en ben ik er niet meer zo zeker van. Ik krijg steeds meer het gevoel dat mijn roeping misschien wel helemaal niet ligt bij het verder groeien op de corporate ladder van onze onderneming of bij een ander groot bedrijf. Misschien wil ik wel liever verder in het werken met individuen en teams op het gebied van persoonlijke ontwikkeling. Maar eerlijk is eerlijk, echt duidelijk heb ik dat nog niet. Of is het gewoon mijn onzekerheid?' Manfred stelde voor om te bellen. Veel meer duidelijkheid leverde het gesprek niet op. Omdat mijn gedachten nog alle kanten op gingen liet ik het rusten. De Fyra vroeg mijn volle aandacht. Onze taskforce had tijd nodig en die moesten we van de politiek zien te krijgen.

Op 5 april brachten een delegatie van de Tweede Kamer en ongeveer de hele Nederlandse pers een bezoek aan de NS-werkplaats waar de Fyra's stonden. 'Was al die tijd voor onderzoek echt wel nodig?' 'Konden de treinen niet veel sneller terugkomen op de hogesnelheidslijn, zoals de Italianen beweerden?' 'Liet Mansveld niet te veel haar oren hangen naar NS door zoveel tijd te geven voor onderzoek?' Zij wilden met eigen ogen zien wat de problemen waren. En ik wist, dit werkbezoek deed ertoe. Het moest goed gaan. Het sentiment van de Kamerleden naar aanleiding van dit bezoek en hun vertrouwen in onze aanpak zou hun houding bepalen naar de staatssecretaris. Dat zou vervolgens haar handelen tegenover ons weer beïnvloeden en het wel of niet steunen van onze oplossingen. We konden hier niets aan het toeval overlaten.

Het bezoek was tot in de puntjes voorbereid. Eerst kregen de Kamerleden een rondleiding door de werkplaats, spraken ze met monteurs, mochten ze de treinen bekijken, inclusief de afgevallen plaat. Daarna was het tijd voor de presentatie, waarin ze informatie kregen over de verschillende scenario's waar we in de taskforce mee werkten. Ik vertelde dat één team aan scenario A werkte, mogelijk herstel van de Fyra-treinen, en een ander team aan scenario B: een alternatief met andere treinen, voor het geval de Fyra's niet op afzienbare termijn betrouwbaar en veilig te maken waren. Zo konden we voorkomen dat we noodgedwongen met de Italiaanse treinen moesten doorgaan omdat er geen andere keuze was. Vervolgens konden de Kamerleden vragen stellen en ook daarvoor hadden we van tevoren geoefend met een rollenspel.

Na afloop stonden de Kamerleden uitgebreid de pers te woord. Tevreden haalde ik adem. We hadden ze ervan overtuigd dat een grondige aanpak nodig was en dat – hoe vervelend ook – de uitkomsten van het technisch onderzoek door de externe expert en de beide scenario's nog minimaal twee maanden zou duren. Er was tijd gekocht en die hadden we keihard nodig. Half juni zouden we staatssecretaris Mansveld moeten laten weten of de Fyra nog te redden was. Het was een race tegen de klok, de druk was zo hoog dat de stress een enkeling in mijn team te veel werd. Ik vond het vanzelfsprekend om hard te werken, zeker in een crisissituatie, maar kon ik dat wel van iedereen verwachten? Legde ik de lat op sommige momenten niet te hoog? Zeker als ik zelf ook stress ervoer kon ik nogal ongeduldig en kortaf worden. Dat was niet altijd gemakkelijk voor de mensen om me heen. Ik wist het van mezelf.

'Weet je wat de grootste angst van een topsporter is?' vroeg Koen, de coach van een aantal topsporters, onder wie tennisster Kim Clijsters. Inmiddels coachte hij ook managers in het bedrijfsleven. Ik sprak hem eens in de paar weken een uurtje, een fijn rustpunt in alle hectiek. 'Verliezen. De grootste angst van de topsporter is om op het moment van die ene belangrijke wedstrijd te verliezen.' Hij legde uit dat hij met topsporters trainingsdoelen bepaalde. Het hoofddoel was om wat een topsporter zich had voorgenomen tijdens de training, in te zetten tijdens de wedstrijd. Lukte dat, dan kreeg hij of zij één punt. Als er ook nog gewonnen werd, betekende dat nog een punt: 2-0. Het risico was dat de sporter onder druk toch teruggreep op de oude techniek en de trainingsdoelen verwaarloosde. Dat betekende 0-1. Zelfs als hij of zij in cijfers zou winnen was het dan 1-1.

Met andere woorden, ik zou nooit kunnen verliezen zolang ik alles deed wat ik me had voorgenomen.

◆

'Vandaag kunnen we kampioen worden,' vertelde Job aan het ontbijt. Hij glom: 'We zijn de beste van alle teams, dat weet ik zeker!' Ik stak mijn duim omhoog en lachte. 'Wat leuk, lieverd. Wij komen kijken hoor, hè Kik?' Job had een voetbaltoernooi in Delft. Sinds een jaar speelde hij bij PGS Vogel, een kleine Haagse voetbalclub in de buurt van Kijkduin. Eén meisje en acht jongens van verschillende leeftijden zaten in zijn team. Allemaal hadden ze een vorm van autisme. Coach Julien had het speciale team twee jaar eerder opgericht. Hij kreeg het idee tijdens zijn stage in Duitsland, waar hij zag hoe kinderen met autisme opleefden door samen te voetballen. Ze leerden omgaan met winnen en verliezen, rekening houden met elkaar en het belangrijkste, het gaf ze zelfvertrouwen en ze maakten plezier.

Inmiddels kende de club twee teams en er was sinds kort ook een echte *auti*-competitie van de KNVB. Dankzij Julien voetbalde Job weer. Een klein wonder, want nog niet zo lang geleden leek dat een onmogelijkheid. Al van jongs af aan wilde hij niets liever dan op voetbal. Net als bijna elk klein jongetje droomde hij ervan de nieuwe Messi te worden. Na twee jaartjes kleuterrugby, toen hij zes werd, was het zover. Eindelijk mocht hij lid worden van de voetbalclub in de buurt, waar ook zijn klasgenootjes speelden. Helaas werd al snel duidelijk dat hij daar niet gelukkig was. Als op zondagochtend in alle vroegte het fluitje ging en een krioelend kluitje pupillen massaal op de bal dook, rende hij steevast het veld af om zich in paniek in een hoekje van de kleedkamer schuil te houden. 'Misschien wil je liever keeper zijn?' probeerde ik. Ook dat hielp niet. Elke week opnieuw was er weer die angstige blik. Soms direct na het fluitsignaal, soms na een minuut of tien, maar lang duurde het nooit voor hij weer naar zijn veilige en rustige plek rende. Ik moest hem gewoon steviger aanpakken, vond een van de vaders, 'ophouden met zeuren, gewoon het veld op'.

Was dat het probleem, was ik te soft voor hem? Moest hij gewoon even doorbijten? Nee, concludeerde ik. Mijn kind was echt bang. Ik besloot dat het mooi geweest was. Dan maar geen toekomst als profvoetballer. Pas later, toen bleek dat Job autisme had, begreep ik dat al die kinderen en schreeuwende ouders langs de lijn gewoon voor veel te veel prikkels zorgden. Met zeuren had het niets te maken. En nu voetbalde hij elke zondagochtend en was zijn droom weer springlevend.

◆

Hoewel het leiden van de taskforce veel toewijding vroeg en de tijdsdruk onverminderd hoog bleef, kreeg ik er steeds meer plezier in. Elke dinsdag tijdens de bespreking was er wel weer een nieuw vraagstuk. Hoe kwamen we bijvoorbeeld aan voldoende alternatieve treinen? De projectleider van team B had stad en land afgebeld voor hogesnelheidstreinen die mogelijk geschikt te maken waren voor het Nederlandse hogesnelheidsspoor. Maar treinleveranciers, buitenlandse spoorwegbedrijven, niemand had zomaar negentien treinen op de plank liggen, die ook nog eens binnen afzienbare tijd konden worden omgebouwd en werden toegelaten door de inspectie.

Bovendien speelde er nog een probleem. Buitenlandse spoorwegbedrijven zoals staatsbedrijf Deutsche Bahn had veel hogesnelheidstreinen en was er allesbehalve happig op om ons te helpen. Zij hoopten dat de politiek alsnog zou beslissen de hogesnelheidslijn opnieuw aan te besteden nu wij niet in staat waren geweest de Fyra-treinen naar Brussel te laten rijden. Ze probeerden via hun dochterbedrijf Arriva op die manier het alleenrecht op de HSL te bemachtigen. Dus hielden ze vriendelijk de boot af door te beloven ons te helpen, maar intussen niet over de brug te komen. 'Ze houden ons aan het lijntje,' zei de projectleider. Ook de Fransen waren niet enthousiast. Hoewel mijn recente telefoontje naar Barbara Dalibard nog wel een extra Thalys had opgeleverd, hoefden we ook op hen niet echt te rekenen.

Een van de teamleden stelde voor niet het type trein centraal te stellen, maar de bestemmingen: door met meer andere, langzamere treinen te rijden konden we meer bestemmingen aandoen. Het bleek een goed plan, dat aansloot bij de wens van reizigersorganisaties. De creativiteit die noodgedwongen in mijn team ontstond nu de voor de hand liggende oplossingen geen uitkomst boden, gaf me elke keer weer een kick. Plus het besef hoe leuk en inspirerend het is om leiding te geven aan gedreven, getalenteerde mensen die elkaar aanvullen en versterken, en op zoek gaan naar wat wél kan, ondanks alle hectiek en tijdsdruk. Terwijl team B het plan met nieuwe bestemmingen en alternatieve treinen uitwerkte, was team A bezig met het onderzoek naar de Fyra en een mogelijk herstel. Niet dat dit erg voorspoedig ging. De Italianen bleven maar volhouden dat er niets mis was met de treinen.

Naast de taskforcebesprekingen en veelvuldig overleg met de Italianen was mijn agenda gevuld met het op de hoogte houden van andere belanghebbenden, zoals de Belgische NMBS en de politiek. Samen met een medewerker uit mijn communicatieteam bezocht ik Kamerleden en wethouders van de grote steden met een station aan de hogesnelheidslijn. Ik vond het belangrijk om goed te begrijpen wat hun wensen en zorgen waren. Draagvlak voor onze oplossing zou uiteindelijk een van de belangrijkste beslissingscriteria zijn, had staatssecretaris Mansveld me recent nog laten weten. Daarnaast was er wekelijks overleg vanuit mijn team met topambtenaren van haar departement, waar ik ook zelf regelmatig aanschoof. Hetzelfde gold voor het ministerie van Financiën, maar dat was iets minder frequent. Vanzelfsprekend overlegde ik veel met mijn bestuurscollega's Engelhardt en Bert en werd ook de raad van commissarissen over de laatste stand van zaken geïnformeerd. Alles verliep volgens plan, beide teams hadden de gewenste voortgang. Het zag ernaar uit dat we daadwerkelijk voor de deadline van half juni een afgewogen besluit zouden kunnen nemen. Al zou het tot op het laatste moment spannend blijven.

Dat ik intussen ook meedong naar de functie van hoogste baas van NS was niet iets wat mij veel bezighield. Al mijn aandacht ging naar de Fyra. Zo af en toe informeerde ik bij de raad van commissarissen naar de status van het proces. Dat ik nog even geduld moest hebben beloofde niet veel goeds. En toen een van de commissarissen mij inderdaad begin mei liet weten dat de keuze op een kandidaat van buiten het bedrijf gevallen was, was ik niet verbaasd. Wel teleurgesteld én boos. 'Waarom zien ze niet dat ik NS als CEO veel te bieden heb,' foeterde ik tegen Engelhardt. Maar lang duurde mijn woede niet. Na een paar dagen maakte die plaats voor berusting. Hoewel ik het leuk had gevonden, had ik ook zo mijn twijfels of dit het juiste moment was voor mij om CEO te worden. Blijkbaar niet.

◆

Eind mei ontmoette ik Marc Descheemaeker voor een bespreking over onze wederzijdse conclusies. Hoewel wij bij NS beide opties tot het laatste moment open wilden houden, leek het erop dat plan A, het oplappen van de treinen, geen realistische route was. Binnen onze taskforce zouden we tot de conclusie komen dat stoppen met de Fyra beter was. Maar we wilden ook weten hoe de Belgen in de wedstrijd zaten. Zij hadden hun kaarten, zoals altijd, tegen de borst gehouden.

Omdat Bert ziek was ging ik alleen naar Antwerpen. Tijdens een dit keer overdadige lunch werd duidelijk dat ook de NMBS voorsorteerde op een besluit om definitief te stoppen met de Fyra. Een week later, op vrijdag, zodra hun raad van bestuur daartoe besloten had, zouden ze ermee naar buiten komen. Dit was geen goed nieuws: onze vergadering met de raad van commissarissen stond pas voor de week daarna gepland. Zodra de Belgen communiceerden dat ze wilden stoppen met de Fyra, zou de buitenwereld zich onmiddellijk afvragen wat NS ging doen. Ik vroeg hem of hij een paar dagen kon wachten met het naar buiten brengen van dat nieuws, tot onze vergadering was geweest. 'Dan kunnen we het besluit samen communiceren. Dat is veel krachtiger', zei ik. 'Uitgesloten,' antwoordde hij resoluut. 'Onze bestuurders zijn politici, die lekken alles direct. Dat risico kan ik niet nemen.' Ik betwijfelde of dat de werkelijke reden was en vermoedde dat de Belg ons wilde laten zien dat wij 'Hollanders' onze zuiderburen nooit moesten onderschatten. Op weg naar huis belde ik mijn medebestuurders en stelde voor onze vergadering met de raad van commissarissen een week te vervroegen. Dan konden we op vrijdag 31 mei tegelijk met de Belgen de beslissing bekendmaken.

Helaas liep het anders. Minister Dijsselbloem wilde meer tijd om zelf het besluit te bekijken. Het was donderdagavond 30 mei en onze raad van commissarissen had zojuist unaniem ingestemd met het besluit om definitief te stoppen met de Fyra. Wij als directie hadden dat besluit een dag eerder formeel genomen. Engelhardt had direct na de vergadering met de commissarissen weer contact gehad met onze aandeelhouder, het ministerie van Financiën. Dat kwam onverwacht met de eis van Dijsselbloem. 'Hoe is het mogelijk?' vroeg ik kwaad. 'Ze zijn van elke mug en scheet op de hoogte. Bovendien, ze gaan er niet eens over!' Had ik alles op alles gezet om tegelijk met de Belgen naar buiten te kunnen, gooide Jeroen Dijsselbloem alsnog roet in het eten. Ik vreesde de publicitaire gevolgen, die vooral voor ons, NS, nadelig zouden uitpakken. Na lang wikken en wegen besloten we in overleg met de raad van commissarissen donderdagavond laat om ons besluit de volgende dag toch nog niet te communiceren. Ruzie met de aandeelhouder was in deze fase niet wenselijk.

De volgende dag hielden de Belgen in hun eentje een persconferentie. Descheemaeker brak de trein tot op het bot af. Het was groot nieuws in België en Nederland. En in Italië. Wij moesten noodgedwongen communiceren dat onze beslissing later zou volgen.

◆

Op maandagochtend 3 juni meldde *De Telegraaf* dat NS ook had besloten te stoppen met de Fyra, en in hetzelfde bericht stond dat Bert wegging. Allebei de nieuwsfeiten waren juist, maar kwamen zo samen in een verkeerde context terecht. De onthulling, overduidelijk gelekt door iemand met kennis van zaken, bracht een heel circus op gang. Het ministerie van Financiën maakte later die maandag toch maar alvast bekend dat Timo Huges de opvolger van Bert zou worden als baas van NS, een bericht dat voor later die maand op de planning stond. Bert moest naar Dijsselbloem, en diens ministerie meldde vervolgens aan de media dat de minister 'eerst alles wilde weten'. Voor de bühne, want het ministerie had die informatie allang. Dijsselbloem liet in de media ferme taal horen richting de Belgen, omdat zij met hun 'eenzijdige' stap grote druk op de Nederlandse besluitvorming zouden hebben uitgevoerd. Niet waar, want wij waren tegelijk met de NMBS tot hetzelfde besluit gekomen om te stoppen. Dat wist Financiën, en ook het andere betrokken ministerie, van Infrastructuur, maar dat deed vrolijk mee aan de publicitaire poppenkast. Spoorstaatssecretaris Mansveld had ons, de directie van NS, 'ontboden op het ministerie', heette het in de media, 'nu de Belgische spoorwegmaatschappij de stekker uit het Fyra-project heeft gehaald'. De bewering was niet correct, maar de beeldvorming was een feit. Net als de suggestie dat Bert weg moest vanwege het Fyra-debacle.

Deze gedenkwaardige maandag sloten we af met het bericht dat wij op de voorgaande vrijdag tegelijk met de Belgen bekend hadden willen maken: 'NS stopt met de Fyra en komt met een volwaardig alternatief.' Een dag later nam de Tweede Kamer het besluit om een onderzoek te starten naar de hogesnelheidslijn via een parlementaire enquête, het zwaarste middel dat ons parlement kan inzetten. In mijn dagboek schreef ik: 'Wat een koningsdrama. Ik heb stof genoeg om voor de rest van mijn werkende leven lezingen te geven. Of een boek te schrijven.' En nu de kogel door de kerk was waren we er nog niet. Het alternatieve aanbod uit plan B moest verder worden ingevuld in een nieuw voorstel aan de Staat. Alleen als het kabinet en daarna de Tweede Kamer ermee instemden, behield NS de vergunning om het treinvervoer over de hogesnelheidslijn te verzorgen. In het diepste geheim voerde ik in de zomermaanden daarom gesprekken met reizigersorganisaties, gemeenten en met de Belgische en Franse treinvervoerders om tot een nieuw uitgewerkt plan te komen.

◆

We waren op weg naar Malaga, waar ik een vakantiehuis had gehuurd, vlak bij mijn dierbare vrienden Marie-Claire en Haan en hun kinderen. Mijn moeder bracht ons naar het vliegveld, het was de eerste dag van de schoolvakantie. Ik liep in de richting van de vertrekhal met de jongens achter mij aan, ieder met hun eigen rolkoffertje. Job was er vrij rustig onder, zolang ik maar voldoende duidelijk maakte op welk tijdstip we waar moesten zijn en er geen onverwachte veranderingen waren. Dan ging het allemaal heel goed. Die duizenden medereizigers die zich om ons heen een weg baanden maakten hem inmiddels niet meer gek. In Malaga stonden onze vrienden ons op te wachten met een spandoek: WELKOM JOB, KIK EN MEREL stond er in grote letters op. De kinderen omhelsden elkaar alsof ze elkaar in geen eeuwen gezien hadden. 'Wat fijn dat jullie er zijn,' zei Marie-Claire. Wat bofte ik toch met zulke lieve vrienden, ze waren als een tweede familie voor ons.

De ochtenden bracht ik met de jongens door aan de rand van het zwembad bij ons eigen huisje, en de middagen en avonden gingen we met zijn allen op stap. Wandelen, zwemmen in zee, een tochtje naar Cordoba of naar het centrum. Of naar het Picassomuseum. 'Hè bah,' riepen de jongens. 'Museums zijn stom.' Maar al snel bleek dat de kleurige schilderijen en wonderlijke vormen van de beroemde kunstenaar zeer bij hen in de smaak vielen.

Daarna bleven we eten in de stad. Overal zaten mensen buiten. Obers serveerden tapas en schonken onze glazen vol. De kinderen voetbalden op een pleintje verderop. Nederland tegen Spanje. Af en toe kwamen ze terug om wat te eten. 'Wat ben je eigenlijk van plan te gaan doen, nu je geen CEO bent geworden?' vroeg Haan. 'Wil je bij NS blijven of ergens anders de baas worden?' Een goede vraag. Ik zei dat ik twijfelde en vertelde over mijn ideeën. Enerzijds wilde ik, nu ik er zo dichtbij was, de stap naar eindverantwoordelijkheid maken. Anderzijds groeide mijn verlangen om gewoon het roer om te gooien en iets heel anders te gaan doen.

Toen ik 's avonds de jongens in bed had gelegd, ging ik op het terras voor het huisje zitten. Zelfs na middernacht was het hier op de heuvel nog aangenaam. In de verte schitterden ontelbare lichtjes. De haven en al die prachtig verlichte, historische gebouwen, het leek wel een sprookje. Ik schonk een glas wijn voor mezelf in en pakte mijn dagboek. Tijd om mijn gedachten te ordenen. Welke carrièremogelijkheden zag ik voor mezelf de komende jaren?

Ik kon natuurlijk gewoon nog vier jaar bij NS blijven en na die periode ergens anders als CEO aan de slag gaan. Ik was net herbenoemd en had het naar mijn zin. Ik moest natuurlijk nog gaan zien wat Timo Huges zou brengen en of ik me in zijn koers en stijl kon vinden. In het kennismakingsgesprek dat Engelhardt en ik met hem hadden gehad kwam hij in ieder geval over als een vlotte, joviale vent, maar wat voor plannen hij had met NS moest de tijd uitwijzen. Mijn tweede optie was op korte termijn weggaan om ergens anders de baas te worden, bijvoorbeeld bij een ziekenhuis, universiteit of een andere semipublieke organisatie. Of misschien toch terug naar de financiële sector, om daar CEO te worden en te laten zien dat het wel degelijk mogelijk is om een bank of verzekeraar op een maatschappelijk betrokken manier te leiden. Een andere route was me verbreden door een stap te maken naar de raad van bestuur van een groot internationaal bedrijf in weer een nieuwe sector en zo mijn ervaring te vergroten. Of ik kon aan het roer gaan staan van een bedrijf waar fors moest worden geherstructureerd. Het werken onder tijdsdruk aan een groot, urgent probleem met een slagvaardig team vond ik stimulerend. Samen met echte professionals mijn vermogen inzetten om verschillende belangen met elkaar te verbinden en onder druk onorthodoxe oplossingen te vinden. Een plek waar mijn creativiteit maximaal werd aangewakkerd. Ik genoot daarvan.

Genoeg mogelijkheden dus. Ik legde mijn pen neer en pakte mijn glas. Minutenlang staarde ik voor me uit en ik kwam tot de conclusie dat het allemaal banen waren in de frontlinie, in de top van een grote organisatie. Maar ik kon natuurlijk ook iets heel anders gaan doen. Toezichthouder worden bij verschillende bedrijven bijvoorbeeld. Kiezen voor een portefeuille van commissariaten in plaats van een fulltimebaan bij een bedrijf. Ik zag dat steeds meer mensen doen, vooral vrouwen. Meestal waren die ouder, vijftig, zestig jaar. Het was afwisselend, omdat je bij verschillende bedrijven betrokken was. Bovendien zat je niet meer continu in de hectiek van alledag. Tegelijk was het wel erg 'achter de schermen'. Ik vond mijn functies als toezichthouder bij het Havenbedrijf van

Rotterdam en de Technische Universiteit Delft erg leuk, maar meer iets voor erbij. Ik had nog steeds een grote drang om te creëren, iets tot stand te brengen en op de bühne te staan. Beroepscommissaris worden kon altijd nog.

En wat als ik van het geijkte pad afweek? Als ik me niet liet leiden door mijn drang om de absolute top te halen? Wat zou ik dan doen? Zou ik een sociale onderneming starten met diensten voor kwetsbare groepen in onze samenleving? Een café waarin mensen werken met een verstandelijke beperking? Of een bedrijf dat mensen met autisme aan het werk helpt? Zou ik gaan werken bij een daklozenopvang? Of zou ik helemaal stoppen met het leiden van een organisatie en een heel nieuw beroep leren? Iets waarbij ik op individueel niveau van betekenis zou kunnen zijn. Toch dokter worden, of onderwijzer of schrijver? De bladzijden in mijn dagboek raakten steeds voller. Zou ik dat durven, het roer om? Hoe meer ik erover fantaseerde, hoe enthousiaster ik werd. Maar hoe betaalde ik dan mijn hypotheek, de alimentatie, de studie van de kinderen? Ik zou veel minder verdienen dan nu. En als ik die laatste stap naar de top niet zette, geen CEO werd, zou ik dan geen spijt krijgen? Zou ergens werken buiten de schijnwerpers mij wel genoeg voldoening geven? Hoe kwam ik tot een keuze? Misschien moest ik alles gewoon laten rusten en na de vakantie weer met verschillende mensen spreken, dat zou vast helpen.

Genoeg nu. Het was halfdrie 's nachts, snel krabbelde ik nog wat namen onder aan de bladzijde en sloeg mijn dagboek dicht. 'Slaap lekker, mijn lieverds,' fluisterde ik, toen ik even later de slaapkamer van de jongens in liep om ze nog een kus te geven.

◆

'Wij leggen vandaag, samen met onze Belgische collega's, een goed doordacht herstelplan neer, maar toch past ons bescheidenheid.' Terwijl ik de laatste woorden langzaam uitsprak, keek ik de camera in en liet een stilte vallen. Ik wilde dat mensen thuis voor de televisie zouden voelen dat mijn woorden oprecht waren. 'We realiseren ons dat we de reiziger hebben moeten teleurstellen. Het minste wat verwacht kon worden was dat we alles uit de kast zouden halen om te komen tot een alternatief.'

Het was 26 september en ik was in Den Haag voor een mediatraining. De dag daarna zou ik in Nieuwspoort, het perscentrum van de Tweede Kamer, tijdens een persconferentie samen met staatssecretaris Mansveld ons alternatieve plan voor de Fyra presenteren.

Reizigers konden kiezen uit hogesnelheidstreinen, intercity's en stoptreinen die Nederland en België verbonden. Tussen Amsterdam, Brussel, Parijs, Lille en Londen gingen hogesnelheidstreinen rijden en er konden nu meer steden met elkaar verbonden worden. Ook leverde dit plan extra werkgelegenheid op. Ik was blij dat het was gelukt om samen met de Belgen toch tot een aantrekkelijk aanbod te komen. We durfden ervoor te kiezen om niet langer zelf hogesnelheidstreinen te kopen maar samen te werken met ervaren partijen als Thalys en Eurostar. Tegelijkertijd besefte ik dat nederigheid op zijn plaats was. Maandenlang hadden reizigers het moeten doen met een boemeltrein tussen Amsterdam en Brussel en het zou ook nog wel even duren voor alle nieuwe diensten uit ons voorstel er kwamen.

Frans van der Grint, die me begeleidde bij de voorbereiding op de persconferentie en dus ook bij de mediatraining die altijd voorafging aan mediamomenten, was tevreden. Nog één keer en een vraag-en-antwoordsessie, dan had ik genoeg geoefend, vond hij. Blij toe, ik kon mijn gedachten er nauwelijks meer bij houden.

Terwijl ik op mijn tekst oefende blies mijn lieve, honderdjarige grootmoeder in bijzijn van haar dochters haar laatste adem uit. De dag ervoor was ik nog bij haar geweest. 'Vind je het niet eng om dood te gaan?' vroeg ik haar. Ze zat er opgewekt bij. Netjes gekapt, een mooie jurk, zoals altijd. Wat was het hier toch altijd gezellig. De antieke houten meubels, de korenblauwe gordijnen met bloemetjesmotief, de familiefoto's en de boeketjes veldbloemen: ook hier, in haar tweekamerflat in het bejaardentehuis, wist ze het nog altijd fijn en gezellig te maken. Ik was graag bij haar. Het idee dat ik hier nooit meer zou komen en haar nooit meer een zoen zou kunnen geven, haar niet meer om advies kon vragen, het was allemaal zo onwerkelijk.

Ik was gekomen om afscheid te nemen. Hoewel ze nog bij de pinken was, kon ze nauwelijks meer zien. Haar lijf was op en ze was aan huis gekluisterd. Ze vond het niet erg om dood te gaan, zei ze: 'Nee hoor, kind, het is goed zo. Ik houd van het leven en juist daarom wil ik nu graag sterven. Bovendien kan ik dan eindelijk weer bij opa zijn.' Ze vertelde dat ze die nacht over hem gedroomd had. Hij was al bijna veertig jaar dood en nog altijd hield ze van hem. Hij was haar grote liefde en na zijn dood was ze voorgoed alleen gebleven. 'In mijn droom vreeën we samen,' vertelde ze zonder enige gêne. 'Eindelijk weer eens lekker tongzoenen,' grapte ik. 'O, nee hoor,' zei ze stellig. 'Dat bestond in onze tijd niet.' Dat leek me sterk, maar ze bleef erbij. De *French kiss* was van na haar tijd, dat wist ze zeker. Die middag zocht ik naarstig naar de oorsprong van de erotische kus. 'Je hebt het fout hoor,' zei ik toen ik haar die avond belde. 'De French kiss bestaat al sinds de Eerste Wereldoorlog. Het is een uitvinding van de Fransen.' 'O, maar dat verklaart alles,' lachte ze. 'Ik heb namelijk nog nooit met een Fransman gezoend.' Toen ik ophing, besefte ik tot mijn grote verdriet dat ons gesprek van die avond het laatste was geweest.

In de maanden die volgden brak een periode van leegte aan. Ik miste mijn grootmoeder ontzettend. Ook in mijn werk ontbrak er iets. Na de persconferentie zat mijn rol als taskforceleider van de Fyra erop. Was het het gemis van de hectiek en spanning dat het lege gevoel in mij veroorzaakte? Of vond ik het gewoon moeilijk om weer te wennen aan een 'gewone' rol in ons bestuur, nota bene onder leiding van een nieuwe CEO? Was het tijd om te gaan? Wat zou ik nu graag de wijze raad van mijn oma krijgen.

Tot op een dag opnieuw de telefoon ging. Het was Hans Horn. 'Merel, hier Hans. Ik weet niet of je ervoor in bent, maar ik heb een mooie plek voor je.'

9

De laatste afslag

'Dank voor de mogelijkheid om u nog een paar korte vragen te stellen,' zei de journalist toen hij donderdagmiddag belde. Ik zat op mijn kamer op de zeventiende verdieping van het NS-kantoor in Utrecht. De *NRC* zou een portret maken voor in de weekendkrant. Terwijl de journalist zijn vragenlijstje afwerkte, keek ik om me heen. Alles in deze kamer ademde vertrek. Kale muren, verhuisdozen, op tafel een lege vaas. Geen bloemen meer van Ans, die met haar stalletje voor de hoofdingang stond. Na het overlijden van haar man begon zij een piepklein bloemenzaakje. Vijf jaar lang had ik er elke maandagochtend een bosje bloemen gekocht. Ans stond er altijd, in weer en wind. Met voor elke klant een boeket en een praatje. 'Hoe gaat het met Job op zijn nieuwe school?' vroeg ze dan, of 'Heeft Kik nog gescoord afgelopen zaterdag?' Als er weer eens gedoe was over NS was Ans ook erg begaan. Dan zocht ze een extra mooi bosje uit. Zonnebloemen meestal, omdat ze wist dat ik daar zo van houd. Of ze drukte een tupperware-doosje in mijn handen. Met een stuk zelfgebakken appeltaart. 'Voor jou, meissie. Daar kikker je van op.'

Ik staarde van achter mijn bureau naar de grote vergadertafel. Wat had ik daar veel uren aan gezeten. Bespreking na bespreking. Het leek vaak wel een dokterspreekuur. 'Volgende patiënt,' grapte Jacqueline, mijn secretaresse, als ik nu echt moest afronden omdat er alweer iemand zat te wachten. Van vroeg in de ochtend tot het begin van de avond was het een komen en gaan van mensen. Zeker afgelopen jaar, toen deze kamer een soort epicentrum was voor de taskforce-besprekingen. Nu die storm was gaan liggen en we een jaar verder waren was het tijd om mijn vleugels uit te slaan. Ik sloot een kleine vijf jaar NS af. De meeste spullen zaten al in dozen. De speciaal voor mij ontworpen fluorescerend gele veiligheidsjas, de foto met mijn Nationale-Nederlanden-collega's bij de finish van een hardloopwedstrijd, de ingelijste poster van de ING-leeuw met kindje die ik kreeg bij mijn afscheid in Polen. Stuk voor stuk herinnerden ze me aan leuke, dierbare tijden bij de bedrijven waar ik werkte. En natuurlijk de foto's van de kinderen, die reisden overal mee naartoe. Nog twee weken, dan was het zover. Op 1 april 2014 zou ik met mijn nieuwe baan als bestuursvoorzitter van de Autoriteit Financiële Markten beginnen.

'Ik, bestuursvoorzitter van de AFM?' vroeg ik ongelovig toen Hans belde. 'Nou, ik weet het niet hoor.' Door het plotselinge overlijden van Ronald Gerritse was de vacature van bestuursvoorzitter vrijgekomen. Maar ik was niet meteen overtuigd en dat terwijl de missie van de AFM me erg aansprak. Het beschermen van consumenten tegen slechte praktijken van aanbieders van financiële producten en het zorgen voor het goed en eerlijk functioneren van de financiële markten, daar geloofde ik in. Toch twijfelde ik. Ik wist niet of het wel een organisatie voor mij zou zijn. Ik had destijds bij NN en ING nauwelijks ervaring met de AFM, maar het gemopper van mijn directiecollega's, die de toezichthouder direct meemaakten, was mij niet ontgaan. Had de AFM wel voldoende mogelijkheden en expertise om tegen die rijke, machtige financiële sector op te treden? En hoe stonden ze er nu voor, tien jaar later en een kredietcrisis verder? Daarnaast vroeg ik me af of ik in deze rol wel voldoende creativiteit en daadkracht kwijt kon. Ik was een vernieuwer en niet iemand die op de winkel paste. Een nieuwe koers uitstippelen, in korte tijd grote veranderingen doorvoeren, dat was wat ik leuk vond en goed kon. Volgens Hans stond de toezichthouder er inmiddels een heel stuk beter voor. Een week later belde ik terug met de mededeling dat ik graag vrijblijvend met de raad van toezicht wilde spreken. Ook wilde ik vertrouwelijk met iemand uit de financiële sector praten voor een kritische blik van een nauw betrokken buitenstaander. Zo hoopte ik beter te kunnen beoordelen of de baan bij mij paste.

Een paar dagen voor kerst 2014 sprak ik met twee leden van de raad van toezicht. Ik vroeg hun voor welke vraagstukken de toezichthouder stond, waarvan zij wakker lagen en wat ze zochten in een nieuwe bestuursvoorzitter. Ze vertelden mij over de grotere invloed van Europese regelgeving nu financiële diensten steeds vaker van over de grens kwamen. De AFM moest steviger aan tafel zitten bij ESMA – de overkoepelende organisatie van alle toezichthouders op de financiële markten in Europa – in Parijs. Daarnaast benadrukten de raadsleden hun wens om de samenwerking met de andere financiële toezichthouder, De Nederlandsche Bank, verder te verstevigen. Hier was onder Ronald Gerritse een begin mee gemaakt.

Een ander belangrijk aandachtspunt was de manier van communiceren. De AFM werd verweten in de media nog weleens te ongenuanceerd en te agressief te zijn. Aan de ICT moest nog even getrokken worden, maar verder stond de organisatie er goed voor. De AFM had nog meer bedrijven onder toezicht dan ik al vermoedde. Meer dan tienduizend, en niet alleen verzekeraars, verzekeringsadviseurs en banken, maar ook accountants, beleggingsondernemingen, pensioenfondsen, beursgenoteerde bedrijven en beurzen. Na de kredietcrisis was het aantal taken geëxplodeerd. Hoe doet een organisatie met maar zevenhonderd mensen dat? Net als NS was de AFM een zelfstandig bestuursorgaan dat niet onder het directe gezag viel van de minister van Financiën. Ook hier zou ik dus te maken krijgen met een raad van toezicht die niet alleen het bestuur moest controleren maar er ook voor moest zorgen dat het zijn werk onafhankelijk kon uitvoeren, zonder politieke bemoeienis. Ik noteerde: 'Bewaken onafhankelijkheid: belangrijk!'

Nu ik een beter beeld had van wat me te doen stond bij de AFM, was er nog een ander vraagstuk: mijn inkomen. De bestuursvoorzitter verdiende een stuk minder dan ik op dat moment verdiende. Zelfs als ik de jaarlijkse NS-bonus niet meerekende, kwam het inkomen bij de AFM ongeveer 60 procent lager uit. Hoewel dat nog steeds een riant salaris was en geld nooit een drijfveer voor mij was geweest, betekende het wel dat mijn partneralimentatie fors naar beneden zou moeten. En ons oude huis, waar Rein was blijven wonen, moest worden verkocht. Mocht ik de kinderen en hem een verplichte verhuizing wel aandoen? Ze woonden er al twaalf jaar en voelden zich er erg thuis. Gelukkig zei Rein: 'Wat moet dat moet', toen ik het met hem besprak. 'Jij hebt altijd gezegd dat je graag een keer het publieke belang wilt dienen. Bovendien is het belangrijkste voor de jongens dat jij je hart volgt.'

Hij had gelijk. Bij de AFM zou al mijn ervaring en kennis van de afgelopen jaren bij elkaar komen, in combinatie met mijn verlangen om nog een keer in de rol van CEO de eindverantwoordelijkheid te dragen en het boegbeeld te zijn. Kort daarna hakte ik de knoop door en op 31 januari 2014 maakte minister Dijsselbloem na afloop van de ministerraad mijn benoeming bekend. Ik was de eerste vrouwelijke bestuursvoorzitter van de AFM. Het nieuws werd snel opgepikt door de media en de felicitaties stroomden binnen. Mijn telefoon stond roodgloeiend.

'Ik heb nog één laatste vraag voor u.' De journalist bracht mij terug in het hier en nu. 'Ik begrijp dat u al enige tijd gescheiden bent. Waarom hebt u eigenlijk nog geen nieuwe partner?' Hij leek zelf het antwoord in te vullen. 'Is het als topvrouw moeilijk om een geschikte man te vinden? Komt dat soms doordat mannen geen vrouw willen die een hogere positie heeft dan zijzelf?' 'Wat zegt u nu?' vroeg ik de journalist. 'Meent u dit serieus?' Ik was verbijsterd en kon mijn boosheid nauwelijks bedwingen: 'Wat is dit voor een vraag?' Los van het feit dat zijn zogenaamde theorie over vrouwen en mannen in relaties inhoudelijk geen hout sneed, vond ik het nogal een impertinente vraag. 'Zou u mij zo'n persoonlijke vraag ook stellen als ik een man was?' De journalist viel stil. 'Nou, geen idee. Maar u bent geen man, u bent een vrouw.' Ik besloot dat het tijd was om het gesprek te beëindigen. 'Weet u, ik ga ervan uit dat uw hoofdredactie net als ik van mening is dat dergelijke onzin niet past in een kwaliteitskrant. Als u het niet erg vindt, ga ik hier weer verder met mijn werk.'

◆

Enkele weken voordat ik aan de slag ging, vroeg ik een klein groepje AFM'ers om me samen met een externe coach te helpen een plan op te stellen voor mijn eerste honderd dagen. Ik wilde van alle soorten bedrijven die een relatie hadden met de AFM meerdere mensen spreken. En alle AFM-medewerkers wilde ik binnen een jaar ten minste één keer persoonlijk hebben ontmoet. De jongste van het stel stelde voor dat ik met iedereen zou speeddaten. Dat konden we dan steeds aan het eind van de middag doen, na afloop van de sessies met de toezichtafdelingen. Ik vond het een fantastisch plan. Net als het idee om een consumentenpanel op te richten, met daaraan verbonden meet & greet-bijeenkomsten met consumenten. En natuurlijk zou ik daarnaast ook gewoon op bezoek gaan in het land voor 'ouderwetse' kennismakingsgesprekken met Kamerleden, belangen- en consumentenorganisaties en natuurlijk met de CEO's van de vele bedrijven waarop de AFM toezicht hield. Voor later in het jaar plande het team een aantal werkbezoeken in bij collega-toezichthouders in Europa en in de VS. En last but not least vroeg ik ze een aantal sessies met mijn nieuwe bestuurscollega's voor te bereiden, zodat ik die zo snel mogelijk zou leren kennen. Ik wilde gezamenlijk de basis leggen voor de strategie voor de komende jaren.

'Het is een propvol programma, maar ik denk dat het moet passen,' verontschuldigde ik me tegenover Christina, mijn secretaresse en nieuwe steun en toeverlaat. Er was niets wat zij niet wist of waar zij nog van in de stress schoot. 'Is dit alles?' vroeg ze toen ze alle geplande activiteiten in de agenda moest zetten. 'Hier is nog een lijstje met privéafspraken: oudergesprekken, voetbaltrainingen en de dagen dat ik de jongens naar school breng,' vertelde ik haar nog. 'Verder alsjeblieft op donderdag- en vrijdagavond geen afspraken plannen, dan wil ik op tijd thuis zijn om samen met de kinderen te eten.'

'Komt voor elkaar,' zei ze. De onverstoorbaarheid van Christina zou ik nog vaak prijzen.

Honderden mensen sprak ik tijdens de eerste maanden in mijn nieuwe baan. Van binnen en buiten de AFM. Het was een bewuste keuze. Ik had dan wel ruim zestien jaar kennis en ervaring in de financiële sector, maar ik was er toch ook alweer vijf jaar uit en ik vond het belangrijk om een actueel beeld te krijgen. Daarnaast wilde ik snel zicht hebben op hoe we als AFM onze rol als toezichthouder invulden en een goed beeld krijgen van de professionaliteit van de organisatie, zodat ik de koers voor de komende jaren kon bepalen. Mijn derde prioriteit was het opbouwen van relaties, wat weleens lastiger kon zijn dan ik vooraf had ingeschat. 'Mensen in de sector praten makkelijker over dan mét je,' vertelde een collega mij. 'Kritisch zijn over de toezichthouder kan je duur komen te staan.' Ik kende veel van de bestuurders van de financiële sector vanuit mijn verleden, maar ik was nu hun toezichthouder. Zowel voor hen als voor mij was dat in het begin best wennen. Moest ik nog naar hun vrouw en kinderen informeren? Gaven we elkaar nog drie zoenen bij een ontmoeting, zoals voorheen? Heel bewust besloot ik op een gegeven moment alleen nog een hand te geven bij een begroeting. Te amicale verhoudingen en te veel inlevingsvermogen zou ertoe kunnen leiden dat ik mijn kritische blik verloor. En te veel afstand kon er juist weer voor zorgen dat ik in een ivoren toren belandde en onvoldoende zicht kreeg op wat er speelde. Kortom, ik besefte al snel dat het een precaire balans was die ik zocht. De balans tussen autonomie en verbondenheid, de kern van ons werk.

'Wat houdt jou zakelijk het meest bezig?' 'Wat vind je van het functioneren van de AFM?' en 'Wat zou je doen als jij op mijn plek zat?' Het waren de drie vragen die ik als nieuwe AFM-baas steevast stelde bij elke nieuwe ontmoeting. Ook tijdens het eerste gesprek met Gerrit Zalm, de toenmalige CEO van ABN AMRO. Het was eigenlijk een hernieuwde kennismaking. Ik sprak de voormalige VVD-minister van Financiën voor de eerste keer in 2012, toen hij in de jury zat van de Topvrouw van het Jaar-verkiezing. En later kwam ik hem zo nu en dan tegen op recepties of afscheidsborrels. Een halfjaar eerder was ik nog bij hem op bezoek geweest. Het was een plezierig gesprek geweest, ontspannen en hartelijk. Vol zelfspot en verhalen, hij nam alle tijd. En nu zat ik tegenover diezelfde man, op exact dezelfde plek in zijn kantoor op de hoogste verdieping van de glimmende wolkenkrabber op de Zuidas, met exact hetzelfde uitzicht over Amsterdam.

Toch leek het gesprek in niets op het gesprek van toen. Het verliep stroef. De anders zo joviale en spraakzame Zalm zei weinig. Hij leek verlegen en nerveus, keek me nauwelijks aan en hield steeds de klok in de gaten, alsof hij hoopte dat de tijd sneller zou gaan. Tot er op de deur werd geklopt; opgelucht stond hij op en nam met een zweterige hand afscheid. Na veertig minuten stond ik weer buiten. Twintig minuten eerder dan afgesproken. Wat gebeurde hier toch?

Onderweg terug naar kantoor realiseerde ik mij dat ik natuurlijk nu de baas van de toezichthouder was. Dezelfde toezichthouder die een aantal jaren geleden zijn geschiktheid voor de CEO-positie bij ABN AMRO in twijfel had getrokken omdat hij – volgens de AFM – zijn rol als bestuurder bij de later failliete DSB Bank niet goed zou hebben vervuld. De Nederlandsche Bank achtte Zalm wel geschikt. Na een onafhankelijke toets op de beoordeling van de twee toezichthouders werd DNB in het gelijk gesteld, de AFM-toetsing zou niet overtuigend en onvoldoende zijn beargumenteerd. Daarmee was de kous af, Zalm kon aanblijven bij ABN AMRO.

De pijnlijke gebeurtenis voor Zalm én de AFM dateerde van ver voor mijn tijd, maar toch was de herinnering eraan genoeg om de persoonlijke verhoudingen compleet te doen veranderen. Ik begreep: vanaf nu niet meer Merel, maar de AFM-voorzitter.

◆

Na mijn eerste honderd dagen bij de AFM presenteerde ik mijn bevindingen bij de raad van toezicht. Ik had uitgekeken naar dit moment. Zouden ze mijn visie delen? Mijn voorstel voor een nieuwe koers en aanpak steunen? Of zouden ze ervan schrikken? Ik had in mijn werkoverlegsessies met George Möller, de voorzitter van de raad van toezicht, al een en ander laten doorschemeren. Maar nu het zover was vond ik het toch wel spannend hoe hij en de rest van de raad zouden reageren. Het was het eerste onderwerp op de agenda. Vooraf had ik met mijn collega's in het bestuur uitgebreid over mijn analyse gesproken. Tot mijn vreugde zaten we samen behoorlijk op één lijn over wat goed ging en wat beter moest.

'De AFM staat voor een dubbele uitdaging,' begon ik. Ik wees op de mindmap die ik achter me aan de muur had gehangen. 'Onze toezichtaanpak vernieuwen én ook onze organisatie fors verbeteren. Een majeure operatie, terwijl de toezichtwinkel natuurlijk open moet blijven.'

Op de gezichten van mijn toehoorders waren een mengeling van verbazing en een begin van bezorgdheid te lezen. 'De AFM wordt in de markt gezien als een stevige toezichthouder, waar je niet omheen kan,' ging ik verder. 'Dat is goed, maar we moeten ons ook realiseren dat de AFM er in de loop der jaren zeer veel taken bij heeft gekregen. Dat heeft zijn sporen in de organisatie nagelaten.' Ik vertelde de raad dat ik behoorlijk geschrokken was van hoe het er achter de voordeur uitzag. Minder positief dan het beeld tijdens mijn sollicitatiegesprekken. Niet alleen kampten we met verouderde administratiesystemen, het ontbrak op sommige plekken ook aan kwaliteitscontroles. Tegelijkertijd waren we te complex georganiseerd. Daardoor was niet duidelijk wie waarvoor verantwoordelijk was. Te veel tijd ging verloren aan afstemmen en vergaderen.

We leken een beetje op een uit de kluiten gewassen start-up met jonge mensen vol creatieve ideeën en eigen initiatief. En hoewel de vernieuwende cultuur me positief had verrast en ik deze heel graag wilde behouden, vond ik dat er nu wel erg veel individuele vrijheid was om naar eigen goeddunken het werk te doen. Ik wilde dat dat waarvan bewezen was dat het werkte overal in de organisatie werd toegepast en dat niet overal het wiel opnieuw werd uitgevonden: 'Als we met zo weinig mensen veel willen bereiken, en dat is op korte termijn noodzakelijk, dan moet er meer van elkaar geleerd worden. Bovendien bestaat anders het risico van inconsistentie en willekeur. En dat moeten we hoe dan ook voorkomen, lijkt me.'

Ik zag de bezorgdheid groeien. Zo'n boodschap hadden ze kennelijk dus toch niet helemaal zien aankomen. Ik vertelde de raad over mijn plan om de organisatie te vereenvoudigen en tegelijkertijd verder te professionaliseren. Daarvoor wilde ik een nieuwe bestuurder aantrekken, die verantwoordelijk zou zijn voor de interne bedrijfsvoering en de IT-problemen zou oplossen. En daarnaast wilde ik het management op verschillende plekken vernieuwen en verjongen, dat zou ons ook de mogelijkheid bieden om meer vrouwen in het management te benoemen. Er werkten dan wel evenveel vrouwen als mannen, in leidinggevende functies was dat nog niet het geval.

Los van alle interne vraagstukken was me nog iets opgevallen tijdens mijn inwerkperiode. De financiële markten waren in een moordend tempo aan het veranderen. Internet en nieuwe technologie zorgden voor allerlei nieuwe spelers met nieuwe financiële producten, die soms lastig te doorgronden waren, laat staan goed te controleren. Daarbij kwam dat consumenten online met één klik te verleiden waren tot de aanschaf van financiële producten. 'Ik wil niet alleen een toezichthouder zijn die achteraf ingrijpt en boetes uitdeelt, maar ook eentje die bijdraagt aan het voorkomen van problemen,' legde ik de raad uit. 'Daarvoor zullen we ook andere typen medewerkers nodig hebben. We zullen gedragspsychologen en data-analisten moeten aannemen, niet alleen juristen en economen.'

'Die analyse, dat is wel even schrikken, Merel,' zei George. Ik zag dat mijn verhaal impact had. Het besef dat ons een grote klus stond te wachten, was iedereen duidelijk. Maar het meest precaire punt was het extra budget dat ik daarvoor nodig had. Enkele miljoenen verwachtte ik, voor meerdere jaren. Alleen, daar kon de raad niet zelfstandig over beslissen, dat was aan minister Dijsselbloem, die op dat moment heel druk was met het op orde brengen van het huishoudboekje van de Grieken. In de weken na de vergadering sprak ik zowel met hem als met Manon Leijten, de secretaris-generaal van het ministerie van Financiën, over mijn plannen. Beiden spraken hun steun uit en met een goed gevoel ging ik in juli met de jongens met vakantie. Het waren intensieve maanden geweest, met een steile leercurve, maar een betere start had ik me niet kunnen wensen.

◆

Toen ik de roman *Nachttrein naar Lissabon* van Pascal Mercier voor de eerste keer las, nam ik me voor ooit zelf nog een keer de beroemde reis te maken van hoofdpersoon Raimund Gregorius. De vergankelijkheid van het leven, het kan me soms zo raken, beklemmen zelfs. Leef ik wel bewust genoeg? Met aandacht voor alles wat dit ene leven brengt, met liefde voor mijn dierbaren, mijzelf, de samenleving? Vaker nog inspireert het me en geeft het besef van *dat ene leven* me een enorm gevoel van vrijheid en kracht. We hebben misschien maar één leven als mens, maar wel een waarin je vele afslagen kunt nemen, elke dag opnieuw.

Ik dacht aan de laatste afslag in mijn leven, die naar de AFM leidde. Een stap waarvan ik destijds – toen ik het boek in één ruk uitlas – niet had kunnen bevroeden dat ik hem ooit zou nemen. Toch voelde mijn keuze als de enig juiste. Alsof het zo had moeten zijn, alles op zijn plek viel en ik op mijn bestemming was aangekomen, een eindstation. Wel eentje waaraan ik nog mijn handen vol zou hebben. Maar ik voelde de steun van de raad, de minister en van mijn collega's. Zou het me lukken om de komende jaren de gewenste veranderingen door te voeren? De financiële sector beter te maken, eerlijker? Er waren momenten dat ik me eenzaam en onzeker voelde, meer dan ooit was ik me ervan bewust dat mensen naar mij keken voor richting, daadkracht en wijsheid. Natuurlijk was je als voorzitter niet in je eentje verantwoordelijk en had je je medebestuurders. Maar toch, als het erop aankwam stond jouw naam in de krant. Ik was als voorzitter het gezicht naar buiten en eerstverantwoordelijke voor het goed functioneren van het bestuur en de organisatie. Dat was veel meer dan bestuursvergaderingen leiden of een knoop doorhakken bij moeilijke besluiten. Ik wist dat de rol bij me paste en dat de koers die ik voor ogen had klopte. Maar ik wist ook dat ik alleen met versterking van het bestuur en het management mijn plannen succesvol zou kunnen uitvoeren. Ik kon niet én de AFM leiden én de organisatie naar buiten in Nederland en in Europa vertegenwoordigen én ook nog eens de verbouwing regelen.

Drie dagen eerder waren de jongens en ik met de trein uit Den Haag vertrokken om via Parijs naar Irun bij de Frans-Spaanse grens te reizen. Vandaar zouden we de nachttrein naar Lissabon nemen. Daarna zouden we verder reizen naar Faro, waar we de bus namen naar Sevilla, om met de trein weer door te gaan naar Malaga. Ik had de jongens beloofd om bij onze vrienden langs te gaan, want na een week met hun moeder in een trein waren ze natuurlijk wel toe aan een duik in het zwembad met hun vriendjes.

De beroemde trein had in werkelijkheid niet de grandeur van de nachttrein in het boek. De inrichting was gedateerd en spartaans, een knipperende tl-balk voorzag ons van licht. Voor elke passagier was er een setje witte gesteven lakens. Ook kreeg je een grijze wollen deken en een lampje dat nauwelijks licht gaf. Geen wifi, geen stopcontact, geen restauratiewagon, dit tot grote ergernis van de jongens. Zij leken sowieso weinig te begrijpen van het melancholische geluksgevoel van hun moeder over het rondreizen per trein. 'Wanneer krijgen we nou eens vrij, mam?' vroeg Job geërgerd na een lange dag in Parijs, waar we een tussenstop hadden gemaakt. Het was allemaal misschien ook wat veel geweest. In de ochtend hadden we de trappen van Montmartre beklommen. Daarna gingen we op de fiets richting het Louvre, tot Job plotseling midden op een kruispunt riep: 'Ik ga niet meer fietsen!' Tussen een rij toeterende bussen vol met Japanse toeristen smeet hij zijn fiets neer en rende keihard weg. Hoe kon ik zo stom zijn om een jongen met autisme te laten fietsen in Parijs? Het kostte me een halfuur praten en afstemmen om hem toch weer op de fiets te krijgen. Na een picknick in het gras van de Jardin des Tuileries was de rust wedergekeerd en togen we naar het Louvre, de kinderen wilden graag de *Mona Lisa* zien en we skipten de rest van het programma.

Het was genoeg geweest. En eerlijk is eerlijk, helemaal ongelijk kon ik ze niet geven. Het tempo van de trage Zuid-Europese treinen deed me trouwens goed. Ondanks het gebrek aan comfort genoot ik van de uren samen met de jongens onderweg. Even geen dringende berichtjes en telefoontjes, geen ingelaste meetings. In alle rust konden we genieten van de aandacht voor elkaar en kon ik me mentaal voorbereiden op de grote taak die me stond te wachten.

◆

Een zondagochtend in oktober 2014. Ik zat achter in de auto, onderweg naar Amsterdam voor een tv-uitzending van *Buitenhof*. Het zou mijn eerste televisieoptreden zijn sinds mijn aantreden. De jongens waren bij vrienden. Uit mijn tas haalde ik een gele map met vragen en antwoorden ter voorbereiding. Voor de laatste keer nam ik alles door: pagina's vol over de dikke onvoldoendes die we onlangs hadden uitgedeeld aan de vier grote accountantskantoren. Mijn bestuurscollega Gerben Everts had er zijn handen vol aan. Maar ook ons recente onderzoek naar verzekeraars, met de conclusie dat de afhandeling van woekerpolissen te traag ging, vragen over pensioenen en de noodzaak tot betere informatie, de aanpak van banken bij aflossingsvrije hypotheken, onbetaalbare flitskredieten of andere giftige financiële producten die mensen in geldnood werden aangesmeerd. Hoewel de meeste onderwerpen primair de verantwoordelijkheid waren van mijn collega's, werd ik als voorzitter geacht van alles op de hoogte te zijn en op elke vraag een antwoord te hebben. Elk interview vergde in aanloop weer veel tijd. Dat was ik gewend en wilde ik ook persé. Oefenen was een vast onderdeel van mijn voorbereiding geworden. Ik stopte de map terug in mijn tas en zette een playlist op met klassieke pianomuziek. Terwijl de auto bijna geruisloos over de snelweg zoefde, tuurde ik over weilanden met dauw. Over een klein halfuurtje zou ik in de studio zijn.

'U werkte lang bij Nationale-Nederlanden, een van de verzekeraars die woekerpolissen verkocht. Heeft u spijt?' vroeg journalist Pieter Jan Hagens. Daar was-ie dan, de vraag die ik wel verwachtte maar die me toch een ongemakkelijk gevoel bezorgde. Enerzijds werd mijn verleden bij NN en ING als een absolute pre gezien voor mijn huidige rol, vanwege mijn inhoudelijke kennis van financiële producten en omdat ik de cultuur van binnenuit kende en me dus niet zomaar liet inpakken door bezwerende, gladde praatjes uit de sector. Anderzijds leidde datzelfde verleden, zeker in de eerste periode bij de AFM, toen mensen nog weinig ervaring met me hadden, ook tot vragen over mijn eigen rol destijds en mijn huidige kijk op zaken. Zeker als het ging om de woekerpolissen. Niet dat ik dat gek vond overigens. De woekerpolissenaffaire is een van de grootste in de Nederlandse geschiedenis, 6,5 miljoen consumenten waren er de dupe van.

Had ik spijt? De vraag schoot door me heen. Spijt hebben betekende voor mij je schuldig voelen over je eigen keuzes en aandeel en dat had ik gezien mijn directe verantwoordelijkheden bij ING en NN niet. Sterker nog, in Polen had ik juist actie ondernomen. Maar was het relevant of ik nu zelf wel of geen woekerpolissen had verkocht of er zelf wel of niet verantwoordelijk voor was geweest, destijds? Mijn bedrijf was betrokken en dus voelde ik me verantwoordelijk. Daarom antwoordde ik: 'Ja, ik heb spijt, en wel om twee redenen.' Ik legde uit dat dit was omdat het bedrijf waar ik zestien jaar werkte – ook als directeur –, niet eerder inzag dat het product zulke schadelijke gevolgen had voor zoveel klanten. En daarnaast omdat ik zelf niet had gezien dat het product zo slecht in elkaar zat. Bij de aanschaf van ons eerste huis in 1998 had ook ik een woekerpolis gekocht. Hoe had ik, met al mijn financiële kennis, dat kunnen doen? Had ik me er zo weinig in verdiept? Of had ik het niet kunnen zien? Als ik het product al niet doorzag of niet eens de moeite nam om het te doorgronden, hoe zat het dan met al die andere 6,5 miljoen consumenten die minder financiële kennis hadden?

Het woekerpolisdossier had mij een belangrijke les geleerd, legde ik uit, namelijk dat er maar één partij uiteindelijk verantwoordelijk is voor degelijke financiële producten: de aanbieder. Je kon niet verwachten van klanten dat ze financiële producten volledig doorlichtten en doorgrondden, daarvoor was het product te complex en kochten ze het niet vaak genoeg. Daarom moest de cultuur in de financiële sector fundamenteel anders.

Dat dit nog geen eenvoudige opgave was, realiseerde ik me als geen ander. Zeker, de Nederlandse banken en verzekeraars waren zich door het strenge toezicht van de AFM en DNB in de jaren na de kredietcrisis veel meer bewust geworden van de noodzaak het klantbelang te dienen, maar het ging nog niet van harte. 'Je moet het niet doen omdat wij het willen, maar omdat je het zelf wilt,' had ik eerder tijdens een ontmoeting met CEO's van de grote verzekeraars gezegd. Bovendien waren er ook nog partijen die het überhaupt niet nauw namen met de belangen van klanten en ze gewoon schaamteloos oplichtten. Ik kon er zo boos van worden.

Niet lang na de *Buitenhof*-uitzending bracht ik een bezoek aan de consumentenhelpdesk van de AFM, waar ik meeluisterde bij klantgesprekken. Ook daar werd ik weer geconfronteerd met de kwetsbaarheid van financiële consumenten.

'Ik durfde er eerst met niemand over te praten.' De stem van de man trilde. 'Maar toen zei mijn vrouw: "Karel, je moet er met iemand over praten. Zij zei dat ik jullie kon bellen."' Even viel hij stil. 'Ze was bang dat ik mezelf iets aan zou doen.' Aan de telefoon was een man van eind zestig, die onlangs voor anderhalve ton was opgelicht. Hij was met pensioen en had zijn schaapjes op het droge tot op een dag de telefoon ging en hij in de klauwen terechtkwam van een frauduleuze aanbieder van nepaandelen. Karel trapte in het mooie verkooppraatje. Eerst stortte hij duizend euro en toen de koers steeg, raadde de zogenaamde 'aandelenexpert' hem aan om geld bij te storten. Dat herhaalde zich een paar keer. Steeds werden zijn aandelen meer waard en steeds stortte hij bij. Tot op een dag de man niet meer belde, de website van de organisatie niet meer bestond en al zijn geld weg was.

Het gesprek met Karel voedde mijn verontwaardiging en zou me blijvend herinneren aan waarom ik deed wat ik deed. Het werd een belangrijke drijfveer om me de komende jaren hard te maken voor een betere bescherming van consumenten, in Nederland, maar ook op Europees niveau bij ESMA.

◆

MINISTER DIJSSELBLOEM STELT STRENGERE EISEN AAN INTERN TOEZICHT AFM – *NU.nl*

TOEZICHT OP AFM 'SLORDIG' – *NRC Handelsblad.*

DIJSSELBLOEM HAALT BEZEM DOOR TOEZICHT OP FINANCIËLE TOEZICHT – *de Volkskrant.*

Heftige koppen nadat Jeroen Dijsselbloem op 12 december 2014 een rapport naar de Kamer had gestuurd met de uitkomsten van een onderzoek naar de gang van zaken in de raad van toezicht van de AFM. Hij had daar een paar maanden eerder opdracht voor gegeven, naar aanleiding van een intern conflict tussen hoogleraar Henriëtte Prast en de rest van de raad. Al langere tijd was de verhouding nogal gespannen, maar nu was de bom gebarsten. Prast kreeg van de andere leden geen nieuwe termijn, volgens haarzelf vanwege haar kritische houding. Ze vond dat George Möller en de andere leden te lichtzinnig dachten over nevenfuncties. Möller herkende zich niet in de kritiek en had de zaak inmiddels zelf ook met Dijsselbloem besproken. Een escalatie van het conflict lag op de loer. Zeker toen hij namens de raad van toezicht aan de minister vroeg om onafhankelijk onderzoek te laten doen naar de naleving van de regels: 'Wij hebben niets te verbergen,' deelde hij mee. Dijsselbloem besloot vervolgens ABD Topconsult, het interne adviesbureau van de Rijksoverheid waar voormalige topambtenaren werken, het onderzoek te laten uitvoeren.

De onderzoekers hadden bijna twee maanden nodig. Er was veel discussie geweest tussen de raad en de onderzoekers. De raad verweet de onderzoekers op alle slakken zout te leggen en te veel bezig te zijn met de schijn die zijn handelen zou geven in de politiek en media. De onderzoekers verweten de raad op hun beurt te weinig gevoel te hebben voor hun voorbeeldfunctie. En hoewel niets erop wees dat er sprake was van misstanden of dat regels bewust waren overtreden, leidde de hele gang van zaken rondom het onderzoek wel tot een ware exodus uit de raad. De minister sprak van een 'slordige cultuur' en 'lopen op het randje'. De raad erkende dat er sprake was van een enkele lichte overtreding, maar vond het rapport tendentieus en de aanbevelingen veel te verstrekkend.

Begin december diende het eerste lid zijn ontslag in. Niet veel later stapte de volgende op en naar aanleiding van het rapport verzocht Dijsselbloem ook voorzitter George Möller om op te stappen.

George belde me met het nieuws, vlak voor het naar buiten kwam. 'Ik zal wel aanblijven tot er een nieuwe voorzitter is,' zei hij om me op te beuren. 'En Diana blijft ook nog.' Ik was blij dat juriste Diana van Everdingen aanbleef, zij kende de AFM goed en was een prettig mens. George zou blijven tot er een nieuwe voorzitter was, maar de raad zou lange tijd onderbemand zijn en het zou de nodige tijd kosten om überhaupt een nieuwe raad samen te stellen. Het was altijd al moeilijk om mensen te vinden die verstand hadden van de financiële markten én voldeden aan alle strenge eisen voor de raad van toezicht, en ik was bang dat dat alleen maar meer zou worden na het verschijnen van het rapport met al zijn aanbevelingen voor nog meer beperkingen.

Bovendien zou het ook van mij de nodige tijd vergen omdat het ministerie erop stond dat ik een adviserende rol kreeg bij het selectieproces. Waar haalde ik de tijd vandaan? Ik sprak met George af dat we na de kerst verder zouden zien en wenste hem sterkte. Na de kerstvakantie liet hij me weten dat hij toch direct wilde vertrekken. Hij kon zich echt niet verenigen met het rapport en wilde ook niet over zijn graf heen regeren. De ferme uitingen van Dijsselbloem in de media na de aankondiging in december waren voor hem de druppel geweest.

Net als twee andere leden van de raad zelf besloot ook George in de media zijn verhaal te doen. Ik begreep zijn keuze ergens wel, de manier waarop de zaak in de pers kwam was bijzonder schadelijk voor onze raad en zeker voor hem als persoon, maar ik vond het niet verstandig. Zo werd ook de indruk gewekt dat Dijsselbloem zich actief bemoeide met het reilen en zeilen van de AFM en dat schaadde de reputatie van onze afhankelijkheid. Er was precies gebeurd waar ik bang voor was geweest. De geest was uit de fles en we zouden er echt nog lang last van hebben. Was het allemaal wel nodig geweest? Had de ruzie niet voorkomen kunnen worden? Had er niet gewoon in goed overleg gekozen kunnen worden voor een meer geleidelijke wisseling van de wacht? Het zou niet de laatste keer zijn dat ik zag hoe de wereld van politici en die van bestuurders elkaar niet verstonden en hun strijd in de media werd uitgevochten. Het deed het vertrouwen in bestuurders, in welke wereld ze ook zaten, nooit goed.

Ik baalde er behoorlijk van. Nog geen driekwart jaar na mijn start bij de AFM was van mijn vijfkoppige raad van toezicht nog maar één lid over. En dat terwijl de AFM al genoeg uitdagingen op zijn bordje had. Zou de AFM wel voldoende uitdaging bieden voor een *Macher* als Van Vroonhoven? had de NRC zich bij mijn aantreden afgevraagd. Het antwoord had zich inmiddels aangediend.

◆

Waar was ik al die tijd?

'Yves is een gevoelig, lief kind. Hij wil alles heel goed doen,' vertelt zijn moeder. 'Alleen spreekt hij haast nog geen Nederlands en stottert een beetje. Dat maakt hem onzeker.'

Een Française in een donkerblauw mantelpakje is aangeschoven aan het bureau van juf Ella. Ze is juriste en is hier voor het ouderkennismakingsgesprek. Een halfjaar geleden, vlak voor corona uitbrak, verhuisde ze samen met Yves en zijn broertje naar Nederland. 'De afgelopen tijd heeft Yves elke dag thuis bijles gekregen van een priveleraar. En logopedie,' zegt ze. 'Klopt het dat hij ook op school extra ondersteuning krijgt met taal, van een aparte juf?' Juf Ella knikt en overhandigt haar extra werkboekjes. 'Als u thuis de lessen van de dag samen herhaalt en hem regelmatig Nederlandse televisie laat kijken, gaat hij vast snel vooruit.' Tevreden verlaat Yves' moeder het klaslokaal.

Yves is een van de vijfentwintig kinderen in groep 3, de klas waar ik tot kerst stage loop. De school ligt in het groene Haagse Statenkwartier. Met zijn monumentale panden, schoongeveegde straten en voor elke deur een bakfiets en een laadpaal is het een van de rijkste wijken van Den Haag. De bewoners? Veelal witte, hoogopgeleide tweeverdieners. Met de komst van organisaties zoals het Internationaal

Strafhof groeide ook het aantal expats in de wijk. Dat is terug te zien in de klas. Bij een derde van de leerlingen wordt thuis geen Nederlands gesproken, maar Frans, Fins, Engels of Italiaans.

Onvermijdelijk denk ik terug aan mijn vorige stageschool, in die andere internationale buurt in Den Haag, slechts tien minuten hiervandaan. Ook daar spreekt een groot deel van de kinderen thuis geen tot weinig Nederlands. Toch kan het contrast niet groter zijn. In de Schilderswijk en Laak wonen kinderen niet in monumentale panden maar in flatgebouwen. Ze spelen niet in groene parken, maar – als ze geluk hebben – op een betonnen voetbalveldje. Het merendeel van de wijkbewoners is van niet-westerse herkomst en laagopgeleid. De werkloosheid is hoog. Dus geen geld voor bijles, soms niet eens voor ontbijt.

Zoals bij Kwame, bij wie ik direct na school op bezoek ga. Sinds kort begeleid ik hem wekelijks met zijn huiswerk. Bij hem thuis, in een sociale huurwoning op de zeventiende verdieping van een grauwe galerijflat met metershoge hekken voor de voordeur. Daar woont hij samen met zijn vier zusjes en alleenstaande moeder. Een vijftigjarige zachtaardige vrouw in fleurige Afrikaanse kleding. Veertien jaar geleden kwam ze uit Ghana met haar man mee. Maar manlief liet haar achter met vijf kinderen, zonder geld. Het gezin leeft van de bijstand terwijl ze naar werk zoekt. 'Kwame is een lieve jongen. Hij wil het graag goed doen,' vertrouwde ze me tijdens onze eerste ontmoeting toe. 'Maar hij kan de taal niet goed en stottert erg.' Ze zou niets liever doen dan hem helpen. 'Maar hoe, mevrouw? Ik kan zelf de taal niet goed en heb nog vier andere kinderen.'

Als ik even later het liftknopje indruk denk ik weer aan Yves, die ook stottert en een taalprobleem heeft, maar opgroeit in een luxewijk en alle mogelijkheden krijgt. Wat een pijnlijk contrast met Kwame. Anno 2020 bepaalt in welvarend Nederland de plek van je wieg nog steeds je toekomst. Hoe heb ik dat niet eerder zo duidelijk kunnen zien? Waar was ik al die tijd? Ver weg, ben ik bang, geriefelijk in mijn eigen bubbel. Niet meer dan tien minuten hiervandaan.

10

Ware liefde

'Pas op je hoofd,' bromde de bode, die voor ons uit liep. Nors en zonder een woord te veel loodste hij ons door een wirwar van de sluip-door-kruip-doorgangetjes van het gebouw van de Tweede Kamer. Hij zette er flink de pas in, ik kon hem nauwelijks bijhouden. Mijn mapje met aantekeningen klemde ik stevig onder mijn arm. Een reddingsboei die ik niet mocht kwijtraken. Alsof ik er straks überhaupt nog in zou bladeren als ik onder de priemende blik van parlementaire enquêtecommissievoorzitter Madeleine van Toorenburg werd ondervraagd over de Fyra.

Het was 8 juni 2015, twee jaar na het besluit om definitief te stoppen met de Fyra. De verhoren over het debacle waren begonnen. De afgelopen twee jaar had een NS-team van meer dan tien mensen dag in dag uit aan dit dossier gewerkt. Ontelbare dossiers met verslagen van vergaderingen met de raad van bestuur, raad van commissarissen, interne notities, rapporten, voortgangsrapportages over het bouwproces van de trein, contracten, correspondentie met het ministerie van V&W, de leveranciers en buitenlandse vervoersbedrijven, de Belgische NMBS en het Franse Thalys. En dat betrof dan alleen nog maar de informatie uit de vijf jaar dat ik bij NS werkte. Het volledige dossier dat NS aan de enquêtecommissie leverde besloeg een vrachtwagen vol dozen.

Aan het einde van de gang zag ik twee grote deuren opdoemen.

Daarachter zou vast de zaal zijn waar het verhoor plaatsvond. 'U moet hier nog even wachten tot ze u komen halen,' mompelde de bode. Ik keek naar Wietze. Ik was blij dat hij mij vergezelde vandaag. Alleen al zijn aanwezigheid hielp tegen de zenuwen. Tenminste, een beetje dan. Wietze was een van de meest trouwe en professionele communicatieadviseurs van NS. Samen met de andere leden van het begeleidingsteam had hij mij de afgelopen maanden ondersteund bij mijn voorbereiding op de enquête. Talloze uren had ik eraan besteed, veelal in de avond wanneer de kinderen al in bed lagen.

Terwijl Wietze en ik wachtten tot we naar binnen mochten, dacht ik terug aan al die stapels documenten van NS die ik had doorgenomen. Een apart team, bestaande uit inhoudelijke experts, communicatieadviseurs en juristen, begeleidde alle opgeroepen getuigen van NS in voorbereiding op de verhoren. In meerdere droogoefensessies bootsten ze het verhoor levensecht na, compleet met realistische tafelopstelling, tv-opnames en een 'commissie' die een spervuur aan *killer questions* op ons afvuurde. Alles om ervoor te zorgen dat mijn voormalige NS-collega's en ik tot in de puntjes waren voorbereid op het daadwerkelijke verhoor. Thuis hing ik aan de muur in de huiskamer grote vellen papier waarop ik de hele geschiedenis met de hogesnelheidstrein uitgebreid had uitgewerkt, inclusief de mijlpalen, belangrijke besluiten, issues en dilemma's. Elke keer als ik weer een multomap met documenten doorgenomen had maakte ik een nieuw vel met de belangrijkste gebeurtenissen en beslissingen. Op die manier kreeg ik grip op het uiterst complexe dossier van de hogesnelheidsspoorlijn. Maanden hebben die vellen daar gehangen. Mijn zoons konden het niet laten om er zo af en toe een tekening op te maken. 'Dat maakt het wat vrolijker allemaal, mam. Anders is het zo saai, zonder plaatjes.'

Gelukkig lukte het me nog steeds redelijk goed om in het weekend echt tijd te maken voor de jongens. Onlangs had Job opeens, tijdens het eten, gezegd: 'Weet je wat nou zo fijn is, mam? Dat je sinds je bij de AFM werkt niet meer de hele tijd aan het bellen bent zoals vroeger.' Toen stond ik regelmatig in het weekend met mijn vinger voor mijn mond, fluisterend: 'Sst, jongens ga maar even in je eigen kamer spelen. Mama zit aan de telefoon.' Inderdaad was die tijd godzijdank voorbij, al voelde ik, zeker de laatste weken, wel ergens diep vanbinnen de nodige stress over wat me bij de verhoren te wachten stond. Wat hielp was dat ik bij de AFM vanaf het begin veel steun had ervaren. Ter voorbereiding op de parlementaire enquête bekeek ik ook op internet een aantal verhoren van andere getuigen. Vrolijk werd ik er niet van. Ondanks het feit dat commissievoorzitter Van Toorenburg meerdere keren in de media benadrukte dat ze niet uit was op een tribunaal, ging het er behoorlijk agressief aan toe. Suggestieve vragen, insinuerende opmerkingen en vooringenomenheid waren de commissieleden niet vreemd. Ook leek er sprake van een anti-NS-sentiment. Zou het me lukken om me niet van de wijs te laten brengen?

Hoewel ik ook vond dat waarheidsvinding en een grondig onderzoek nodig waren om fouten in het mislukte miljardenproject te evalueren, maakte ik me zorgen over de manier waarop dit door deze commissie werd gedaan. De insteek leek veelal gericht op het zoeken naar de schuldige. Daardoor gingen mensen naar elkaar wijzen en durfde niemand echt toe te lichten waarom het was misgegaan en hoe de fouten waren gemaakt. Hoe moesten we dan van ons verleden leren? Bovendien waren veel problemen aanmerkelijk complexer dan die ene misstap of foute beslissing van een individu. Ik hoopte dat ik de tijd en ruimte kreeg tijdens het verhoor om dat duidelijk te maken.

Klokslag halftien zwaaide de deur open. De bode gebaarde ons mee te komen. Wietze was de enige die met mij mee de zaal in mocht. De andere NS'ers moesten op de openbare tribune plaatsnemen, bij de journalisten. Hoewel ik Wietze niet kon zien en tussendoor ook niet mocht spreken, behalve als ik een document of – zoals later tijdens het verhoor – een aspirine nodig had, gaf het me een gerust gevoel dat hij schuin achter mij zat. Niet alleen NS moest twintig jaar aan informatie aanleveren bij de commissie. Hetzelfde gold voor ministeries, toezichthouders, de treinleverancier, alle partijen. En na een voorbereidende fase met uitgebreid onderzoek waren in februari besloten gesprekken gevoerd, als voorbereiding op de openbare verhoren. Omdat ik als bestuurslid van NS in 2010 had onderhandeld ter voorkoming van het faillissement van HSA en in 2013 de crisis-taskforce had geleid, werd ik door de commissie als enige NS'er vier keer opgeroepen. Twee keer voor de besloten gesprekken in februari en twee keer voor het oog van de camera.

De commissie had meer dan veertig getuigen opgeroepen voor de openbare verhoren. Als getuige was je overigens niet alleen verplicht om te komen opdagen, je stond ook onder ede. Al twee weken berichtten televisiezenders en kranten over de Fyra-verhoren. Het team van NS praatte me vrijwel dagelijks bij over het verloop. Ondertussen concentreerde ik me op mijn eigen verhaal. Net als alle verhoren werd ook mijn verhoor rechtstreeks via een livestream uitgezonden. Hoe meer bekende politici en bestuurders, hoe meer kijkers. De commissie was zich daar zeker van bewust, gezien de keuze van de getuigen: oud-ministers Gerrit Zalm, Carla Peijs, Camiel Eurlings, Melanie Schultz van Haegen en voormalige NS-bestuurders zoals oud-Philips topman Jan Timmer, PvdA-politicus Wim Meijer en Bert Meerstadt gingen mij voor. De enige die ontbrak was minister van Financiën en aandeelhouder van NS Jeroen Dijsselbloem. Opvallend, gezien zijn rol bij het besluit om te stoppen met de Fyra destijds. Zou het een politieke overweging zijn geweest, om te voorkomen dat een openbaar verhoor zijn herverkiezing van het voorzitterschap van de Eurogroep in gevaar zou brengen, zoals wel werd gezegd?

De bode wees me mijn plaats, pal tegenover de commissie. Op de tafel stonden een microfoon, een kan met water en een bordje met mijn naam. Een vrouwelijke Kamerbewaarder in uniform stond achter de stoel op me te wachten om mijn stoel aan te schuiven. Ze knikte me vriendelijk toe. Alsof zij wilde zeggen: 'Maak je je geen zorgen hoor. Het komt helemaal goed.'

Ik voelde mijn hart tekeergaan. Kom op, zei ik tegen mezelf. Ik wierp een snelle blik op het kaartje dat mijn vader me gestuurd had en stopte het voor in mijn mapje, als steuntje in de rug: *'Je hebt volledig integer en met grote inzet je bedrijf gediend. Al het andere is van relatief en (vooral) voorbijgaand belang,'* stond erop. Madeleine van Toorenburg zat twee meter voor me, in het midden, rechts naast haar Mei Li Vos van de PvdA en aan haar linkerkant de scherpe Vera Bergkamp van D66. Naast hen zaten commissieleden Henk van Gerven (SP) en VVD'er Ton Elias.

Achter de commissie prijkte op een blauwe muur het logo van de Tweede Kamer. Links zat aan een nog langere tafel een zevental onderzoekers en adviseurs van de enquêtecommissie. Zij ondersteunden de commissie en beschikten over veel dossierkennis. In de uren die volgden zou de commissie veelvuldig contact hebben met haar adviseurs aan de zijlijn. Voor mij als getuige was dat niet toegestaan, ik stond er alleen voor.

De voorzitter keek me indringend aan en zei: 'Ik vraag u met de belofte te bevestigen dat u de gehele waarheid en niets dan de waarheid zult spreken. Wilt u met mij gaan staan?' Ik stond op. Ze vervolgde: 'Wilt u mij nazeggen: Dat beloof ik.' 'Dat beloof ik.'

◆

Al snel was me duidelijk dat het geen fijn gesprek werd. Afwisselend stelden de commissieleden mij vragen. Ze citeerden daarbij uit verslagen van vergaderingen, andere interne besprekingen en overleggen met het ministerie, de Belgische Spoorwegen en allerlei andere besprekingen over de hogesnelheidstrein waarbij ik aanwezig was geweest. Het ging om honderden verslagen, sommige besprekingen waren inmiddels zes jaar geleden.

'Mevrouw Van Vroonhoven, op de vergadering x, samen met y,

zei u z, wat bedoelde u daarmee?' Alsof ik al die honderden verslagen allemaal letterlijk kon reproduceren. Natuurlijk had ik de belangrijkste goed doorgenomen, maar niet elk verslag van elke bespreking in de vijf jaar dat ik bij NS werkte. Dat was een onmogelijke opgave. Toch leken de commissieleden dat wel te verwachten, gegeven hun zichtbare ergernis als ik niet direct een antwoord had, of de vraag volgens hen niet precies genoeg beantwoordde. In een enkel geval greep de voorzitter zelfs in door te zeggen: 'Er viel mij iets op in het gesprek zojuist. U zei x, maar dat is niet juist. Wij maken uit de stukken iets anders op. In het verslag met de Belgen op januari 2012 staat y.' Toen ik mijn antwoord verduidelijkte en daarbij goedbedoelend zei dat ik niet de verkeerde indruk wilde wekken, zei ze bits: 'Wij willen niet dat u een indruk wekt, wij willen dat u de vragen beantwoordt.'

De vragen waren niet alleen gedetailleerd, ze waren vaak ook insinuerend en vooringenomen. Zo vroeg een van de commissieleden 'U vond het allemaal heel logisch dat dit of dat gebeurde?' in plaats van 'Wat vond u van het feit dat dit gebeurde?' En toen ik op een vraag antwoordde dat er 'na een moeizaam proces een oplossing kwam', was de zuigende reactie van de vragensteller: 'Een oplossing die vooral héél goed was voor NS.'

En dan de eindeloze hoeveelheid 'wat als'-vragen: 'Wat als u dat wel geweten had op dat moment?' 'Wat als u wel die informatie had toen u de keuze maakte?' Makkelijk om achteraf te zeggen dat je het dan anders had gedaan, maar het waren hypothetische vragen en elk antwoord daarop zou gratuit zijn, vond ik, en buiten de werkelijkheid.

Na een twee uur durend onafgebroken kruisverhoor dat opperste concentratie en scherpte van me had gevraagd, verschenen voor mijn ogen plots flikkeringen, een voorbode van migraine. Tot overmaat van ramp stootte ik op dat moment een glas water om. Tijdens de korte schorsing vroeg ik Wietze om aspirine voor me te halen. Toen ik even later het pilletje innam, dacht ik: stom van me, zo voor de camera. Er is vast iemand die het leuk vindt om er iets lulligs over te schrijven.

Gelukkig deed de aspirine zijn werk en trok de hoofdpijn weg. Na bijna drie uur was het verhoor eindelijk voorbij. Uitgeput verliet ik de zaal. Ik kon geen woord meer uitbrengen en wilde weg, zo snel mogelijk. Wietze en ik liepen samen naar sociëteit De Witte, schuin tegenover de Tweede Kamer. Daar zat het NS-team te wachten en er klonk applaus toen ik binnenkwam. Frans van der Grint, de communicatieadviseur in het team, complimenteerde me, ik was tekstvast geweest en maakte geen fouten. Maar ik voelde me een uitgeknepen spons. Wat zouden de kranten erover schrijven? Ik zag de krantenkoppen al voor me: FYRA-DOSSIER WORDT AFM-TOPVROUW TE VEEL.

'Ik vond het verschrikkelijk,' zei ik later die dag tegen mijn ouders. 'Zoals ze de druk opvoerden en mijn woorden trachtten te verdraaien, mijn antwoorden in twijfel trokken. Je gaat bijna aan je eigen geheugen twijfelen. Voor het eerst in mijn leven kan ik me voorstellen dat iemand een moord bekent die hij niet gepleegd heeft.' Mijn vader liet me uitrazen. Hij zei dat er aan de buitenkant weinig aan me te zien was geweest: 'Je was rustig, beantwoordde steeds keurig alle vragen, maar liet niet over je heen lopen. Je gaf ze duidelijk van repliek.' 'Nou, laten we dan maar een drankje nemen,' verzuchtte ik. Toen ik later op de avond zag dat de media vrij feitelijk berichtten over mijn verhoor haalde ik opgelucht adem.

Op woensdag 10 juni 2014, de avond voor het tweede verhoor, kwamen mijn ouders eten. Wat fijn dat ze er toch altijd voor me waren. Ik kon de afleiding goed gebruiken. De jongens waren nog bij Rein en in zo'n stressvolle periode vond ik het extra moeilijk om alleen te zijn. Na het eten besloot ik nog eventjes online te kijken of er zaken waren verschenen over de Fyra waarvan ik op de hoogte moest zijn. Toen ik mijn naam intypte, zag ik een stukje bij de rubriek 'Het Maaiveld' van het *FD*. In koeienletters stond er: 'U schreef: topvrouw van de AFM totaal ongeschikt'. Het was alsof er een bliksemschicht door mijn lijf schoot.

Een redacteur van het FD had een zure, bijna seksistische online column geschreven over mijn optreden tijdens het verhoor van afgelopen maandag. Hij verwees in zijn stukje naar een interview dat ik in 2012 had gegeven aan het blad *Management Team*, waarin ik zei dat ik zaken liever in harmonie oploste dan in conflict. Dat interview koppelde hij aan mijn rol bij de Fyra, niet gehinderd door enige kennis van feiten. In de column schreef hij: 'Hoe kon Merel zo blunderen? Van Vroonhoven kreeg het maar niet uitgelegd aan de Fyra-commissie, waarvoor ze donderdag weer verschijnt. "Er is wat mij betreft maar één partij verantwoordelijk voor de vertraging en dat is AnsaldoBreda," bleef ze herhalen. Maaiveld heeft wel een idee. Merel, steevast getooid met rode lipstick en naar eigen zeggen eigenaar van zo'n honderd paar pumps, is buitengewoon conflictvermijdend. *Pleasen* is haar eerste natuur.'

Lezers konden de hele dag reageren. Op basis van hun reacties had de redacteur aan het eind van de dag het stukje geschreven en er was een grote foto van mij bij geplaatst waarop ik dromerig voor me uit staarde. Ongetwijfeld ter ondersteuning van het beeld van een risicomijdend, popperig vrouwtje. Tegen beter weten in besloot ik een paar van de reacties te lezen. Iemand schreef: 'Hoe is het in vredesnaam mogelijk dat zo'n type op zo'n belangrijke, harde post terechtkomt? Wie besloot dat dit mens de leiding kreeg bij NS? Moest ze met d'r harmoniemodel de conducteurs inpalmen of zo? En dan nu de financiële sector aansturen? Ongelooflijk!' Een ander: 'Voor iemand met zo weinig kwaliteiten heeft ze het vrij ver geschopt. Hoe kan dat? Was het positieve discriminatie van een "leuk mens" met veel te weinig pit en bagage???' Weer een ander: 'Het ging haar om haar looks en de dure kleertjes die een dergelijke positie met zich meebrengt.'

Ik staarde naar het scherm van mijn iPad. Het interview van een aantal jaar geleden waarin ik een persoonlijk inkijkje had gegeven in mijn jeugd en enkele levenslessen deelde, was totaal uit zijn verband gerukt en werd een stok om mee te slaan. Wat dacht die redacteur wel niet? En die reacties dan? Terwijl ze me totaal niet kenden en geen moeite deden om mijn dilemma's te begrijpen. Die vrouwonvriendelijke, neerbuigende ondertoon. Ik kookte vanbinnen.

Ik voelde mijn onzekerheid groeien. Wat stond me nog te wachten? Het stond nota bene in het 'huisblad' van de financiële sector. Al mijn medewerkers zouden dit lezen, alle onder toezicht staande instellingen, mijn raad van toezicht, de minister. Hoe kon ik ooit nog serieus genomen worden in mijn rol als bestuursvoorzitter? Ik besloot Frans te bellen. Hij stond op veel meer afstand en communicatie was zijn vak. Hij sprak mij moed in en raadde me aan om vanavond niet meer met de parlementaire enquête bezig te zijn. 'Lees een boek en ga vroeg naar bed. Je hebt het goed gedaan afgelopen maandag en morgen gaat het weer goed.' Ik liet me toch niet gek maken door een stukje in de krant van een willekeurige journalist die dacht grappig te zijn of, erger nog, een handjevol onnadenkende mensen die zonder schroom denigrerende uitlatingen deden? Morgen moest ik er weer staan, dus ophouden met malen.

Mijn moeder stelde voor om een nachtje te blijven logeren. Ik protesteerde, maar ze was vasthoudend en bleef slapen. Ze kende haar dochter. Toen ik de volgende dag opstond, was ik gebroken. Ondanks mijn voornemen spookten de woorden 'absoluut ongeschikt' de hele nacht door mijn hoofd. Mijn moeder zag dat het niet goed ging. 'Weet je wat we doen?' zei ze. 'Het is prachtig weer. Trek je hardloopschoenen aan: je gaat een rondje rennen. Ik ga mee op de fiets.'

Halverwege de Scheveningse Bosjes stopte ik abrupt. Ik kon geen stap meer zetten. 'Ik ga er niet meer heen,' riep ik. 'Ik zeg mijn baan op. Het is voorbij. Klaar.' Mijn moeder ging op een bankje zitten. 'Kom eens bij me zitten.' Als een klein meisje legde ik mijn hoofd op haar schoot en ik barstte in huilen uit. Tranen stroomden over mijn wangen. Ik huilde en huilde, net zo lang tot het weer stopte. Ik bleef een tijdje wezenloos voor me uit staren en toen herpakte ik me. Ik zou me niet klein laten krijgen door dat akelige bedriegerssyndroom dat me nog steeds probeerde wijs te maken dat ik niet goed genoeg was, dat al mijn jaren van succes puur toeval waren. Bovendien, wat was het ergste wat me kon overkomen? Dat straks tijdens het kruisverhoor sommige commissieleden weer met insinuaties kwamen en onterecht hun eigen aannames bleven herhalen? Dat was toch hun probleem? Dat er iemand in de krant weer een lullig stukje schreef? Morgen de vis erin. Dat het me in het uiterste, volstrekt onwaarschijnlijke, geval mijn baan bij de AFM ging kosten? Zelfs dat was niet het einde van de wereld. Ik vond heus wel weer een nieuwe baan als bestuurder of ging helemaal iets anders doen. Als de ene deur dichtgaat, gaat er een andere deur open, toch?

Ik droogde mijn wangen aan mijn renshirt en keek in de ogen van mijn moeder. Nog even bleven we daar zitten, samen op het bankje. Zonder iets te zeggen. Daarna rende ik nog een halfuurtje door de bossen en kwam als herboren thuis. Daar trakteerde ik mezelf op een lange, warme douche. Opgefrist en wel trok ik vervolgens een extra mooi jurkje aan, ging langs de kapper om mijn haar te laten föhnen en liet me opmaken door een visagiste. Spic en span zou ik voor de dag komen. Niemand zou zien dat ik vannacht niet had geslapen. Het verhoor verliep op rolletjes en op geen enkel moment voelde ik me uit balans gebracht. Op elke vraag had ik een antwoord. Met insinuaties maakte ik op een elegante manier korte metten. Vooringenomen standpunten pareerde ik vol zelfvertrouwen. De tweeënhalf uur vlogen voorbij. Jammer, dacht ik toen ik de deur uit stapte. Ik begon het bijna leuk te vinden.

Na de openbare verhoren trok de commissie zich een aantal maanden terug. Naar verwachting zouden ze ergens in het najaar hun uiteindelijke conclusies presenteren.

◆

Ondertussen hadden we bij de AFM eindelijk, na zeven maanden, een complete raad van toezicht. Het was een breed samengesteld gezelschap, met niet alleen mensen uit de financiële sector. Onze brede toezichtstaak vereiste een diverse raad, zo had ik met de minister besproken. De nieuwe voorzitter was Paul Rosenmöller, ooit voorman van GroenLinks. 'Is het verstandig om een (oud-)politicus te benoemen als voorzitter van de raad van toezicht?' was een van de vragen die we van tevoren binnen ons bestuur en met Diana uitgebreid hadden besproken. Na alle negatieve publiciteit over het vertrek van de vorige raad en de rol daarin van Dijsselbloem was de benoeming van een oud-politicus iets waar we extra goed over hadden moeten nadenken. Het zou geïnterpreteerd kunnen worden als een poging van de minister om zijn grip te vergroten, wat onze kwetsbare reputatie als toezichthouder geen goed zou doen. Onze onafhankelijkheid was ons bestaansrecht. Toch steunde ik Pauls benoeming van harte. Hij was een fijne, intelligente en betrouwbare man met het hart op de juiste plaats, wist ik nog uit mijn tijd bij NS, waar hij commissaris was. Hij had gevoel voor de politieke dynamiek en ik kende hem ook als een onafhankelijk denker, als iemand met een rechte rug, die wel luisterde maar niet boog voor de politiek. Hij zou met zijn verbindend vermogen een goede voorzitter zijn voor een raad met verschillende persoonlijkheden. En mij en mijn bestuur met zijn lange politieke en bestuurlijke ervaring ongetwijfeld scherp houden op onze maatschappelijke taak en de manier waarop wij communiceerden met de samenleving.

◆

Ruim twee jaar na het besluit van de Tweede Kamer tot een parlementaire enquête bood op 28 oktober 2015 de enquêtecommissie Fyra een 519 pagina's tellend rapport aan de Kamervoorzitter aan: 'De reiziger in de kou'. Er werden harde noten gekraakt. De commissie concludeerde dat alle partijen gefaald hadden, gedurende twintig jaar: de politiek, NS, de inspectie, de Belgen, de Italiaanse treinenbouwer. 'Er is eigenlijk niet één schuldige aan te wijzen,' zei commissievoorzitter Van Toorenburg tijdens een persconferentie. 'Wel één slachtoffer: de reiziger.' En de belastingbetaler, voegde ze eraan toe. Volgens de commissie had het hele hogesnelheidsproject de Staatskas 11 miljard euro gekost.

Het politieke antwoord volgde snel en was voorspelbaar. Enkele uren nadat het rapport uitkwam maakte PvdA-staatssecretaris van Infrastructuur en Milieu Wilma Mansveld haar ontslag bekend. Er moest iemand geslachtofferd worden, voor genoegdoening. Ik had het altijd goed kunnen vinden met de vrijgevochten, hardwerkende Groningse. Dat de commissie op zoek ging naar een zondebok was me al tijdens de verhoren duidelijk. Het werd Wilma, terwijl zij juist had gezorgd voor een oplossing voor het al twintig jaar durende dramadossier.

Na het aftreden van Mansveld volgde enkele maanden later het besluit om ProRail onder te brengen bij de overheid. Weer een 'oplossing' die vooral van politieke aard was, daadkracht voor de bühne. Beide politieke reacties zouden een volgende 'Fyra' niet voorkomen, vreesde ik. Ze hadden niets te maken met de essentie van het probleem: een onuitvoerbaar, complex project met te veel verschillende belangen, irrealistische en onuitvoerbare eisen, gebaseerd op een ongebreideld geloof in marktwerking en technische maakbaarheid. Continue inmenging en druk van de politiek vergerden de problemen eerder dan dat ze werden voorkomen. Een gemiste kans: als de enquête gericht was geweest op het vinden van de grondoorzaken van de problemen, was de reiziger en de belastingbetaler werkelijk een dienst bewezen.

Mij leerde het Fyra-drama bovenal hoe moeilijk het is om als een trein eenmaal het station heeft verlaten hem nog van spoor te laten veranderen, ook als blijkt dat het écht het verkeerde spoor is. Enerzijds vanwege het altijd aanwezige risico van tunnelvisie bij groepen mensen die intensief met elkaar samenwerken. Daardoor kan het gebeuren dat er blindheid ontstaat voor signalen die onwelgevallig zijn. En meer nog omdat we in deze huidige tijd het maakbaarheidsdenken tot kunst verheven hebben. Dat de werkelijkheid niet verloopt volgens ons vooraf uitgestippelde pad is een onverteerbaar gegeven geworden. Ons antwoord? Nog meer controledrang, meer dashboards met meetindicatoren, scenario's en spreadsheets. Vanuit het idee dat we alles kunnen beheersen en controleren: we waren als politieke leiders en bestuurders verworden tot dashboardmanagers van een onbestuurbaar systeem, op grote afstand van de onvoorspelbare, weerbarstige praktijk. Ik dacht terug aan onze directievergadering bij NS in 2012 waarin we besloten met de Fyra te gaan rijden. Had ik op een ander besluit aangestuurd als ik zelf vaker in de werkplaats had rondgelopen? Als ik een groter deel van mijn tijd had doorgebracht met monteurs, machinisten en anderen die in de praktijk met de trein werkten, in plaats van met managers die onder druk stonden van politieke verwachtingen en knellende businessplannen? Had ik dan een beter beeld gehad van de vele problemen met de trein? Pijnlijk.

Voor dit moment was ik vooral blij dat de enquête definitief achter de rug was. Het was een van de ingrijpendste en ook zwaarste ervaringen in mijn carrière. Mijn huid was in de loop der jaren dan wel dikker geworden, de verhoren en dito media-aandacht toonden aan dat hij niet dik genoeg was. Het had veel van mij gevergd. De hang naar publicitair gewin en een barbertje dat moest hangen was ontluisterend. Voor zover ik al politieke ambities had waren die door de enquête-ervaring niet aangewakkerd.

◆

'Ik heb slecht nieuws over het rentederivatendossier,' begon ik mijn presentatie. 'U zit hier omdat uit onze analyse is gebleken dat de herbeoordeling van de rentederivaten door u als banken onvoldoende is. Wij zullen dat morgenochtend via een persbericht en een brief aan de minister bekendmaken.' Ik liet even een stilte vallen. De gezichten van de bankbestuurders in de zaal spraken boekdelen. Verbazing en onbegrip. Woede zou later pas komen.

Woede was er bij de kopers van deze rentederivaten al veel langer. 19.000 kleine en middelgrote bedrijven hadden tussen 2007 en 2009 een complex financieel product, rentederivaten, gekocht met het idee dat hun langlopende leningen beschermd zouden zijn tegen de stijgende rente. Maar dat pakte anders uit. En nu zaten duizenden kleine ondernemers met grote financiële problemen. Banken hadden beloofd dit op te lossen door te compenseren, maar dan wel na een herbeoordeling. Nu bleek uit onze analyse dat er sprake was van onjuistheden en onvolledigheden in die herbeoordeling.

'Ik neem aan dat jullie nu gaan toelichten waar jullie conclusie op is gebaseerd?' vroeg een van de bankiers met nauwelijks verholen cynisme. 'Zeker,' antwoordde ik. 'Femke, licht jij een en ander verder toe?' Op de dia's stonden voorbeelden van de fouten die we hadden aangetroffen, structurele fouten. Femke de Vries, mijn bestuurscollega die sinds kort de leiding had over het project, lichtte toe wat de vervolgstappen zouden zijn: de herbeoordeling van de 19.000 dossiers moest over. 'Allemaal?' brieste iemand. 'Ongelooflijk, schandalig dat jullie daar nu pas mee komen.' Ik begreep zijn verbolgenheid, tegelijkertijd was het de verantwoordelijkheid van de banken om fouten uit het verleden te herstellen in hun producten. Ik wees hem erop dat hij als bankier zelf primair verantwoordelijk was voor de gemaakte fouten en Dijsselbloem vulde mij aan: 'U zult het moeten oplossen.'

De bijeenkomst duurde nog geen uur. 'Die waren niet blij,' zei Dijsselbloem na afloop. Inderdaad, daar gingen we nog van horen. Wat het bovendien extra pijnlijk maakte was dat niet alleen de banken, die primair verantwoordelijk waren voor de problemen, fouten hadden gemaakt. Ook bij onze eigen toetsing van de afhandeling door de banken was sprake van tekortkomingen. Ik besloot dat er een taskforce moest komen die alle problemen aangaande dit dossier moest oplossen. Bij de Fyra had dat goed gewerkt. Aan Paul Rosenmöller stelde ik voor om ook direct een extern onderzoek te laten uitvoeren naar onze eigen interne gang van zaken. Hij bleek hetzelfde idee te hebben en we spraken af dat de raad van toezicht opdrachtgever zou worden, zodat ook onze rol als bestuur in het onderzoek kon worden betrokken.

Twee dagen later stond in het *FD* een artikel van twee pagina's met de kop: 'Als de dia's worden getoond, weten de banken hoe laat het is.' De bespreking met de banken was gelekt. Hier en daar werd letterlijk uit de bijeenkomst geciteerd. De strekking was dat de banken op het matje waren geroepen. Dat klopte, maar er was één ding dat niet klopte: volgens het artikel waren niet alleen de banken maar ook wij op het matje geroepen door de minister. Ik had van tevoren ingeschat dat Dijsselbloems aanwezigheid onze boodschap kracht zou bijzetten, maar het tegenovergestelde was gebeurd. Zijn aanwezigheid gaf de onterechte indruk van een minister die zijn grip vergroot op de toezichthouder. Hoe had ik zo stom kunnen zijn om dat niet te zien? 'De volgende keer ben jij niet meer van de partij,' zei ik kort daarna tegen hem. Hij was het met me eens. Helaas was de beeldvorming toen al een feit.

◆

Pats, het licht ging uit. Weer dat irritante, nieuwe verlichtingssysteem. Goed voor het milieu natuurlijk dat de lampen niet uren blijven branden als er niemand meer op kantoor is. Maar als je er nog wel bent en even niet beweegt, zit je zo in het donker. Zeker in de wintermaanden. Snel wapperde ik met mijn hand in de lucht. De lampen flitsten weer aan. Op het klokje rechtsboven op mijn laptopscherm zag ik dat het al kwart over zeven was. Ik was al meer dan een kwartier te laat. Frans zat er vast al. Ik raapte mijn spullen bij elkaar en propte ze snel in mijn tas. Die laatste stukken voor de bestuursvergadering van morgen zou ik later op de avond wel doornemen als ik in de auto terug naar huis zat. 'Ik ben er over 5 min,' appte ik Frans. Gelukkig was restaurant Fyra niet ver, schuin tegenover kantoor, in een van die typisch Amsterdamse straatjes. Als dank voor zijn geweldige steun en advies van de afgelopen jaren in het Fyra-dossier had ik hem uitgenodigd en restaurant Fyra vormde het passende decor.

Toen ik de deur opende versnelde mijn hartslag. Hoewel ik Frans al jaren kende, wist ik eigenlijk weinig van hem. Behalve dan dat hij getrouwd was en twee kinderen had. Plus dat hij elke zaterdag op het voetbalveld stond en in Baarn woonde. Hij praatte vrijwel nooit over zichzelf en al helemaal niet over zijn privéleven. Vermoedelijk vond hij dat niet gepast in zijn rol als adviseur. Telkens als ik probeerde meer te weten te komen, hield hij vriendelijk de boot af. Dus vroeg ik het maar niet meer. Zeker niet na mijn 'liftflater' een paar jaar eerder bij NS. We stonden samen te wachten toen Frans vertelde dat hij met de kinderen met vakantie ging naar een resort. 'Ben je ook gescheiden?' floepte ik eruit. 'Nee hoezo?' antwoordde hij zichtbaar verbaasd. Het was een van de weinige keren dat ik niet wist hoe ik me uit een situatie moest redden. Want ik kon moeilijk zeggen dat ik dacht dat vooral gescheiden mannen met hun kinderen naar dat soort resorts toe gaan. Laat staan dat ik zou zeggen dat ik hem leuk en aantrekkelijk vond. Of dat ik hoopte dat hij misschien wel gescheiden zou zijn. De lift was mijn redding, Frans stapte in, lachte vriendelijk, ik bloosde en de deuren sloten zich. Ik kon wel door de grond zakken.

'Sorry, sorry, dat ik zo laat ben,' riep ik door het restaurant terwijl ik naar hem toe liep. Frans stond direct op toen hij me zag en lachte weer vriendelijk: 'Geen probleem, fijn dat je er bent.' Al snel raakten we in een geanimeerd gesprek over onze jarenlange samenwerking bij NS, over de onderhandelingen bij het hogesnelheidsdossier en de parlementaire enquête. Ik besefte hoezeer ik me op mijn gemak voelde bij hem. Niet vreemd misschien, want we hadden samen veel meegemaakt en elkaar vaak gesproken tijdens ontelbare werkbesprekingen, mediatrainingen, late telefoontjes, vroege telefoontjes. Er waren tijden geweest dat ik hem vaker sprak dan mijn beste vriendinnen en mijn familie.

'Ik ga skiën, samen met mijn zoon en een goeie vriend en zijn gezin', antwoordde Frans op mijn vraag over de voorjaarsvakantie. 'O, ga je niet met vrouw en kinderen?' flapte ik eruit. 'Nee,' zei hij. 'Ik ben afgelopen jaar gescheiden.' Mijn hart maakte een sprongetje en ik voelde dat mijn hoofd knalrood werd. 'Wat naar voor je,' wist ik nog net uit te brengen, terwijl ik snel opstond. 'Excuseer me, ik moet even mijn handen wassen.' Ik snelde naar de wc en stak mijn handen onder de kraan. Op de wc, terwijl het koude water langs mijn polsen stroomde, besefte ik ineens wat mijn hart al heel lang wist: ik vond hem echt heel leuk. In de weken na het etentje spraken Frans en ik nog een aantal keren af. Ik merkte dat mijn verlangen om met hem samen te zijn steeds groter werd. Ik begon verliefd te worden. Hij ook, had ik de indruk. Toch hield hij de boot nog af. Misschien omdat hij vond dat het anders te snel zou gaan, zo vlak na zijn scheiding? Of zat hij gewoon niet te wachten op een liefdesrelatie op dat moment?

◆

'En, hoe ging je les?' vroeg Christina toen ik haar belde. Ik was op weg naar kantoor na een gastles in Vleuten in het kader van de Week van het Geld 2016. Het doel van de Stichting Wijzer in Geldzaken is kinderen al op jonge leeftijd leren hoe ze met geld moeten omgaan. Alle reden dus, vond ik, om net als veel van mijn AFM-collega's ook voor de klas te gaan staan. Het was vroeg geweest toen ik die ochtend achter in de auto stapte op weg naar basisschool De Twaalfruiter. Klaas had de verwarming alvast aangedaan. Sinds kort was hij mijn vaste chauffeur. Jarenlang had hij als manager gewerkt in projectontwikkeling in de bouw, maar door de kredietcrisis was hij enkele jaren voor zijn pensioen zijn baan verloren. Hij liet zich omscholen tot chauffeur, eerst op een taxi in Amsterdam en nu bij de AFM. Je kon hem niets wijsmaken. Of het nou ging om politiek of grote wereldproblemen, hij was altijd in voor een stevige discussie. Ook schroomde hij niet om zijn mening te geven over mijn handelen. Dan vond hij mijn taalgebruik in het radio-interview te ingewikkeld. Of hij zei: 'Waarom pak je die flitskredietverkopers niet steviger aan?' Klaas liet zich nooit afschepen met een half verhaal. Maar het liefst praatte hij over boeken. Op zijn bijrijdersstoel lag steevast een roman voor de uurtjes dat hij moest wachten als ik ergens een bespreking had. Geen boek – hoe dik of complex ook – of hij had het gelezen.

'Latertje?' vroeg hij spottend, toen ik met licht gezwollen ogen wat dwaas voor me uit staarde. Het was inderdaad laat geworden gisteren. Mijn idee om voor dertig kinderen een zakje te maken met muntjes uit bijzondere landen die ik had bezocht kostte meer tijd dan voorzien. Achtjarigen een heel uur lang boeien met een les over verzekeringen en geld is nu eenmaal niet eenvoudig. Vorig jaar had ik me voor mijn gastles beperkt tot de landen van de eurozone, nu zocht ik het verder van huis. Tel daarbij de spelformulieren, een aansprekende interactieve powerpointpresentatie met bijbehorende taal- en rekenoefeningen en het was al snel middernacht. Misschien moest ik mezelf een volgende keer toch maar beperken tot kant-en-klaar lesmateriaal. Hoewel zelf een leuke les ontwerpen me toch ook veel energie en plezier had gegeven.

Op het schoolplein stonden inmiddels honderden kinderen met paarse petjes te wachten tot koningin Máxima arriveerde. Als erevoorzitter van de stichting gaf zij met het luiden van een grote schoolbel het startsein van de week van het geld.

'Goedemorgen, ik ben juf Merel en ik ga jullie meer vertellen over geld.' Dertig kinderen keken me nieuwsgierig aan. Ze waren een stuk jonger dan de leerlingen van vorig jaar. Extraverte, introverte kinderen, bijdehandjes en verlegen types, slimmeriken die alles begrepen en een paar die wat meer moeite hadden met de lesstof, stuk voor stuk deden ze enthousiast mee. En ik genoot. Toen ik aankondigde dat we een muntjesquiz zouden gaan doen, zag ik dat het jongetje voor me enthousiast op zijn stoel begon te wiebelen. Misschien word ik nog weleens juf, dacht ik. En toen ik die gedachte een paar weken later met Frans deelde tijdens een etentje, reageerde hij niet eens verbaasd. We spraken vaker af, leerden elkaar steeds beter kennen, en zo kwam het moment om mijn verliefdheid te delen met de kinderen en andere dierbaren. Het was overduidelijk, Frans en ik hoorden bij elkaar.

◆

Terwijl met de komst van Frans in mijn persoonlijke leven alles op zijn plek leek te vallen, was bij de AFM de verbouwing in volle gang. Op 29 juni 2016 maakten we de uitkomsten publiek van het externe onderzoek naar wat er bij ons intern mis was gegaan bij het rentederivatenproject. Het was volle bak, een journalist of twintig, schatte ik. Paul Rosenmöller, die naast mij zat, zou als opdrachtgever van het onderzoek de aftrap doen. Daarna zou ik stilstaan bij de conclusies en toelichten welke (extra) maatregelen we als bestuur hadden genomen. Hoewel ik me goed had voorbereid was ik gespannen. Publiekelijk moeten vertellen wat er misging in een tijd waarin fouten maken genadeloos wordt afgestraft viel niet mee. Toch was ik ervan overtuigd dat het nodig was om open te zijn over zaken die misgaan en beter kunnen en ook te laten zien dat we als toezichthouder niet onfeilbaar waren.

'Ik geef het woord aan Merel,' zei Paul. Hij was klaar met zijn deel en nu was ik aan de beurt. De zon scheen op mijn aantekeningen. Het was prachtig weer en ik wou dat ik buiten was in plaats van in die bedompte ruimte met kritische vragen. Ik haalde diep adem en zei: 'De uitkomsten van dit onderzoek zijn voor de AFM een belangrijk leermoment. Wij zijn het aan alle mensen die op ons rekenen verplicht om goed toezicht te houden. Ook aan al die 19.000 gedupeerde bedrijven. Dat is bij ons toezicht op de herbeoordeling van de rentederivaten door banken tot eind vorig jaar niet gebeurd. Dat betreur ik. Wij zullen voortvarend aan de slag gaan met de lessen en inzichten, om herhaling te voorkomen.' Ik sloot mijn presentatie af met het voornemen om als bestuur nog nadrukkelijker een cultuur te bevorderen van inhoudelijk debat, samenwerking en leren van elkaar uitdagen en stimuleren, zodat mensen zich altijd vrij voelden om aan de bel te trekken. Ook als hun directe baas daar minder blij mee was. Toen ik vervolgens vroeg of de aanwezigen nog vragen hadden schoten twintig handen de lucht in. Het lastigste deel van de bijeenkomst was begonnen.

Nadat iedereen de zaal uit was bleef ik nog even zitten. Hoe ingewikkeld en vervelend de boodschap ook, dit was goed gegaan. Zoals altijd na een publiek optreden voelde ik mij voldaan maar ook leeg. De adrenaline had mijn lijf verlaten. Ik had alles gegeven. Ik voel me thuis op de bühne. Ik houd van de verbinding met het publiek, de *flow*, maar het put me ook uit.

Ik besloot naar buiten te gaan voor een ommetje. Een ritueel waarvan ik genoot en dat ik nodig had om dit soort intense momenten los te kunnen laten en mezelf opnieuw op te laden. Voor een volgende stap.

11

De stap

'ADO speelt tegen Ajax, zullen we weer eens gaan mam?' vroeg Job. Het was alweer even geleden dat we uit volle borst met duizenden supporters 'O, o, Den Haag' hadden gezongen. Of het de tegenvallende prestaties waren van onze thuisclub, of het feit dat de droom van mijn beide zoons om topvoetballer te worden inmiddels had plaatsgemaakt voor de ambitie om 's werelds beste e-sporter te worden, wist ik niet. Ik wist wel dat de clubcard vaker in de lade lag dan dat hij in gebruik was.

Op 16 oktober 2016 gingen we met zijn drieën, gehuld in groen en geel, naar het ADO-stadion. 'Hartelijk welkom, ook voor Job, Kik en Merel,' hoorden we voor de wedstrijd door luidsprekers. Verbaasd keken de jongens op. 'Mam, heb jij Wietze verteld dat wij vandaag zouden komen?' Wietze, mijn oud-collega van NS, was in zijn vrije tijd vaste speaker bij ADO. 'Ik schaam me dood,' mopperde Kik. Hij was net gestart in de brugklas en Job zat inmiddels in 3-havo. Een hele nieuwe fase, twee kinderen op de middelbare school. Vrienden en gamen waren veel belangrijker en leuker dan een moeder die elke dag vraagt: 'Hoe was het op school vandaag?' Ik moest er soms nog wel aan wennen dat de tijd dat we als een soort drie-eenheid van alles samen deden voorbij was.

Frans, die zelf twee oudere kinderen heeft, lachte vaak om mijn sentimentele 'Wat gaat de tijd toch snel'-verzuchtingen. Elke fase heeft iets leuks, zei hij dan, en dat stelde me gerust. Net als de wetenschap dat ik in hem de liefde van mijn leven had gevonden. Want hoe inspirerend ik werk ook vond en hoe belangrijk ook voor mijn zelfontplooiing en mijn autonomie, uiteindelijk was de liefde toch waar het om draaide in dit ene korte leven. In de jaren na mijn scheiding had ik me zo nu en dan vertwijfeld afgevraagd of ik de ware liefde ooit nog zou tegenkomen. Ik kreeg veel steun van mijn ouders, lieve vrienden en Laila en natuurlijk gaven de jongens me veel vreugde en liefde. Maar toch, soms had ik me behoorlijk alleen gevoeld. Zeker op de momenten dat ik veel stress had op het werk en tegelijkertijd met opvoedvragen worstelde. Nooit kon ik even overleggen, geen zin hebben of het overlaten aan een ander. En dan al die recepties en zakendinertjes waar ik in mijn eentje naartoe moest. Maar belangrijker nog dan al die praktische nadelen van het 'alleen zijn' was het gemis van een zielsverwant, iemand met wie ik een intense verbondenheid voelde en bij wie ik volstrekt mezelf kon zijn, bij wie ik me niet groter of beter hoefde voor te doen. Iemand van wie ik met hart en ziel hield en hij van mij. Samen oud en grijs worden en nog altijd verliefdheid in elkaars ogen zien. Net als mijn ouders, zelfs nu ze tachtig zijn is hun liefde nog sprankelend en springlevend.

Mijn grootmoeder had gelijk gehad toen ze zei dat ik geduld moest hebben, omdat de ware liefde vanzelf zou komen als het er de tijd voor was. Ik besefte hoe waar die boodschap is, maar ook hoe dat afwachten vaak botst met mijn gedrevenheid en ambitie om ergens helemaal voor te gaan, alles te doen wat ik kon om de kans op succes te bespoedigen. Controle versus loslaten en vertrouwen dat het leven me de weg wees. Dat antwoorden zouden komen als de tijd er rijp voor was. Zou ik dat kunnen, zo leven? Nu alles in mijn persoonlijke leven op zijn plek was gevallen, ook als het om mijn werk ging en mijn carrière?

◆

Tegenover me zat een keurige man met kort opgeschoren zwart haar, een wit overhemd, een stemmig donkergrijs pak en een roodwit gestreepte das. Door zijn ietwat vettige brillenglazen keek hij me vriendelijk, bijna guitig aan. Alsof hij wilde zeggen: 'Vertrouw me maar, ik ben degene die je zoekt.' Het was oktober 2016 en ik had het vierde sollicitatiegesprek van die dag. Na het verontrustende telefoontje dat Frans, mijn bestuurscollega voor ons interne bedrijf, met spoed in het ziekenhuis was opgenomen en het nog maanden zou duren voor hij weer aan het werk kon, moesten we op zoek naar een tijdelijke vervanger. Onder zijn leiding werden onze ICT en de financiële huishouding vernieuwd en dat was een hele operatie. Zonder hem zouden de projecten mogelijk vertraging oplopen en dat konden we niet gebruiken.

Manon Leijten raadde me aan eens bij ABD Topconsult te informeren. De club met voormalige topambtenaren, die op interimbasis beschikbaar zijn voor advies en tijdelijke bestuurdersklussen. Ik twijfelde, ABD had destijds ook de man geleverd die het onderzoek naar de gang van zaken in onze raad van toezicht leidde en ik was niet bepaald onder de indruk geweest van de kwaliteit van zijn werk. Maar ik had Manon hoog zitten en vertrouwde op haar oordeel. Niet veel later ontving ik meerdere cv's van kandidaten. Mijn oog viel op dat van Ad van Luijn, een vijftiger met jarenlange ervaring als financieel en operationeel bestuurder op verschillende plekken bij de overheid.

'Ik kan jullie helpen zolang jullie mij kunnen gebruiken,' zei Ad, 'en alleen als ik het kan combineren met mijn opleiding.' En alsof het de gewoonste zaak van de wereld was: 'Ik wil namelijk priester worden.' In zijn jeugd had hij die roeping al gevoeld, vertelde hij, hij was economie gaan studeren, was getrouwd en vader geworden. Toen zijn vrouw in 2015 na eenendertig jaar huwelijk plotseling overleed, kwam dat sterke gevoel uit zijn jeugd weer boven en besloot hij er gehoor aan te geven.

Uiteindelijk zou Ad bijna drie jaar bij ons blijven. Eerst als interim-bestuurder en later als bestuursadviseur. Met zijn indringende vragen en luisterend oor werd hij voor ons als bestuur en voor mij persoonlijk een belangrijke raadsheer. Vaak streek ik aan het eind van de dag bij hem neer voor een gesprek. Soms over een moeilijke kwestie bij de AFM, maar vaker nog over persoonlijke levensvragen.

'Juist mensen die al weinig geld hebben worden vaak het slachtoffer van schadelijke praktijken,' zei ik tegen Ad. Het was aan het einde van een werkdag. 'Kijk naar de flitskredieten.' Jarenlang waren we bezig met het weren van aanbieders van de Nederlandse markt. Dat lukte heel succesvol, althans voor een tijdje. Totdat zij hun heil gingen zoeken buiten de Nederlandse grenzen en hun leningen met woekerrentes alsnog online vanuit een ander Europees land aanboden. Het was me een doorn in het oog. Ik had een paar weken geleden weer een paar uur mee zitten luisteren bij de helpdesk en het verhaal van Henny was me bijgebleven. Als kersverse weduwe, tweeënzeventig jaar oud, woonde ze nog in het midden van het land. Zij en haar man hadden geen kinderen gehad en financieel hadden ze niet veel. Van haar spaargeld betaalde ze de begrafenis en de verhuizing naar haar familie in het noorden. Met haar laatste beetje geld kocht ze vloerbedekking en gordijnen voor in haar nieuwe eenpersoonshuurwoning. Toen was alles op. 'Maar ik moest nog eten, toen leende ik online driehonderd euro,' vertelde ze. 'De website zag er heel betrouwbaar uit en ik hoefde maar drie euro rente te betalen.' Later bleek dat er nog wel iemand garant moest staan voor haar lening. Als ze een familielid zou vragen was het gratis, anders kon het bij de aanbieder van de lening. 'Je schaamt je toch voor geldproblemen, dus naar familie durfde ik niet,' zei ze, en ze had het contract getekend. Pas later zag ze in de kleine lettertjes dat ze voor de garantstelling binnen een maand 87 euro moest terugbetalen, boven op de 300 die ze geleend had. Ze leende extra geld om die 387 euro af te betalen. En om ook die lening af te betalen, volgde er weer een. En weer een. Na een jaar waren haar schulden opgelopen tot duizenden euro's. Op een gegeven moment werd het zo erg dat ze erover nadacht om uit het leven te stappen. Tot ze toch een vriendin in vertrouwen nam. Dat had haar geholpen. Ze was naar de schuldhulpverlening gegaan en had om hulp gevraagd. Langzaam maar zeker kon ze nu haar schulden aflossen.

Ik zag en hoorde het steeds vaker, internetaanbieders die met agressieve marketingtechnieken misbruik maakten van mensen in kwetsbare omstandigheden. Niet alleen bij leningen, maar ook bij beleggingsproducten. Het maakte me kwaad. Internationale bedrijven die miljoenen verdienden met hun giftige producten, en die vervolgens dure voetbalclubs sponsorden, maar intussen werden kwetsbare mensen de dupe. Ad opperde dat ik moest solliciteren naar het voorzitterschap van de ESMA-beleggersbeschermingscommissie. Die positie kwam vacant en dat zou inderdaad een uitgelezen kans zijn om mijn verontwaardiging om te zetten in actie en werkelijk iets tegen dit soort schadelijke praktijken te doen op Europees niveau.

Ik vond het een goed idee en als voorzitter zou ik ook die ellenlange ESMA-vergaderingen wat verteerbaarder kunnen maken. Dat was de minder aantrekkelijke kant van het bestuurdersleven, vergaderen. Ik vond mijn baan op heel veel vlakken erg boeiend en ook in het leiden van vergaderingen had ik plezier. Maar dat ik dagelijks vele uren doorbracht aan meterslange tafels in vergaderzalen vond ik vaak een behoorlijke opgave. Ik besefte goed dat dat bij mijn werk als bestuurder hoorde, net als het lezen van een vaak ogenschijnlijk eindeloze hoeveelheid nota's en rapporten. Interessant en intellectueel uitdagend, maar ook zo weinig tastbaar en concreet. Het gaf me soms het gevoel afgesloten te zijn van het werkelijke leven. Veel liever ging ik op werkbezoek bij een van de banken, bezocht ik onze consumentenhelpdesk of liep ik over de afdelingen voor een praatje. Samen met mijn team de koers uitstippelen of met een groepje jonge gemotiveerde AFM'ers hun nieuwe ideeën voor een aanpak bespreken, dat vond ik inspirerend.

Maar zag ik mezelf dit nog tot mijn pensioen doen? Ad wilde weten waar ik van droomde. Een goede vraag. Tot nu toe was het toch altijd die ene grote droom: ergens aan het roer staan, CEO worden. Ik wilde bewijzen dat je als vrouw de top kon bereiken, dat ík de absolute top kon bereiken. En dat was gelukt, ik was voorzitter van een van de meest relevante en invloedrijke organisaties van Nederland. Ik zat op een plek waar ik veel impact had en met mijn talenten en kwaliteiten echt een verschil kon maken voor anderen. En ik was nog niet klaar bij de AFM. Maar toch, er kriebelde nog steeds iets.

Ik besloot me in ieder geval eerst kandidaat te stellen voor de voorzittersfunctie van de beleggersbeschermingscommissie van ESMA. Tot mijn grote vreugde werd ik gekozen en zou ik de daaropvolgende twee jaar vaak naar Parijs afreizen om daar mijn commissie tot concrete daden aan te sporen. Door onze gebundelde verontwaardiging werd uiteindelijk zelfs het eerste productverbod in de Europese geschiedenis ingevoerd voor een bepaald type zeer schadelijke financiële producten die zoveel consumenten in Europa dupeerden.

Ads goede vraag liet me ook in de jaren die volgden niet meer los: waar droomde ik van?

◆

'Volgend jaar loopt je eerste termijn af en de raad wil je heel graag herbenoemen. Hoe denk je daarover?' Het was maart 2017, een jaar voor mijn eerste termijn als bestuursvoorzitter afliep. Ik had afgesproken in Utrecht met Paul Rosenmöller. Twee keer per jaar vervingen we onze maandelijkse bespreking op het kantoor door een hapje eten buiten de deur. Om zonder de druk van de dagelijkse agenda langer en diepgaander stil te kunnen staan bij het reilen en zeilen van de AFM.

Met zijn vraag liet Paul er geen gras over groeien. Ik vond het een eer dat hij hem zo lang van tevoren stelde. Er sprak een groot vertrouwen uit en daar was ik blij mee. Zeker omdat het voor de transformatie van onze mooie organisatie van belang was dat we de ingezette koers de komende jaren voortvarend zouden doorzetten. Hiervoor was steun van de raad van toezicht onontbeerlijk. Toch had ik me voorgenomen om niet zonder meer 'ja' te antwoorden als deze vraag mij zou worden voorgelegd. Ik was inmiddels achtenveertig en in tweeëntwintig jaar had ik me ontwikkeld tot de leider die ik nu was: een veranderaar, iemand die de boel opschudde, verbouwde en nieuwe richting gaf. Kritisch, met een frisse blik. Met mijn vernieuwingsdrift kreeg ik mensen in beweging, al moest ik oppassen niet te ver voor de troepen uit te lopen. Gelukkig waren er altijd mensen om mij heen om me af te remmen. Ook zag ik steeds meer het belang van focus, van maar een paar doelen stellen. Wat in de top van een organisatie een kleine verandering lijkt, brengt bij diegenen die het moeten uitvoeren vaak veel extra werk met zich mee. Hoe lastig ik het soms ook vond, beter een paar dingen goed dan veel dingen half. En dan als de verbouwing eenmaal voorbij was en er een stevige organisatie stond, zat mijn werk erop. Het was de rode draad in mijn carrière.

Was het voorbestemd of toeval dat ik steeds in dit soort banen belandde? Gewoon een volgende stap na een vorige? Ik wist het niet. Ik had het niet bedacht, laat staan voorzien, toen ik destijds op gesprek ging en in het traineeship van ING belandde. Net als ik nooit had gedacht dat ik bestuurder zou worden. Maar leidinggeven was mijn vak geworden, met vallen en opstaan, mijn ambitie dreef me voort, hoger en hoger in de bedrijfshiërarchie. Tot ik op een dag de 'grote baas' was.

Ik groeide op in een tijd waarin het geloof in meetbaarheid en maakbaarheid in onze samenleving steeds groter werd. Net als het belang dat we hechten aan prestaties en diploma's. Ik voelde me er steeds oncomfortabeler bij, maar merkte ook dat ik er zelf toch al dan niet bewust in mee was gegaan. Wat me op een confronterende manier leerde hoe moeilijk het is om als individu echt anders te handelen, aan de tijdgeest te ontsnappen als je in een systeem zit, zelfs of misschien wel juist wanneer je aan de top staat. Ook had ik ervaren hoe je als vrouw nog altijd harder moest werken en kritischer werd beoordeeld. Iets wat ik toen ik in Delft studeerde me niet kon voorstellen.

Tijdens de afgelopen tweeëntwintig jaar leidinggeven ontdekte ik ook hoe leuk ik het vond om op de bühne te staan en mensen te inspireren met mijn verhalen. Ik was blij dat ik mezelf was blijven relativeren, ook toen ik directeur werd en ondanks het feit dat ijdelheid altijd op de loer ligt. Zeker omdat kritische, eerlijke feedback onvermijdelijk minder wordt als je eenmaal de baas bent.

In de ogen van velen doorliep ik een benijdenswaardige, succesvolle carrière. Ik had als een van de weinige vrouwen in Nederland 'de top' bereikt. Ook had ik in de loop van de tijd met veel mensen bestendige relaties opgebouwd. Ik had een groot netwerk, veel mensen bij wie ik terechtkon. Maar toch voelde ik dat ik op een kruispunt stond.

Ik vond mijn werk bij de AFM heel betekenisvol, maar ervoer wel grote afstand tot diegenen die onze bescherming het meest nodig hadden. Natuurlijk maakten we de levens van vele mensen beter, door streng toezicht te houden op de financiële bedrijven, opdat zij hun klanten geen knollen voor citroenen verkochten. Maar die klanten waren voor ons erg ver weg, voor mij eigenlijk te ver. Ik verlangde naar werk dat dichter bij de mensen stond die dat het meest nodig hadden, concreter, tastbaarder, minder in vergaderzalen, meer in het werkelijke leven.

Nadat de ober ons het hoofdgerecht had uitgeserveerd, zei ik tegen Paul: 'Ik wil graag een halfjaar respijt. Voordat ik ja zeg op dit eervolle verzoek ga ik eerst wat zelfonderzoek doen. Niet de reflex volgen van "Natuurlijk zeg ik ja", want een tweede termijn is gangbaar, het werk is nog niet klaar, of het is een eervolle positie.

Allemaal legitieme argumenten. Maar belangrijke vragen waar ik antwoorden op zoek zijn: wat wil ik nu echt zelf? Hoe wil ik mijn leven inrichten de komende twintig jaar, en wat is dan nu de juiste stap? En de belangrijkste vraag: wat is mijn droom?'

Na dit gesprek besloot ik een plan voor mezelf te maken, om zo op een gestructureerde manier tot een keuze te komen. Eén keer per maand plande ik een vrijdag vrij – ik noemde het miniretraites. Ik ging in mijn eentje naar de duinen en bossen of bezocht een museum. Altijd met mijn dagboek bij de hand, om mijn gedachten te ordenen. En tussen die maandelijkse 'reflectievrijdagen' ontmoette ik mensen uit heel verschillende werelden; bekenden en onbekenden. Om mijn beelden te toetsen, dilemma's te delen en wijsheid af te tappen. Urenlang besprak ik mijn verworven inzichten met Frans, die geduldig luisterde en me daarna een of twee vragen stelde die me ook weer stof tot verder nadenken gaven.

Het proces leidde ertoe dat ik na zes maanden een stuk wijzer was. Ik wist dat ik nog wat langer bij de AFM wilde blijven. Ik was er nog niet klaar. Maar ik wist ook dat ik mijn tweede termijn van vier jaar waarschijnlijk niet zou afmaken, omdat ik met mijn werkende leven nu toch echt een andere kant op wilde. Dichter bij mensen die dat het meest nodig hebben, dat was zeker. Ook was helder dat ik me nog meer wilde inzetten voor het vergroten van kansengelijkheid en het verkleinen van de kloof tussen individu en systeem. Alleen wist ik nog niet in welke vorm. Het had nog iets meer tijd nodig.

Na de zomer van 2017 meldde ik me weer bij Paul om hem te informeren over de uitkomst van mijn proces. 'Ik zet me graag nog een tijd in voor de AFM,' zei ik. 'Maar, ik heb daarbij wel een aantal nadrukkelijke wensen.' Ik vertelde hem dat ik een uitbreiding van ons bestuur wilde, met iemand die zich volledig ging richten op de vernieuwing van het toezicht. Mijn bestuurscollega Femke de Vries – die tot mijn grote verdriet recent had besloten de AFM te verlaten om haar hart te volgen en een nieuw carrièrepad in te slaan – had daarin de afgelopen twee jaar de nodige vooruitgang geboekt. Maar de ontwikkelingen op het vlak van digitalisering in de financiële sector gingen zo snel dat er meer focus en aandacht voor nodig was. Dus ontstond er plek voor twee nieuwe bestuurders. Ik wilde bovendien als bestuursvoorzitter nauw betrokken worden bij de werving van de twee nieuwe bestuurders, want ik zag een op elkaar ingespeeld bestuur als mijn verantwoordelijkheid. In dat geval wilde ik graag blijven, al kon ik niet beloven dat ik de hele termijn zou afmaken.

'Fijn dat je blijft,' reageerde Paul en mijn voorbehoud was voor hem geen verrassing, hij wist van mijn zoektocht. Kort daarna belde hij me namens de raad met het bericht dat ze mijn wensen zouden inwilligen. Alleen moest Dijsselbloem nog akkoord gaan met uitbreiding van het bestuur. Ik beloofde daarvoor snel een voorstel met onderbouwing op papier te zetten. Van Dijsselbloem verwachtte ik overigens niet veel weerstand, tot nu toe was hij altijd erg ontvankelijk geweest voor mijn ideeën en argumenten. Maar we moesten wel snel handelen. Het kabinet was demissionair en binnenkort zou hij geen minister meer zijn. En of een opvolger direct bij zijn of haar aantreden een bestuursuitbreiding zou accorderen was allerminst zeker.

◆

'Vooruit, nog één extra rondje.' De aantrekkingskracht van New York op deze vroege dinsdagochtend in december was onweerstaanbaar en op mijn nieuwe hardloopschoenen leek het allemaal vanzelf te gaan. Ik zou die ochtend om tien uur mijn Amerikaanse collega's van toezichthouder SEC bezoeken en was extra vroeg opgestaan. Na de marathon die ik drie maanden daarvoor met mijn stiefdochter Maike had gelopen, had ik nauwelijks meer gerend. Doel bereikt, schoenen in de kast, ik kende die neiging van mezelf. Maar in New York zijn en niet gaan hardlopen door Central

Park, dat kon natuurlijk echt niet, vond ik. Ik dacht aan die keer dat ik samen met mijn vader en mijn jongste broer Daan de laatste kilometers van de New York Marathon in de stromende regen had afgelegd. 'De marathon' was voor mij zoveel meer dan een hardloopwedstrijd, het was een familieritueel, een reis van verbondenheid die ik steeds opnieuw weer aflegde met mensen die me dierbaar waren. En op een dag hoopte ik hem met Job en Kik te lopen, dan zou de cirkel rond zijn.

Ik bracht regelmatig werkbezoeken aan collega-toezichthouders. In Europa, maar één keer per jaar ook in Amerika of Azië. Dit keer was het onderwerp de opkomst van crypto's als de bitcoin en nieuwe, onbekende vormen van beursgangen, de zogeheten ICO's. Het waren ongereguleerde activiteiten en er leefde grote zorg bij toezichthouders over witwassen en misbruik van onwetende, kwetsbare consumenten. De laatste jaren hadden we als AFM veel geïnvesteerd en nieuwe kennis opgedaan. Met mijn bezoek wilde ik samenwerkingsafspraken maken met de Amerikaanse toezichthouders, zoals we dat de afgelopen jaren ook met een aantal Europese partijen hadden gedaan. Zeker nu de Engelse FSC, onze trouwe bondgenoot die een vergelijkbare visie en aanpak op toezicht had, binnenkort niet langer deel zou uitmaken van ESMA vanwege Brexit.

De dagen die volgden waren van 's ochtends vroeg tot 's avonds laat gevuld. De Amerikanen hadden een pittig programma voor me. Na mijn laatste afspraak op vrijdagmiddag kwam Frans aan, we zouden samen een lang weekend in The Big Apple doorbrengen. Hij zat in de lobby op me te wachten. 'Kom, we gaan direct door,' zei hij. 'Ik heb een restaurant gereserveerd, niet ver van hier.' Even sputterde ik nog tegen. 'Kunnen we niet gewoon op onze kamer iets eten?' Ik was behoorlijk moe van al die gesprekken. 'Als je dat per se wilt...' antwoordde hij ietwat teleurgesteld. Twintig minuten later stapten we het restaurant binnen, waarvan ik de naam nooit meer zal vergeten. 'One if by Land, Two if by Sea' stond er boven de voordeur. Een man in smoking leidde ons naar een tafeltje in het midden van de zaal. Om ons heen stonden overal grote vazen vol met bloemen en er brandde een ontelbare hoeveelheid kaarsen. 'Wat een romantische plek,' zei ik. 'Hoe kom je daar nu aan?' Iets verderop zat een jong stel van een jaar of vijfentwintig. 'Kijk,' fluisterde ik tegen Frans. 'Hij vraagt haar ten huwelijk. Wat schattig.' Frans lachte: 'Ja, leuk toch om getuige te zijn van jong geluk? Wat mij trouwens brengt op een vraag die ik je nog wilde stellen.' Hij pakte mijn hand en keek me aan: 'Lieve Merel, wil je met me trouwen?'

◆

Na ingewikkelde jaren van bestuurlijke onrust en noodzakelijke veranderingen begon bij de AFM de rust terug te keren. De grote organisatiewijzigingen waren achter de rug, nieuwe werkmethodes en processen waren geïmplementeerd en ook op het terrein van digitalisering boekten we steeds meer veelbelovende resultaten. Ook merkte ik dat het optimisme onder het personeel weer toenam. De nieuwe mensen die er de afgelopen jaren kwamen werken hadden inmiddels hun draai gevonden en er stond een stevig bestuursteam, waar ik veel vertrouwen in had.

In de zomer van 2018 waren er twee nieuwe, zeer ervaren bestuursleden benoemd, Jos Heuvelman en Hanzo van Beusekom. Hun komst en daarmee de uitbreiding van het bestuur was een belangrijke voorwaarde geweest voor mij om bij te tekenen. Wopke Hoekstra, de opvolger van Jeroen Dijsselbloem, had direct na zijn aantreden als minister van Financiën zijn steun gegeven aan de uitbreiding en mijn herbenoeming per 1 april 2018. Tot mijn vreugde ontpopte hij zich zo mogelijk als een nog grotere pleitbezorger van de AFM dan zijn voorganger. Net als ik kon Wopke zich ontzettend boos maken over het onverantwoorde gedrag van sommige partijen. Hij wilde de Nederlandse regels aanpassen en zo alle aanbieders van leningen, ook buitenlandse marktpartijen, verplichten tot een lagere leenrente, ook als hij daarmee het risico zou lopen door de rechter te worden teruggefloten. Soms moest je dat risico nemen, wist ik. Bij de AFM kozen we er op gezette momenten heel bewust voor om een boete op te leggen, terwijl er ook een reële kans was dat die geen stand zou houden bij de rechter. Zoals onze boetes aan de grote accountantskantoren. Alleen zo kon wetgeving worden getest. Deed de wet niet waarvoor hij bedoeld was, dan bood dat ons de mogelijkheid om verbetering van wetgeving bij de wetgever te bepleiten.

Overigens werd Hoekstra begin 2021 inderdaad teruggefloten door de rechter. Het opleggen van maximale leenrentes aan buitenlandse aanbieders zou in strijd zijn met het Europees recht. In tegenstelling tot het productverbod voor schadelijke beleggingsproducten dat we met ESMA hadden ingevoerd, was zo'n wet er voor leenproducten nog niet. Een grote tegenvaller, vond ik, temeer omdat tienduizenden Nederlanders in geldnood hun heil zochten bij de buitenlandse aanbieders met torenhoge rentes. Het liet maar weer eens zien hoe moeilijk het is om te zorgen voor eerlijke, veilige financiële markten als niet alle Europese landen dezelfde regels hanteren. Financiële diensten beperken zich in deze digitale tijd niet tot landsgrenzen, dat vraagt om een grensoverschrijdende regelgeving en handhaving, te beginnen in Europa. Dat is geen kwestie van een ideologische keuze van meer of minder Europa, maar een realiteit van de tijd waarin we leven.

'Ik ben onder de indruk van de professionaliteit van jullie organisatie,' zei Hoekstra toen hij in 2018 een hele dag op werkbezoek kwam. Ik glimlachte en dacht terug aan mijn eerste jaar. Wat hadden we bergen verzet sindsdien. In maart 2019 zou hij nog een keer komen, nu samen met de koning. Ik zou pas achteraf beseffen hoezeer dat voor mijn organisatie als erkenning voelde en veel AFM'ers met trots vervulde.

◆

Mijn wens om op een andere, meer individuele manier betekenisvol te zijn was aanvankelijk wat op de achtergrond geraakt, maar stak na anderhalf jaar weer de kop op. Misschien kwam het doordat de AFM in rustiger vaarwater was gekomen? Of omdat ik steeds meer ongemak begon te voelen bij het besef in een bubbel te leven? Ik wist het niet, maar niets doen was geen optie. Zouden rituelen, oude maar vooral ook nieuwe, behulpzaam kunnen zijn om een invulling te kunnen geven aan mijn verlangen, vroeg ik me af toen ik op een avond per toeval op de website van de Universiteit voor Humanistiek op de celebrantenopleiding stuitte. Zou dat iets voor mij zijn, een opleiding tot ritueel vormgever? En zou het me helpen bij het vinden van antwoorden in mijn eigen persoonlijke zoektocht? Het idee van 'het roer om' trok steeds harder, maar het boezemde tegelijkertijd ook angst in. Wie was ik nog als ik ophield, als ik niet langer bestuurder was? Zouden rituelen me kunnen helpen om mijn koers te verleggen? Dat zou ik alleen kunnen ontdekken als ik me zou aanmelden.

In de maanden die volgden deed ik niet alleen veel wetenschappelijke kennis op over rituelen, maar ik leerde ze ook ontwerpen en uitvoeren. De opleiding werd het rustpunt van mijn week, een moment dat ik me even in een volstrekt andere wereld bevond. Ik genoot ervan weer iets compleet nieuws te leren, en ook dat het de creativiteit in mij aanwakkerde en ik veel bijzondere mensen ontmoette met wie ik normaal gesproken niet snel in aanraking zou komen: rouwexperts, geestelijk verzorgers, kunstenaars en herdenkingsspecialisten. Ik leerde nieuwe manieren om uiting te geven aan gevoelens en emoties, anders dan via woorden, zoals ik in mijn bestuurlijke leven zo gewend was. Iets wat ik eigenlijk onbewust wel wist en vroeger vaak deed, maar gaandeweg toch verloren was. Ik was meer in mijn hoofd gaan leven dan in mijn lijf. Door rituelen te ontwerpen waarbij ik geen gebruik mocht maken van woorden, herontdekte ik de waarde van het tastbare, het fysieke in ons leven, zoals de kracht van geur, mooie muziek, symbolen of een plek en hoe dat me kon helpen in de transities in mijn leven. Of een wandeling.

◆

Het was nog donker toen ik de voordeur achter me dichttrok. Ik had me warm aangekleed. In mijn rugzak een waterfles, een appel, mijn iPad en een dagboek. Mijn telefoon liet ik thuis, bewust. Ik wilde even geen afleiding. Het was koud buiten, het miezerde en er woei een gure wind. Buienradar voorspelde bovendien voor de rest van de dag niet veel goeds. Nog hardere wind en zware regenbuien. Even twijfelde ik.

De nacht was kort geweest. Ik had de slaap maar moeilijk kunnen vatten. Ik voelde me de laatste tijd vaak moe en lusteloos, somber zelfs zo nu en dan. Terwijl daar eigenlijk geen enkele reden voor was. Het ging goed met de kinderen, met mijn broers die nu, overigens toevallig, beiden een baan hadden in Australië en daar met hun gezinnen woonden, mijn ouders waren allebei nog gezond en ik was zielsgelukkig met Frans. Onze bruiloft, vijf maanden eerder, was onvergetelijk geweest. Helemaal zoals ik hoopte. Ik had niet alleen genoten van de dag zelf maar ook van de voorbereidingen samen met onze getuigen en onze kinderen. Elk onderdeel stond in het teken van verbondenheid tussen iedereen die ons dierbaar was. Van de trouwringen van Frans zijn overleden ouders, tot de lievelingsbloemen van mijn grootmoeder op de lange tafels waaraan we met zijn allen aten. Tijdens onze bruiloft werd ik me opnieuw bewust van de kracht van rituelen. Het bewust aandacht besteden aan transities in ons leven is belangrijk, het geeft troost en biedt houvast. Daarom had ik ook besloten om deze wandeling te maken, ik had een hele dag voor de boeg.

Madurodam, Den Haag – 2,5 km
Terwijl de wind zijn best deed me terug te blazen naar mijn veilige huis, vervolgde ik langzaam mijn weg langs de zandvlakte met het speelkasteel aan de rand van de Scheveningse Bosjes. Ik was hier niet meer geweest sinds de jongens klein waren. Typisch hoe sommige uitstapjes zo overduidelijk bij een bepaalde levensfase horen. Ooit zou ik hier weer komen, met mijn kleinkinderen wellicht. Ik liep door, het begon licht te worden. Toen ik de hoek omsloeg en langs de Scheveningse gevangenis liep, zag ik de watertoren al boven de bomen uitsteken. Het opvallende rode dak is vanuit de wijde omtrek zichtbaar. Een vast baken tijdens het hardlopen, het kompas naar huis. Maar nu het startpunt van mijn wandeling, nadenken over mijn volgende stap.

Knooppunt 43, Meijendel – 4 km
Ik stak het wildrooster over en maakte het hek open met daarop het bordje MEIJENDEL. Met het betreden van het natuurgebied liet ik de bewoonde wereld achter me. Ik was de enige in de verre omtrek. Hoe kon het ook anders? Het stortregende inmiddels. Bij elke stap op het kronkelige, onverharde pad moest ik mezelf een duw naar voren geven om vooruit te komen. Het voelde alsof de wind tegen me wilde zeggen: draai om, ga terug naar huis.

Knooppunt 12 – 5 km
Steeds vaker bekroop me het gevoel dat ik in een bubbel leefde met de happy few, waar ik er zelf een van was. Had ik genoeg geprobeerd om daar verandering in te brengen? We hadden een wereld gecreëerd waar 'ik' het belangrijkste was, in plaats van 'wij' en 'ons'. Waar succes wordt bepaald door wat je doet in plaats van door wie je bent. Door wat je verdient, niet door wat je bijdraagt. De hoogte van je cijfers op school, je inkomen, de grootte van je auto, je huis. In hoeverre had ik me in al mijn drang om de top te bereiken te veel laten meeslepen in de prestatiemaatschappij? En

hoeveel tijd en aandacht had ik gehad voor hen voor wie de kansen niet voor het oprapen lagen? Maar al te vaak bleek dat bestuurders en beleidsmakers uitgingen van hun eigen aannames over hoe de wereld eruitziet, en daarbij hun eigen besloten leefwereld als uitgangspunt nemen. Had ik dat ook gedaan? Bij NN, NS en de AFM? Hoe ver was ik inmiddels los komen te staan van de werkelijkheid? Te ver, in ieder geval. Ik wilde dat veranderen maar besefte ook dat dat me maar in beperkte mate zou lukken als ik bij de AFM zou blijven.

Knooppunt 18 – 7,3 km

De lucht was dreigend zwart geworden. Ik trok mijn capuchon nog wat meer over mijn hoofd. Nog even en dan zou mijn jas de regen niet meer kunnen tegenhouden. Ik voelde de stof van mijn natte spijkerbroek al tegen mijn benen plakken. Maar het kon me niet deren. Het was fijn om weer helemaal alleen hier te kunnen lopen. De prachtige omgeving zorgde voor een bijna gelukzalig gevoel van vrijheid en verbondenheid met de natuur.

Ik dacht aan Job, die elf jaar geleden werd gediagnosticeerd met autisme. Toen vertelden mensen me hoe moeilijk de wereld voor hem zou worden. Zou hij ooit voor zichzelf kunnen zorgen, een goede baan hebben en een gewaardeerd persoon in onze samenleving zijn? En ja, onze snelle, prestatiegerichte samenleving is elke dag een uitdaging voor hem. Overigens net als voor vele anderen, zonder autisme. Maar hij kon en kan zich ontwikkelen dankzij de hulp en ondersteuning van betrokken mensen zoals zijn voetbaltrainer Julien en zijn leraren op school, die in hem geloofden en hem niet afschreven. Tranen kwamen op, tegelijk met een intens gevoel van dankbaarheid.

Knooppunt 21 – 10,2 km

En toen ik daar stond, met natte ogen in een plensbui, drong tot me door op welke manier ik van betekenis wilde zijn. Ik wilde voor andere kinderen zijn wat leerkrachten en trainers waren geweest voor mijn zoon. Kinderen die het niet vanzelfsprekend op eigen kracht redden in onze modelmaatschappij. Ik wilde leraar worden, in het speciaal onderwijs. En daarnaast wilde ik me inzetten voor het vergroten van kansengelijkheid en het verkleinen van de kloof tussen individu en systeem. Door mijn bestuurlijke vaardigheden in te zetten en wat ik in de klas zou ervaren kenbaar te maken bij beleidsmakers en bestuurders. Om zo een brug te slaan tussen de praktijk en de bestuurstafel. Niet vanuit het systeem me inzetten voor het individu, maar vanuit het individu het systeem verbeteren. Het was opeens zo helder en duidelijk. De vele gesprekken van de afgelopen jaren met mijn vader en Frans, de gesprekken met Laila over het leraarschap, de gastlessen die ik had gegeven, alles flitste voorbij. Het voelde allemaal zo logisch ineens.

Tegelijkertijd besefte ik dat het niet zomaar een besluit zou zijn. Ik moest afscheid nemen bij de AFM. Zouden mijn collega's het me niet kwalijk nemen dat ik wegging? Kon ik het wel maken om als een van de weinige vrouwen in de top mijn bestuursfunctie voor gezien te houden? Wat zou de buitenwereld ervan denken? Zouden ze er iets van begrijpen of zou er achterdocht zijn? Wie stapt er nu uit vrije wil uit een goedbetaalde topfunctie om leerkracht te worden? Ik wilde Frans bellen, maar mijn telefoon lag thuis in de kast. Er zat niets anders op dan zelf met de angsten die zich aan mij opdrongen te dealen.

Het was opgehouden met regenen. Ik plofte neer op een bankje, pakte mijn dagboek uit mijn tas en begon mijn angsten te noteren, en wat er zou gebeuren als ze waarheid werden. Het ging vooral om wat anderen ervan zouden vinden. En zelfs als die angsten terecht bleken zou mij of degenen die me lief waren helemaal niets gebeuren. Niets om me druk over te maken dus. Op dat moment begon het weer te miezeren. Ik stopte mijn dagboek terug en stond op. Nog achthonderd meter, dan was ik bij hotel Duinoord.

Hotel Duinoord, Wassenaar – 11 km

Nog geen vijf minuten later stapte ik over de drempel. Een aardige ober met groen/rood kerststrikje heette me welkom. Ik bestelde erwtensoep en een kop thee en deed mijn kletsnatte jas uit. Uit mijn rugzak pakte ik mijn iPad. Ik voelde opluchting en opwinding. 'Hoe word je leraar in het speciaal onderwijs?' tikte ik in.

Epiloog

Ietwat onwennig liep ik door het hek, het schoolplein op. Ik was aan de vroege kant. Onder geen beding wilde ik te laat komen voor mijn sollicitatiegesprek. Na bijna twee jaar pabo en vier stages op verschillende scholen in Den Haag kwam zoetjesaan het moment dat ik mijn studentenstatus zou verruilen voor die van werknemer. Er was een vacature op deze school voor een leerkracht in groep 6.

Dit was mijn droombaan, in het speciaal onderwijs. Ik had me goed voorbereid. Op het internet vond ik sollicitatietips voor leraren, maar ook veel waarschuwingen voor solliciterende vijftigplussers: je staat met 1-0 achter, las ik ergens. Een andere website legde me fijntjes uit dat in de ogen van de veelal jongere recruiters ik eerder rijp was voor Naturalis dan dat ik enige kans van overleven zou hebben in de jungle van het moderne leven. Ik was vastgeroest, niet flexibel, en duur. Bovendien kon ik niet omgaan met de nieuwste digitale tools. En last but not least, ik wilde niet hard werken en dacht al aan mijn pensioen. Wie had gedacht dat ik nog eens bij de generatie 'afgeschreven' zou horen? Terwijl ik me energieker voelde dan ooit. Maar ook was er een lichte spanning. Zou de sollicitatiecommissie mijn ervaring wél als een pre zien? Als juf was ik per slot van rekening een beginner.

Opnieuw beginnen in een heel nieuw vak, op mijn leeftijd alles wat ik had opgebouwd achterlaten, waar begon ik aan? Zou ik geen spijt krijgen? Toen ik in december 2018 van mijn wandeling in de duinen in de bewoonde wereld thuiskwam doemden die vragen levensgroot op. Immers, de gevolgen waren groot: geen leidinggevende functie meer, niet meer het boegbeeld van een grote, invloedrijke organisatie en dus ook niet meer de status die daar automatisch mee gepaard ging, geen secretaresse, of andere ondersteuning waar ik zo aan gewend was geraakt, een fractie van het inkomen. Plus eerst nog weer student zijn om een heel nieuw vak te leren, zonder garantie op succes.

Toch waren dat niet de belangrijkste vragen die me bezighielden. Hoe zou ik werelden gaan verbinden als ik leraar was? Naast individueel van betekenis zijn wilde ik zichtbaar maken wat in de praktijk speelt bij diegenen die beleid maken en daarover beslissen. Hoe ging ik dat doen als ik zelf geen bestuurder meer was, niet meer een van hen? Ik wist maar al te goed hoe je invloed verbonden is aan je positie. En hoe snel die wegvalt zodra je van het toneel bent verdwenen.

◆

'Ik zou zeer content zijn als jij de rol van onafhankelijk aanjager voor de aanpak van het lerarentekort op je zou willen nemen,' zei onderwijsminister Arie Slob. Ik stond in de rij voor de ingang van het North Sea Jazz Festival toen hij belde. Het was drie maanden nadat ik mijn stap publiekelijk had aangekondigd. Voor de politiek de laatste dag voor het zomerreces. De weken ervoor had ik al met directeur-generaal Alida Oppers van het ministerie van Onderwijs gesproken en verschillende onderwijspartijen over de mogelijke klus om in opdracht van de onderwijsminister de aanpak van het lerarentekort te beoordelen en met aanbevelingen en verbeterideeën te komen. Ik vertelde Slob dat het mij een mooie opdracht leek om naast mijn studie te doen, maar dat ik het wel van belang vond om me eerst een goed beeld te vormen alvorens me voor een heel schooljaar te committeren. Ik had weliswaar bestuurlijke ervaring die in deze rol goed van pas zou komen, maar wat wist ik van het onderwijs? Dus het veld in, met leraren, zij-instromers, bestuurders en schooldirecteuren en wetenschappers praten om de oorzaken van het almaar groeiende leraren- en naar later bleek ook nijpende schoolleiderstekort, te begrijpen. Pas dan zou ik tot goede adviezen kunnen komen.

Maar eerst moest ik nog afscheid nemen. Niet alleen zou ik vijfenhalf jaar AFM afsluiten, maar ook vijfentwintig jaar leidinggeven. Dat was niet zomaar iets, realiseerde ik me. Hoe goed ik er ook over nagedacht had en naar uitkeek, hoeveel onverwachte positieve steun ik sinds mijn aankondiging ook had ervaren, dit was een ingrijpende stap, en dat vroeg om een passend afscheid. Ik besloot om, naast de officiële afscheidsbijeenkomst die de AFM voor mij in petto had, een eigen afscheidsritueel te ontwerpen. In overleg met Yvonne van de catering nodigde ik op mijn laatste werkdag alle medewerkers uit om met mij koffie te drinken in de AFM Espressobar, waar ik ze als barista bediende. Ik heb met iedereen een praatje gemaakt, anekdotes opgehaald en gepraat over de verwachtingen. De maandag erop leverde ik mijn pasje in bij Ria van de receptie, die wel en wee met mij had gedeeld al die jaren. In tranen nam ik afscheid.

Om de overgang van mijn oude wereld naar de onbekende nieuwe wereld te markeren, besloot ik in vijf dagen van de AFM in Amsterdam naar de pabo van Inholland in Den Haag te wandelen. Ik wilde de tijd nemen hiervoor. Terwijl ik langzaam mijn ritme zocht, ging mijn verdriet over in weemoed. Ik ging door een soort rouwproces, besefte ik. Geen muziek, geen gezelschap. Alleen mijn herinneringen. Ik verwachtte veel na te denken tijdens mijn wandeling, maar ik kwam al vrij snel in een soort flow. Met elke stap liet ik mijn verleden achter me. Vijfentwintig jaar. Het was een intensieve en leerzame reis geweest. Eentje die me leidde van de commerciële wereld van ING, via de semipublieke NS naar de publieke AFM. Gedreven door mijn bewijsdrang en mijn maatschappelijke idealen, had ik stap voor stap de top bereikt en was ik dichter bij mijn bestemming gekomen. Het laatste deel van de wandeling liep ik samen met mijn moeder. Bij de ingang van het schoolgebouw stond Frans, met in zijn hand een roos. Hij wees naar de grote poster aan de gevel: leren = doorzetten als anderen opgeven.

◆

Op de eerste studiedag meldde ik mij bij het gebouw van Inholland. De elf vrouwen en een man die bij mij in de klas zaten stelden zich voor. Een huisvrouw, een marktonderzoeker, een fiscalist. Allemaal wilden ze leraar worden, allemaal hadden ze een eerder leven achter de rug. En net als ik hadden ze er bewust voor gekozen om het roer om te gooien en de komende twee jaar weer in de studiebanken te gaan zitten. Ondanks onze verschillende achtergronden hadden we één ding gemeen: allemaal waren we na een lange carrière opeens weer een beginner en dat bracht zo zijn eigen worstelingen met zich mee. Zeker in het begin van mijn opleiding merkte ik dat – hoewel de principes dezelfde zijn – leidinggeven aan kinderen toch echt iets anders is dan aan volwassenen. Dat bleek al toen ik voor het eerst de hele dag lesgaf.

Een voor een komen de kinderen in de kring zitten. 'Wat fijn, wat fijn dat jullie er zijn!' zingen ze uit volle borst. Zingen is een van de vele rituelen waarmee juf Miranda zorgt voor structuur in haar klas. Rituelen geven voorspelbaarheid en veiligheid. Dat is nodig om te kunnen leren. Zeker voor kinderen met een verstandelijke beperking, die vaak extra moeite hebben om overzicht te houden. De kring begint wat onwennig, maar na een tijdje verloopt alles – boven verwachting – soepel. Dan zie ik opeens de onheilspellende blik van Jimmy. Als hij maar niet in woede uitbarst. Ik besluit hem even te laten.

In de pauze komt juf Miranda met Jimmy naar mij toe. 'Vertel jij juf Merel eens wat je dwarszit.' Jimmy kijkt verlegen voor zich uit. Na enige tijd durft hij het aan. 'Jij doet sommige bewegingen helemaal verkeerd, juf. Bij het liedje over de dagen van de week klap jij in je handen. Zo hoort het niet.' Even is hij stil. 'Nou, ik vind juf Miranda gewoon een veel betere juf dan jij.'

Juf Miranda vertelt dat ze Jimmy heeft uitgelegd dat ik een beginnende juf ben en nog veel vaker hele dagen zal lesgeven. 'Dat is wennen voor jou, jongen, dat begrijp ik wel,' zegt ze. 'Maar jij hebt daar zelf een oplossing voor bedacht, toch?' Jimmy's gezicht klaart op. 'Als ik iets niet fijn of moeilijk vind, kijk ik altijd boos,' legt hij me uit. 'Maar dat vind ik natuurlijk niet leuk voor jou, juf, want jij moet het ook nog leren. Dus als ik me weer boos voel, doe ik gewoon dit.' Hij vouwt zijn handen tot een hartje. 'Dan weet je dat ik jou wel een hele lieve juf vind.'

Ik krijg een brok in mijn keel. 'Wat een goede oplossing, Jimmy. Zal ik jou dan een hartje terugsturen? Dan weet jij dat ik het echt niet erg vind als je even boos kijkt.'

Hij knikt instemmend. 'Mag ik nu naar buiten?' En weg is hij.

Een ambacht leren, zo gaat dat dus. Niet één keer per jaar een beoordelingsgesprek of een managementtraining. Gewoon lik-op-stuk-feedback van de kinderen uit de klas. Ik zou het nog vaak meemaken. Struikelend en fouten makend me het vak van leraar eigen maken. Meestal ging het omarmen van dat beginnersgevoel me goed af, maar er waren ook momenten dat ik er behoorlijk onzeker van werd. Volgens mijn pabodocent is het een bekend fenomeen, dat gevoel van onzekerheid bij 'ervaren beginners'. Uit onderzoek blijkt – vreemd genoeg – dat wanneer iemand succesvol is in een baan (en het langer doet) de hoeveelheid onzekerheid die hij aankan afneemt. Het wordt afnemende onzekerheidstolerantie genoemd. En dat geldt dan in een baan die je door en door kent. Kun je nagaan als je een heel nieuw vak gaat leren, waarin je per definitie veel fouten gaat maken. Dan zul je over die lage onzekerheidstolerantie moeten stappen, jezelf het moeten gunnen om fouten te maken. Ik moest met mildheid en lichtvoetigheid naar mijn onvermogen leren kijken.

◆

Voor veel zij-instromers blijkt dat geen eenvoudige opgave te zijn en soms zelfs de reden om af te haken, leerde ik in mijn onderzoek naar het lerarentekort. Ik sprak met driehonderdvijftig mensen uit het onderwijs en meer dan honderd zij-instromers zoals ikzelf en ontdekte dat ik niet de enige was die zich verbaasde over het feit dat opleidingstrajecten vaak nauwelijks waren afgestemd op beginners met ervaring. Het zijn meer gecomprimeerde opleidingstrajecten voor jonge mensen die net beginnen dan dat ze afgestemd zijn op de student met ervaring. Levenservaring en vaardigheden uit het verleden bieden geen garantie voor de toekomst, schijnen ze bij lerarenopleidingen te denken.

Ook de begeleiding en bejegening van ervaren beginners laat nog te vaak te wensen over. Mijn mailbox stroomt dagelijks vol met schrijnende verhalen. Zo moest een zij-instromer met een PhD toch gewoon onderzoek doen om zijn 'onderzoeksvaardigheden' aan te tonen. Zelfs een universitair geschoolde leraar Frans die vijfentwintig jaar voor de klas had gestaan en docent wiskunde wilde worden moest van de hogeschool gewoon weer vier jaar in de schoolbanken. Nou vooruit, na veel gezeur drieënhalf jaar. Ook ikzelf moest als Delftse ingenieur het verplichte rekenexamen op het niveau van de basisschool afleggen. Een gemiste kans, omdat op deze manier de drempel om je op latere leeftijd om te scholen onnodig hoog blijft. En omscholers haken dus binnen de kortste keren af, vaak al tijdens de studie of daarna als in de praktijk hun eerdere ervaring niet voldoende wordt gewaardeerd.

Er is me nog iets opgevallen: hoe het neoliberale marktdenken ons onderwijssysteem compleet heeft uitgehold. Al meer dan twintig jaar daalt het Nederlandse onderwijsniveau en nemen de prestaties van leerlingen af, terwijl de kansenongelijkheid toeneemt. De op leerlingaantallen gebaseerde financiering van scholen heeft niet geleid tot betere onderwijsresultaten, maar vooral de onderlinge concurrentie tussen scholen vergroot. Efficiencydenken heeft van leraren 'uitvoerders' gemaakt. Geheel onbegrijpelijk is het dus niet dat nog elke dag goede leraren het onderwijs verlaten. Een hele generatie kinderen dreigt daarvan de dupe te worden, in het bijzonder de kinderen die van huis uit toch al minder kansen krijgen. Twee jaar achter elkaar een slechte leraar kan zomaar leiden tot een heel niveau lager in het vervolgonderwijs, blijkt steeds weer uit onderzoek. Een goede leraar voor de klas, die ziet wat een leerling nodig heeft, maakt hét verschil. Het prachtige vak van leraar moet weer aantrekkelijk worden om bestaande leraren te behouden en nieuwe te werven. Voor mannen en vrouwen, onervaren én zij-instromers, zoals ik, die op latere leeftijd het licht zien.

Als we in Nederland echt serieus werk willen maken van een leven lang leren en iets willen doen aan de grote personeelstekorten in sommige beroepsgroepen, dan is een paradigmaverandering nodig. Enerzijds over de marktwerking in de publieke sector en anderzijds over omscholen op latere leeftijd. Overigens geldt dat niet alleen voor de politiek, opleidingen en werkgevers, maar ook voor de werknemer zelf. Nog te vaak zien we een succesvolle loopbaan als het bereiken van de top van een berg met daarbij een dito salaris, in plaats van een reis waarbij je verschillende heuvels beklimt en in een leven meerdere keren een beginner kan zijn. Zolang ervaring uit het verleden geen plek krijgt in het heden en we niet durven te leren van jongeren, dan zal veel talent verloren gaan en zullen velen onnodig afzien van 'hun' stap. Eeuwig zonde.

◆

Op een bankje onder een paar bomen wachtte ik tot ik werd binnengeroepen voor mijn gesprek.

De school lag er wat verlaten bij. Geen kinderstemmen, geen opgewekt gegil of geschater op dit tijdstip. Alleen het zacht ritselen van bladeren en luid vogelgekwetter. De slakroppen en tomaten in de moestuintjes waren in het weekend alweer gegroeid. Ik verbaas me altijd weer over de ongekende groeidrang en levenslust van de natuur. Net als die van kinderen, mijn eigen kinderen, Job. Tien jaar geleden liep ik hier voor het eerst met hem het schoolplein op. Ook toen was ik onwennig. Nooit had ik kunnen bedenken hoeveel deze school zou betekenen in het leven van mijn kind en daarmee in dat van mij. Dankzij de bevlogenheid van de leraren en hun liefdevolle aandacht voor Jobs talenten, vond hij hier zijn innerlijke kracht en zelfvertrouwen. En ik mijn nieuwe roeping.

Mis je het niet, je baan als bestuursvoorzitter? De afgelopen twee jaar werd die vraag me regelmatig voorgelegd. Door journalisten, oud-collega's, lezers van mijn columns. Of mijn wereld niet te klein was geworden? Ik begrijp die vraag ergens wel. Natuurlijk zitten er mooie kanten aan een topbaan. Dat weet ik maar al te goed. Je kunt impact maken op grote schaal. Als leraar maak je ook impact, leerling voor leerling. Wat is er mooier dan de glinstering in de ogen van een kind wanneer het kwartje valt, de trots als een moeilijke som opeens appeltje-eitje blijkt, de stille, introverte jongen die zelfverzekerd naar de middelbare school gaat en stoer 'Ik zal je missen, juf' zegt, de ruzie die zonder jouw bemoeienis opeens wel samen wordt opgelost, de ontwapenende, hartverwarmende lach om jouw flauwe grapje, een kind dat zijn lang verborgen geheim met je deelt omdat hij je vertrouwt. In mijn klassen heb ik de hele samenleving zitten. Ayub, die met zeven broertjes en zusjes en een moeder in een piepklein flatje van vijfendertig vierkante meter woont, Soraya die met een licht verstandelijke beperking opbokst tegen vooroordelen, maar ook de Franse Yves, kind van expats uit het Statenkwartier en Jan uit een vissersfamilie in Scheveningen. Elk kind met zijn eigen talenten en eigen achtergrond. Als leraar kan ik het verschil maken in hun leven. Is er iets groter dan dat?

◆

‘Kom je mee, we zitten in de lerarenkamer.’ Marjan, de directeur van de school, haalde me naar het hier en nu. Maandagavond 7 juni 2021.

Ik stond op en liep met haar naar binnen. Ruim een uur later verliet ik het schoolplein weer en wandelde ik in de warme avondzon op mijn gemak terug naar huis. Het was een fijn en inspirerend sollicitatiegesprek geweest. Ik voelde me welkom op deze school, waar ze hun ziel en zaligheid gaven om kinderen te helpen zich te ontwikkelen tot zelfverzekerde jonge mensen.

Later die avond ging de telefoon. Het was Marjan: ‘Gefeliciteerd, je hebt de baan!’

Dankwoord

Alles begint klein

'Ooit schrijf ik een boek,' zei ze zachtjes. Zo zacht dat niemand het kon horen. Beter snel opschrijven ergens onderaan, dan hardop uitspreken. Wat dacht ze wel niet, ze was toch geen schrijver. Wegstoppen, dat wilde idee. Tussen alle andere geheime ideeën en gedachtenspinsels, in een archiefkast zonder rubricering. In principe onvindbaar, maar af en toe kwamen ze onverwacht aan de oppervlakte. 'We zijn er nog.'

Tot op een dag, het wilde idee van een boek een verhaal ontmoette: haar eigen verhaal en een paar stoute schoenen. En een moedige hoofdredacteur, die graag eens een kopje koffie dronk en vervolgens een plekje vrijmaakte in de zaterdagkrant. En een redacteur, met een groot hart, die het wilde idee bij de kladden greep. 'Ik laat jullie niet meer los,' zei ze. 'Tot het verhaal is verteld en het boek is gedrukt.' En dat deed de redacteur, ook als het wilde idee bang was, het koud en donker werd en trilde als een rietje. Of als de schrijfster zich het liefst wilde verstoppen in een holletje, voor een lange winterslaap. 'Het komt goed,' zei de redacteur. Oké, dacht ze dan, zij zal het wel weten. Net als al die andere mensen met verstand van boeken: de kordate uitgeversdirecteur met haar team dat dag en nacht klaarstond, de sprankelende 'new kid on the block' – die verscheen toen de redacteur met het grote hart, haar eigen hart volgde. Ze schrapten en streepten. Zaaiden en oogstten. En niet te vergeten: de meelezers met hun scherpe pen en ruggensteuntjes. En haar vader, moeder en haar kinderen, met hun luisterende oren en harten onder riemen, steeds weer opnieuw. En natuurlijk haar ware liefde, haar alles, waarvoor woorden per definitie tekortschieten.

Zo was het dus
Van wild idee naar haar verhaal
Van de koffie naar een groot hart
Van dag tot nacht
Van de new kid on the block naar de scherpe pen
Van luisterende oren en harten onder riemen
Van de ware liefde naar te weinig woorden
Of...

In ieder geval
Het was me wat
Dank je wel, allemaal
Voor alles

Merel van Vroonhoven
Den Haag, september 2021

Vrij naar het kinderboek *Dank je wel* van Stefan Boonen en Jan Van Lierde

Verantwoording

Talloze dagboekaantekeningen, interviews, speeches, onderzoeken, archieven en andere bronnen heb ik gebruikt bij het schrijven van *De stap*. Desondanks bleef het verifiëren een uitdaging.

Een memoir schiet per definitie tekort als het gaat om volledigheid. Emoties en de tijd kleuren herinneringen, ook de mijne. Het is dan ook niet mijn doel geweest om volledig te zijn, ik wilde mijn verhaal vertellen en dat betekent dat ik heb geselecteerd, geordend en hier en daar heb ingegrepen in de chronologie. Omwille van de leesbaarheid en de begrijpelijkheid zijn citaten, van mijzelf en anderen, soms geredigeerd en heb ik bepaalde gebeurtenissen vereenvoudigd, waarbij ik altijd gepoogd heb de kern van het verhaal of de gebeurtenis zo waarheidsgetrouw mogelijk weer te geven. Ook heb ik om privacyredenen sommige namen gewijzigd.

In ieder geval vertolkt dit boek mijn eigen herinneringen en opinies en niet de opvattingen van de organisaties waaraan ik verbonden ben of ben geweest.

Hoewel ik er grote zorg aan heb besteed, kan er in dit boek dus een enkele onjuistheid, onzorgvuldigheid of omissie staan. Hopelijk heeft u daar als lezer begrip voor.

Merel van Vroonhoven is zij-instromer in het speciaal onderwijs. Ze schrijft tweewekelijks een column in *de Volkskrant* over haar ervaringen. In opdracht van de minister van Onderwijs deed ze onderzoek naar de aanpak van het lerarentekort. Ze heeft toezichtfuncties bij onder meer Stichting Lezen en de Radboud Universiteit. Merel is getrouwd en moeder van twee kinderen en twee stiefkinderen. Ze is een fervent hardloper en liep zes marathons. *De stap* is haar eerste boek.